Katja Brandis
Der Elefantentempel

Weitere Bücher von Katja Brandis im *Arena Verlag:*

Woodwalkers (1–6)

Woodwalkers – Die Rückkehr (2. Staffel, 1–5)

Woodwalkers & Friends. Katzige Gefährten
Woodwalkers & Friends. Zwölf Geheimnisse
Woodwalkers & Friends. Wilder Kater, weite Welt

Seawalkers (1–6)

Seawalkers & Friends. Dreizehn Wellen

Khyona (1–2)

Die Jaguargöttin
Der Panthergott
Der Fuchs von Aramir

Gepardensommer
Koalaträume
DelfinTeam (1–3)

Katja Brandis

Der
ELEFANTEN-
TEMPEL

Ein Verlag in der Westermann Gruppe

Dieses Druckerzeugnis wurde mit dem Blauen Engel ausgezeichnet.

1. Auflage 2024
© 2024 Arena Verlag GmbH
Rottendorfer Straße 16, 97074 Würzburg
Alle Rechte vorbehalten.
Der Verlag behält sich eine Nutzung des Werkes für
Text und Data Mining im Sinne von § 44b UrhG vor.
Dieser Roman erschien erstmals in anderer Ausstattung
2010 im Verlag Carl Ueberreuter, Wien.

Covergrafik: Zero unter Verwendung von Bildmaterial von Shutterstock (© tdee photo cm, MartinJGruber, paniti Alapon) und GettyImages (© Pakin Songmor, DoctorEgg)
Umschlaggestaltung: Sora Kim unter Verwendung von Bildmaterial von Shutterstock (© GFXHouse)
Lektorat Neuauflage: Helena Heck
Layout und Satz: Malte Ritter, Berlin
Gesamtherstellung: Westermann Druck Zwickau GmbH
Gedruckt in Deutschland

ISBN 978-3-401-60770-2

Besuche uns auf:
www.arena-verlag.de

@arena_verlag
@arena_verlag_kids

FERNER TRAUM

»Okay, sie sind weg.« Severin steckte den Kopf durch die Tür, winkte fröhlich mit dem Ersatzkabel seines Computers und verschwand wieder. Ricarda grinste zurück und holte ihren Laptop aus der Schublade ihres Schreibtischs. An den Ecken war die Farbe ein bisschen abgenutzt, aber sonst sah der Laptop immer noch toll aus, golden lackiert mit einem Muster aus verschlungenen Ranken. Sie hatte es sorgfältig vorgezeichnet, damit es am Schluss auch wirklich gut wurde.

Im Zimmer nebenan war Severin vermutlich schon in irgendein Computerspiel abgetaucht. Genau das, was ihr Vater absolut nicht ausstehen konnte. Wie praktisch, dass er und Mama so gerne ins Theater gingen. Und wie naiv, dass sie dachten, sie könnten das Problem lösen, indem sie einfach die Ladekabel ihrer Laptops und ihre Handys beschlagnahmten. Ricarda hatte keine Ahnung, wo sie die Dinger immer hintaten; beim Gedanken, dass ihre Eltern jetzt mit einer Handtasche voller Kabel und ihren Handys im Theater saßen, musste sie wieder grinsen.

Okay, Computerspiele waren manchmal dämlich oder

brutal, aber Ricarda war schleierhaft, warum ihr Vater auch etwas gegen Chats hatte. Oder gegen das Browsen. Sie hatte es ihm schon mindestens tausendmal erklärt: *Nein, Papa, keine Sorge, ich kopiere keine Informationen aus dem Netz in meine Referate! Ganz ehrlich nicht!* Jedenfalls – das musste er ja nicht wissen – nicht mehr seit dem peinlichen Reinfall in Bio, als sich die Wikipedia-Information über das Gewicht einer Fliege als totaler Blödsinn herausgestellt hatte.

Ricarda weckte ihren Laptop aus dem Ruhemodus und nachdem sie sich eingeloggt hatte, öffnete sie ihren Browser. WhatsApp war immer noch geöffnet und sie hatte eine Nachricht von Lilly. Leider stand nicht viel drin, wahrscheinlich hatte sie es gerade eilig gehabt.

Lilly:
Hey, Rica, das hab ich gefunden, du magst doch Elefanten, oder? Kannst ja mal reinschauen, die Fotos sehen richtig gut aus!

Ja, Elefanten mochte sie. Sehr sogar. Ricarda folgte dem Link ... und hielt die Luft an. Mitten in Afrika: eine riesige, zerfurchte Gestalt, wuchtig und schwer wie ein Wesen aus der Urzeit. Aber so kluge Augen. Dunkel und aufmerksam blickten sie Ricarda vom Bildschirm entgegen. Intelligent war dieser Blick. Nein, anders. Nachdenklich. Weise.

Ricarda klickte sich durch und war auf einmal bei den Elefanten Asiens. Dort, wo sie dem Menschen schon seit

Tausenden von Jahren dienten, als Reittiere und Lastträger, als Helfer bei Waldarbeiten, als lebende Waffen im Krieg. Und wenn in Thailand ein weißer Elefant geboren wird, gehört er dem König, selbst heute noch. Denn weiße Elefanten stehen den Göttern nahe ...

Ricarda schaute auf die Uhr und zögerte. Schon spät. Besser, sie schrieb jetzt noch ein bisschen mit Freundinnen und Freunden oder scrollte durch Instagram. Doch als ihre Augen über die Webseite streiften, blieben sie an einem unscheinbaren Banner hängen. *Chiang Mai Elephant Refuge, Thailand.* Was hieß Refuge noch mal? Ach ja, Zuflucht. Und man sprach es *Refjudsch* aus. Komischer Gedanke, dass selbst die stärksten Wesen der Erde flüchten mussten. Ricarda konnte sich schon denken, vor wem. Vor den kleinen Zweibeinern, die zwar winzige Zähne und keine Klauen hatten, dafür aber jede Menge komische Ideen im Knollenkopf.

Chiang Mai Elephant Refuge.

Eine winzige Bewegung mit dem Zeigefinger und Ricarda las, was sich hinter dem Banner verbarg. Im Chiang Mai Elephant Refuge wurden misshandelte, überarbeitete und kranke Elefanten gesund gepflegt. Gegründet hatte die Zuflucht ein Mann namens Ruang Surapatti, der von Kindheit an mit den Tieren gearbeitet und erlebt hatte, dass manche skrupellosen *Mahouts* – Elefantenführer – die Tiere wie Sklaven schuften ließen. Sie putschten ihre Tiere sogar mit Drogen auf, um mehr Arbeitsleistung aus ihnen herauszuholen. Schon vor Jahren war Ruang angewidert aus seinem Beruf ausgestiegen und hatte Spenden gesammelt, bis er die Zuflucht gründen konnte. Inzwischen lebten dort fünfzehn Elefanten, vom alten Bullen bis zum neugeborenen Kalb. Geborgen, in Sicherheit.

Schien eine gute Sache zu sein. Vielleicht konnte sie dafür bei ihren Eltern ein paar Euro als Spendengeld bekommen. Ricarda klickte auf *Support us*. Und fand nicht das, was sie erwartet hatte. Klar, Geld brauchte das Projekt auch. Aber genauso dringend brauchte es Helfende, die vor Ort mit anpackten. Ricarda spürte, wie ihr Herz schneller schlug. Sie klickte sich weiter durch die Fotogalerie, die zeigte, wie thailändische *Mahouts* und Helfende aus aller Welt mit den Elefanten badeten, sie fütterten, sie durch den Dschungel führten.

Der Akku des Laptops war fast leer. Ricarda stand auf und ging in die Küche, um sich etwas zu trinken zu holen. Sie fühlte sich wie nach einem Sprint, wach und lebendig und atemlos. Wie das wohl wäre? In Thailand?

Genial, gab sie sich selbst die Antwort. Das wäre einfach genial.

Severin wühlte gerade im Kühlschrank, anscheinend hatte er mal wieder eine seiner mitternächtlichen Fressattacken. Ricarda sah zu, was er als Beute so alles hervorzog – ein großes Stück Gouda und ein paar Mini-Salamis. Kauend lehnte er sich an die Küchenzeile, seine Augen schätzten sie ab. »Na? Was machst du gerade mit deinem Goldschatz?«

Ricarda mochte es nicht, wenn er sie so ansah. So gönnerhaft, fast herablassend. Und dabei war sie zwei Jahre älter als er! »Ich werde in Thailand bei einem Elefantenprojekt mithelfen«, entfuhr es ihr. Erschrocken lauschte sie den Worten nach, hatte sie das eben wirklich gesagt?

Severin hörte auf zu kauen. Ein kleines Stück Salami hing an seinem Mundwinkel. »Äh, wie bitte?«

»Hab gerade was im Internet entdeckt«, sagte Ricarda und ärgerte sich, weil es so entschuldigend klang. »Ich kann als Helferin mit Elefanten arbeiten. Ist gar nicht so teuer.«

Jetzt sah Severin nicht mehr herablassend aus, sondern einfach nur noch ungläubig. »Prima, das ist schön, aber jetzt mal im Ernst, *du?*«

Ricarda antwortete nicht, drehte sich einfach um und ging in ihr Zimmer zurück.

Du.

Kurz darauf hörte sie im Erdgeschoss die Haustür öffnen, die tiefe, immer etwas heisere Stimme ihres Vaters mischte sich mit der ihrer Mutter. Severin hatte es auch mitbekommen, denn er rumorte hektisch in seinem Zimmer und fuhr wahrscheinlich schnell den Computer herunter – erst später, wenn alle schliefen, würde er ihn wieder anmachen.

Ricarda horchte in sich hinein. Ja, da war sie, die Sehnsucht. Es fühlte sich an wie ein Ziehen im Bauch. Sie hatte die Bilder in ihrem Kopf, stellte sich vor, wie es wäre, dort in Thailand. Mit diesen gewaltigen, sanften Tieren zusammen zu sein, ganz nah, ganz vertraut. Doch es war auch ein bisschen so, wie von einer Karriere als Popstar oder Model zu träumen. Fern. Unwirklich. Als Traum ganz toll, aber in Wirklichkeit?

Der Gedanke, sich allein in Asien durchschlagen zu müssen, war der pure Horror. Lilly, eine ihrer besten Freundinnen, hatte so was schon mal gemacht. Sie war in den Sommerferien nach Namibia geflogen, um dort vier Wochen lang Geparden zu betreuen. Doch Lilly war ganz anders – total chaotisch, aber mutig, sie fand nichts dabei, sich einfach in so eine Sache reinzustürzen.

Mit Gedanken an Thailand im Kopf schlief Ricarda ein.

Und stellte fest, dass sie noch da waren, als sie aufwachte.

Doch das normale Leben ging weiter. Ricarda übte Querflöte und verzweifelte fast an einer schwierigen Stelle von Bachs C-Dur-Sonate. Severin lieh sich ihren Taschenrechner und schloss sich in seinem Zimmer ein, weil er durch die letzte Mathearbeit durchgefallen war. Jemand ließ in der Schule die Luft aus den Reifen aller Fahrräder und wurde erwischt, als er es am nächsten Tag wieder versuchte. Sofia feierte ihren siebzehnten Geburtstag mit fast vierzig Leuten, einer Discokugel und dröhnenden Bässen. Ricarda fühlte sich ein bisschen eingeschüchtert von der übermütigen Menge – Wahnsinn, wie viele Leute Sofia kannte! – und überreichte ihrer Freundin in einem halbwegs ruhigen Moment ihr Geschenk, ein T-Shirt, das sie selbst am Laptop entworfen hatte. Tagelang hatte sie an dem Design gebastelt und dafür ein Foto von Sofia bei einer ihrer Fahrstunden verfremdet.

»Das ist total cool geworden«, sagte Sofia und drückte Ricarda so fest, dass ihr fast die Luft wegblieb. »Ziehe ich gleich morgen in der Schule an!«

Das vergaß sie zwar, aber dafür hatte sie das T-Shirt an, als sie sich am Tag danach bei Ricarda zum Pizzabacken und einem Filmabend trafen. Zusammen kneteten sie Teigfladen und erfanden wilde Rezepte für den Belag.

»Kein Zweifel, ich bin die schrecklichste Köchin der Welt«, stöhnte Sofia und schob ihr Stück mit dem Kokos-Rosinen-Tomaten-Belag weg.

»Bist du gar nicht.« Sofort schnitt Ricarda ihre eigene Pizza in der Mitte durch und reichte Sofia die eine Hälfte rüber. »Hier, du kannst was von mir abhaben. Äh, wenn dir Basilikum-Mozzarella mit Pinienkernen schmeckt.«

»Klingt toll, von der wollte ich sowieso probieren.«

»Alles, was sich als nicht essbar erweist, dient einem guten Zweck, ich nehme es für Hermine mit«, verkündete Lilly fröhlich. Ihr Vater hatte in seiner Tierarztpraxis gerade ein junges, immer hungriges Schwein in Pflege. »Sind alle satt? Wie wär's jetzt mit ›Tribute von Panem‹?«

Spät in der Nacht, als Sofia und Lilly wieder weg waren – das Haus roch immer noch nach warmem Teig und Tomatensoße –, las Ricarda ihre ungelesenen Nachrichten. Und klickte wieder auf die Webseite des Elefantenprojekts. Nachdem sie ihren Traum ein paar Tage mit sich herumgetragen und gehütet hatte, erschien er ihr nun wirklicher, ein bisschen weniger verrückt.

Vielleicht könnte Lilly mitkommen nach Thailand, fiel es Ricarda ein. Oder Sofia. Bestimmt kann sie Sofia überreden, dass sie mitkommt! Dann wäre Ricarda nicht allein und es wäre auch viel lustiger. Warum hatte sie nicht schon viel früher daran gedacht? Sie entschied sich, es gleich morgen anzusprechen. Auf einmal war die Aufregung zurück, das kribbelige Gefühl in ihrem Magen. Konnte es sein, dass ihr Traum keiner war? Sondern ein richtiges Projekt, eins, das man verwirklichen konnte?

In der Schule lief alles wie sonst. Doppelstunde Französisch, das war ein Heimspiel; Ricarda konnte in Ruhe überlegen, wie sie Sofia und Lilly den Trip schmackhaft machen konnte. Aufgerufen wurde sie schon längst nicht mehr, Frau Schneider-Thäles wusste, dass Ricardas Französisch besser war als ihr eigenes. Dafür hatten die vielen Nachmittage früher bei Oma Hélène gesorgt. Papa sprach zu Hause selten Französisch, aber dafür wurde jeder Urlaub gnadenlos bei der Verwandtschaft in Frankreich verbracht.

»Alles klar mit dir?« In der Pause legte Sofia ihr den Arm um die Schultern und drückte sie. »Ich dachte, in Französisch schläfst du jeden Moment ein.«

»Einschlafen? Nee, ich hab nachgedacht.« Ricarda ergriff die Gelegenheit. »Sagt mal, wart ihr schon in Thailand?«

»Meine Eltern waren vorletztes Jahr in Vietnam, das ist quasi nebenan.« Lilly zog die Mundwinkel nach unten. »Leider wurde ich währenddessen im Zeltlager geparkt!«

Sofia schloss genießerisch die Augen. »Tolle Strände, Palmen ... hm, ja. Nach Thailand würd ich schon gern mal fliegen.«

»Da, wo ich hinwill, gibt's leider keinen Strand, aber dafür ... äh, Teakwälder und Tempel ...«

Na toll. Das hatte sie versaut. Warum hatte sie nicht

gleich noch erwähnt, dass es auch keine Palmen gab im Norden Thailands, dort wo das Elephant Refuge war?

»Klingt auch gut. Warum willst du gerade da hin? Und hat das vielleicht was mit dem Link zu tun, den ich dir letztens geschickt habe?« Lilly ließ die Augen durch die Pausenhalle schweifen, schaute sich wahrscheinlich nach einer leeren Sitzecke um. »Ach übrigens, die Pizzareste haben Hermine sehr geschmeckt. Jetzt hat sie leider keine Lust mehr auf die üblichen Kartoffelschalen. Sag mal, kann ich deine Physik-Hausaufgaben abschreiben, Sofia?«

Sofia strich sich die dunklen Locken zurück und kramte in ihrer blauen Stofftasche, die mit Dutzenden von Buttons dekoriert war. »Ja, klar. Mensch, das war doch gar nicht schwer, das hättest du selber hingekriegt.«

»Haha, das sagst *du!* Ich hätte bis Mitternacht an diesem Mist herumgeknobelt.«

Sie hörten gar nicht richtig zu. Ricarda merkte, dass ihre Stimme noch leiser wurde als sonst. »Es gibt da ein Elefantenprojekt … bei dem ich gerne mitmachen würde. In den Sommerferien … meine Mutter arbeitet ja für Lufthansa, die könnte bestimmt günstige Flüge besorgen … es wird also nicht so teuer …«

Doch, sie hatten sehr wohl zugehört. Und jetzt tauschten sie einen schnellen Blick. Aha, ihnen ging wohl etwas Ähnliches durch den Kopf wie Severin vor ein paar Tagen. Immerhin waren sie so nett und sprachen es nicht aus.

»Hey, das klingt richtig cool.« Lillys blaue Augen blitzten, ihr breiter Mund verzog sich zu einem Lächeln. »In Thailand? Ich glaube, da gibt es noch ziemlich viele Elefanten. Wilde und zahme. Hab mal gelesen, dass manche Familien die wie Haustiere halten.«

Sofia musste lachen. »So ein Riesenvieh frisst mehr als 'ne Katze. Die thailändischen Kinder müssen ihre Eltern bestimmt lange nerven, bis irgendwann ein Elefant mit einer roten Schleife um den Bauch vor dem Haus steht.«

Ricarda gab sich einen Ruck. »Hättet ihr Lust mitzukommen?«

»Nee, du, ich würde ja gerne.« Lilly schüttelte den Kopf. »Aber wahrscheinlich kommt Erik mich im Sommer besuchen, da will ich natürlich nicht irgendwo in Asien rumhängen …«

Ricarda versuchte, sich nicht anmerken zu lassen, wie enttäuscht sie war. Klar, Lilly konnte nicht weg – sie hatte Erik in Namibia kennengelernt und sie schrieben sich seither täglich. Wenn er um die halbe Welt reiste, um sie zu sehen, dann hatte es anscheinend auch ihn schwer erwischt.

Sofia sagte nichts, ihr Blick war nach innen gewandt. Ricarda wartete schweigend und hütete sich, sie zu stören. Solange sie nachdachte, gab es Hoffnung!

»Wie lange hilft man denn da mit?«, fragte Sofia schließlich zögernd. »Ich glaube, meine Eltern haben schon ein Ferienhaus an der Nordsee gebucht.«

Immerhin hatte sie nicht gleich Nein gesagt! »Man kann so lange hinfahren, wie man möchte, aber ich glaube, zwei Wochen wären mir am liebsten. Oder so.«

Abwesend händigte Sofia Lilly ihr Physikheft aus. »Muss mal meine Eltern fragen. Lust hätte ich schon. Bis wann brauchst du Bescheid?«

»Ruf mich einfach an – irgendwann demnächst«, murmelte Ricarda. Oje, ihre Eltern. Die wussten auch von nichts. Außer Severin hatte gepetzt. Nein, eher nicht, für den waren Eltern gerade *Der Feind*. Und dem Feind gab man freiwillig keine Informationen preis.

Vielleicht hatte er ohnehin gedacht, seine große Schwester würde nur herumspinnen.

Und vielleicht hatte er damit recht.

Am Abend rief Fabian an. Er hatte irgendwie den Trick raus, sich immer zur ungünstigsten Zeit zu melden. Ricarda war gerade dabei, das dreckige Geschirr vom Tisch abzuräumen – das war in dieser Woche ihr Job –, und ihre Mutter warf ihr einen düsteren Blick zu, als sie die gestapelten Teller im Stich ließ.

»Wie läuft's?«, fragte Fabian. »Stör ich?«

»Nein, nein, geht schon«, log Ricarda. Sie wusste selbst nicht genau, warum.

Fabian fing an, etwas von dem Indie-Konzert zu erzählen, auf dem er gestern gewesen war. »Übermorgen treten die Magic Bicycles auf, magst du mitkommen?«

Ricarda musste lächeln. Magische Fahrräder, o Mann! Fabian schien grundsätzlich zu Bands zu gehen, die einen bescheuerten Namen hatten. »Äh, keine Ahnung, was machen die denn für Musik?«

»Ich schick dir den Link zum Album, dann kannst du ja mal reinhören. Und was gibt's bei dir Neues?«

Ricarda warf einen schnellen Blick auf ihre Mutter, die in Hörweite herumwerkelte. Nein, so sollte sie es nicht

erfahren, das würde unter Garantie nicht gut ankommen.
»Ach, nicht so viel. Sag mal, wie findest du eigentlich Elefanten?«

»Elefanten? Wie soll ich die finden? Na ja, sie sind halt groß und grau.«

Ricarda versuchte, sich ihre Enttäuschung nicht anmerken zu lassen. »Was Elefanten wohl über Menschen sagen würden? *Sie sind klein und rosa?*«

Fabian lachte. »Wahrscheinlich. Aber wenn sie sprechen könnten, würden sie wahrscheinlich erst mal andere Sachen sagen. Zum Beispiel *Hey, wie wär's mit einem größeren Gehege?* oder *Wann gibt's endlich Futter?*.

Sie verabredeten sich zum Eisessen und Ricarda eilte zu den Tellern zurück. Es würde bestimmt wieder lustig werden, mit Fabian war es immer lustig. Sie fragte sich, ob sie in ihn verliebt war. Aber so was war manchmal schwer zu sagen. Verdammt schwer.

Gerade als sie den Tellerstapel wieder hochnehmen wollte, klingelte das Telefon noch einmal. Ricarda schnappte sich den Hörer.

Es war Sofia. »Ich komm mit!«, brüllte sie so laut, dass Ricarda Angst um ihr Trommelfell bekam. »Freunde meiner Eltern sind schon in Thailand gewesen und waren begeistert, das hat sehr geholfen. Ist ja auch wirklich ein praktisches Land. Schön warm, keine Haie, keine Malaria, Volksaufstände nur hin und wieder. Kannst du mir den Link zu dieser Organisation mal geben?«

»Äh, ja, mach ich«, versprach Ricarda und dann kroch auf einmal Panik in ihr hoch. Sie kam aus dem Nirgendwo und packte sie mit eisigen Klauen. Kalter Schweiß auf ihrem Körper. »Aber äh, ich weiß noch gar nicht, ob ich wirklich fahre …«

»Wie? Was? Wieso nicht?«

»Du, ich muss auflegen, ich ruf dich später noch mal an.«

Ricarda rannte die Treppe hoch und warf sich auf ihr grünes Cordsofa. Sie fühlte ihren Puls, ihr Herz klang ganz stolperig, aber nach und nach beruhigte es sich. Atmen. Ganz tief atmen. Wo war diese Panik auf einmal hergekommen? Gerade jetzt, wo alles klappte?

Jemand klopfte an die Tür ihres Zimmers.

»Alles in Ordnung, *mon bijou*?«, fragte ihr Vater. »Darf ich mal kurz reinkommen?«

»Okay«, sagte Ricarda und setzte sich langsam auf. Ihr Kreislauf schien wieder in Ordnung zu sein, ihr war nur ein bisschen schwindelig.

Ihr Vater setzte sich auf eine Armlehne des Sofas. »Das eben war Sofia, oder? Was genau meinte sie mit: ›Ich komme mit.‹? Will sie mit nach Arles? Das ist natürlich kein Problem, aber ich muss es rechtzeitig wissen, damit sich Jacques und Marie-Claire darauf einstellen können.«

Jetzt war es also so weit. Vielleicht war es besser so. Wer wusste, wie lange sie sonst gebraucht hätte, um es ihren Eltern zu gestehen.

»Ich würde in diesen Sommerferien lieber etwas anderes machen …«

»Sprich bitte nicht so leise, du weißt, dass das unhöflich ist.«

Ricarda zwang sich, lauter zu sprechen. »Es gibt da so ein Elefantenprojekt in Thailand, bei dem Helfende mitmachen können ... ich würde gerne für zwei Wochen hinfahren ...«

Auf der Stirn ihres Vaters bildete sich eine steile Falte. »Du willst nicht mit nach Arles? Warum denn das? Kannst du mir mal sagen, wie ich das Onkel Jacques beibringen soll?«

»Papa, ich kenne Arles, Paris und den Rest von Frankreich schon in- und auswendig ... es gibt in der Welt noch viel mehr zu sehen!« Ricarda war erstaunt über sich selbst. Es war in der Familie nicht üblich, Papas Gebote infrage zu stellen.

»Habe ich überhaupt richtig gehört, du willst irgendwas mit *Elefanten* machen?«

»Ja. Ich finde sie toll. Und es ist so schade, dass man sie hier in Deutschland nicht richtig kennenlernen kann.«

Sein Blick sagte klar und deutlich, dass er diese Idee für ausgemachten Blödsinn hielt. »Reichen dir nicht ein paar Pferde, so wie anderen Mädchen auch? Du könntest Reitstunden nehmen, wir geben dir ein bisschen Geld dazu.«

»Das ist doch was ganz anderes.« Ricarda stand auf; sie hielt es nicht mehr aus, neben ihrem Vater zu sitzen. Allerdings fühlte es sich auch seltsam an, jetzt mitten im Raum zu stehen. Sie wusste nicht, wohin mit ihren Händen, und es fiel ihr schwer, dem Blick ihres Vaters zu begegnen. Aber dann hob sie doch die Augen, sah ihm direkt ins Gesicht. »Ich will es gerne machen. Das mit den Elefanten. Warum geht das nicht? Es sind doch nur zwei Wochen und ich bezahle alles selber. Genug gespart habe ich.«

»Du kommst mit nach Arles. Punkt.« Ihr Vater erhob sich, ohne ein weiteres Wort verließ er das Zimmer.

So schnell geht das, dachte Ricarda wütend. Man tritt auf den Traum drauf und dreht den Schuh ein paarmal, dann bleibt nur bunter Matsch übrig.

Doch sie war nicht nur sauer und traurig, da war noch ein anderes Gefühl. Erleichterung? Es wäre schwierig geworden. Anstrengend. Teuer. Riskant. Vielleicht war es besser so. Aber sie würde es Sofia sagen müssen. Immerhin, jetzt hatte sie eine gute Entschuldigung für den Rückzieher. Vielleicht würde Sofia die Fahrt jetzt einfach allein durchziehen, sie hatte so begeistert geklungen am Telefon.

Der Gedanke schmeckte gallenbitter.

Ricarda suchte in ihrer Musik-App nach ihrem aktuellen Lieblingsalbum, drehte die Lautstärke auf und legte sich wieder auf die Couch.

Etwa eine Stunde später öffnete sich die Tür ihres Zimmers. Diesmal war es ihre Mutter. Sie schrie ein paar Worte, merkte, dass sie nicht verstanden wurde, und ging zur Anlage, um die Musik leiser zu drehen.

»Rica? Was genau hast du vor, kannst du mir das auch mal erklären?«

Ricarda seufzte und erzählte ihr Vorhaben erneut. Es hörte sich noch ferner, noch unwirklicher an als zuvor. Und was viel schlimmer war – er hörte sich albern an. Elefanten retten, haha.

Doch ihre Mutter lachte nicht. »Klingt toll«, sagte sie. »Und es ist eine Schande, dass wir meine günstigen Flugtickets nicht nutzen. Wir könnten uns so viele interessante Länder anschauen und fahren immer an die gleichen Orte. So ganz recht ist mir das auch nicht. Deshalb habe ich eben mal ernsthaft mit Pierre geredet.«

Langsam setzte Ricarda sich auf und starrte ihre schmale blonde Mutter an. Seit wann setzte sich ihre Mutter gegen Papas Regeln zur Wehr? Es geschahen doch noch Wunder!

»Es hat eine Weile gedauert. Aber jetzt ist er einverstanden, dass du diesen Sommer mal etwas anderes machst. Es sind ja nur zwei Wochen. Wenn du magst, kannst du anschließend nachkommen nach Arles.«

»Ich glaube nicht«, sagte Ricarda und einen herrlichen Moment lang lächelten sie und ihre Mutter sich an.

Wilde Freude quoll in Ricarda hoch. Sie spürte, dass etwas in ihr sich entschieden hatte, Ja sagte zu Thailand und den Elefanten. Sie würde es schon irgendwie schaffen. Mit Sofia zusammen konnte sie alles schaffen! Sie kannten sich seit der Grundschule; Sofia hatte als Einzige zu ihr gehalten, als die anderen Kinder gemein zu ihr gewesen waren. Jahre danach hatte Ricarda zum ersten Mal den Begriff »Mobbing« gehört und verstanden, was damals geschehen war. Später hatten sie zusammen Drachen steigen lassen, sich beim Einradfahren die Knie aufgeschrammt, nächtelang miteinander geschrieben, im Auftrag des Direktors ein riesiges Wandgemälde an die Schulwand gepinselt, das heute noch bewundert wurde. Einmal hatten sie sogar eine Nacht wild gecampt, mitten im Odenwald. Und jetzt – Thailand. Das war eine Nummer größer. Nein, gleich ein paar Nummern.

Das wird schön, entschied Ricarda. Und die Stimme in ihrem Inneren, die sonst immer zweifelte, zog sich zurück und gab ausnahmsweise Ruhe.

Die Türen ihres Kleiderschranks standen weit offen. T-Shirts. Tops. Fleece-Pullis. Shorts. Jeans. Rein damit in den Koffer. Wieso hatte sie eigentlich so verdammt viele schwarze Sachen? Die würden die Sonne aufsaugen. Schwitzgarantie. Außerdem passte es nicht zu dieser Reise, etwas in ihr sträubte sich dagegen. Hatte sie nicht auch irgendwo ein hellblaues T-Shirt und eins in Orange? Ricarda wühlte sich tief in ihren Schrank hinein ... und ihre Finger stießen auf etwas Hartes, einen Lederkasten.

Obwohl sie es geschafft hatte, ihn und seinen Inhalt zeitweise völlig zu vergessen, wusste sie sofort, was sie gefunden hatte. Ihre Finger zuckten zurück, als hätte sie sich verbrannt, und ihr Magen zog sich zusammen wie eine Faust. Wieso hatte sie das Ding noch nicht weggeschmissen? Besser, sie schmuggelte es in den Müll und wurde es endlich los. Nie wieder sollte es sie daran erinnern, was geschehen war, was sie getan hatte ...

Weg damit, weg damit!

Doch gerade als sie es hervorgezogen hatte, kam ihre Mutter herein. Angeklopft hatte sie eine Sekunde vorher, viel zu kurz, um darauf zu reagieren. Ricarda stand in der

Bewegung erstarrt, sprachlos vor Schreck. Der lederne Halteriemen war noch um ihre Hand geschlungen.

»Ach, dein Fernglas, das habe ich lange nicht mehr gesehen«, sagte ihre Mutter und lächelte. »Das nimmst du bestimmt mit, oder? Es gibt eine Menge Tiere zu beobachten in Thailand.«

»Ja«, krächzte Ricarda und legte den Lederkasten in ihren Koffer. Als ihre Mutter weg war, nahm sie ihn wieder heraus und stellte ihn zurück in den Schrank.

PALÄSTE UND PIÑA COLADA

Das war also Bangkok! Auf der Straße knatterten Scharen von bunten Mopeds, Taxis, Bussen und *Tuk-Tuks* – motorisierten Rikschas – an Ricarda vorbei und hinterließen Qualmwolken. Das ständige Gehupe vermischte sich mit Musik aller Art, die aus Autoradios, Läden und tragbaren Anlagen drang. Ricarda rümpfte die Nase. Wenn es ausnahmsweise mal nicht nach Abgas stank, dann aus den Garküchen am Straßenrand nach heißem Öl und Fischsoße oder aus dem Rinnstein modrig. Immerhin war das Wasser, das vor einer Stunde die Straßen in Flüsse verwandelt hatte, schon wieder abgelaufen. Wahrscheinlich direkt in den Fluss Chao Praya.

»Das war keine besonders tolle Planung von uns, in der Regenzeit herzukommen«, stöhnte Sofia und wischte mit einem Taschentuch an ihrem Schuh herum.

Ricarda atmete tief durch. Wie ging das noch mal mit dem positiven Denken? »Im Reiseführer stand, dass es nur einmal am Tag regnet und es dafür immerhin sechs Stunden Sonne am Tag gibt.« Skeptisch kniff sie die Augen zusammen und musterte den Himmel. Der sah grau aus, die Luft war schwer und feucht und warm.

»Okay, es regnet vielleicht nur einmal am Tag, dann aber richtig!« Sofia seufzte. »Wenn wir draußen gewesen wären, wären wir wahrscheinlich einfach ersoffen.«

Ricarda warf noch mal einen kurzen Blick in ihren Reiseführer, zuckte dann die Schultern und verstaute ihn in ihrem Rucksack. »Wusstest du, dass *Krung Thep*, der thailändische Name von Bangkok, ›Stadt der Engel‹ bedeutet? Dabei würden die Engel während der Regenzeit glatt vom Himmel gespült werden.«

»Ich glaub auch.« Sofia lachte. »Egal. Wir lassen uns den Tag in Bangkok nicht vermiesen, bevor wir nach Chiang Mai weiterfahren. Meinst du, wir finden hier irgendwo ein Café, in das wir uns kurz setzen können? Ich habe meinen Eltern versprochen, dass ich mich gleich melde, wenn wir angekommen sind.«

»Meinen Eltern soll ich eine Nachricht schreiben.« Ricarda tippte auf ihrem Handy herum und stellte fest, dass sie keinen Empfang bekam und außerdem der Akku leer war. »Ja, lass uns eins suchen. Vielleicht kann ich da mein Handy aufladen.«

Cafés gab es überall hier in Bangkok. Nachdem Sofia und Ricarda mit geladenen Handyakkus Nachrichten an ihre Eltern geschrieben hatten, drängten sie sich unternehmungslustig durch das Touristengewimmel in der Khao San Road.

»Komm, wir schauen uns mal an den Straßenständen um«, schlug Sofia vor. »Brauchst du nicht zufällig eine unechte Rolex?«

Auch gefälschte Ausweise gab es an den vielen Ständen zu kaufen. Ricarda sah sogar Personalausweise aus Deutschland. Nein, so was brauchte sie nicht und zum Glück gab es auch Dinge, die sie mehr interessierten, zum Beispiel Schmuck, bunte Tücher und Sandalen. Alles enorm billig, ein T-Shirt kostete umgerechnet nur zwei Euro.

Allmählich besserte sich Ricardas Stimmung. Wie schön, dass jeder ihr zulächelte. Die Menschen schienen hier viel freundlicher zu sein, nicht so verkniffen wie in Deutschland. Und es gefiel Ricarda auch, dass die Thais Buddhisten waren. Es war ein Glaube, der etwas tief in ihr zum Klingen brachte, weil er Gewalt ablehnte und für Toleranz und Weisheit stand.

»Schade, ausgerechnet eine Buddhafigur sehe ich nirgendwo – so eine hätte ich gerne gehabt«, meinte Ricarda.

»Frag doch einfach!«

Ricarda ging lieber weiter, so wichtig war es schließlich auch nicht. Aber da hatte Sofia die Sache schon in die Hand genommen; mit einem strahlenden Lächeln wandte sie sich an einen der Verkäufer. »Do you have a Buddha statue?«

»I'm very sorry«, sagte der junge Mann mit einem entschuldigenden Lächeln. »No Buddha.«

»Why?« Sofia ließ nicht locker.

»No Buddha for *Farang*. Foreigners. They take Buddha home, maybe not respect him, maybe treat him bad.«

Ach, so war das. Nein, sie hätte die Statue bestimmt nicht schlecht behandelt, aber es war verständlich, dass die Thais dieses Risiko mit einem so heiligen Gegenstand nicht eingehen wollten. Schließlich wurden die meisten Reiseandenken bald vergessen und staubten irgendwo ein, landeten vielleicht sogar im Keller oder auf dem Flohmarkt.

Ricarda beschloss, zum Abschied mal den traditionellen *Wai* auszuprobieren, von dem sie im Reiseführer gelesen hatte. Sie legte die Handflächen aneinander und verbeugte sich leicht. »Danke für die Auskunft!«

Jetzt wirkte das Lächeln des Verkäufers überrascht, er erwiderte den *Wai* und sah ihnen hinterher, als sie weiterschlenderten. Bedeutete das, dass sie es richtig gemacht hatte oder dass die Verbeugung übertrieben tief gewesen war?

»Was meinst du, wollen wir uns noch den Königspalast anschauen?«, meinte Sofia. »Ich glaube, dann sollten wir uns eins dieser *Tuk-Tuks* schnappen, zu Fuß ist es zu weit.«

»Gute Idee«, antwortete Ricarda, ihre rechte Sandale war nämlich gerade dabei, ihren kleinen Zeh wund zu reiben. Er hatte schon die Farbe einer reifen Kirsche.

Sofia einigte sich mit dem *Tuk-Tuk*-Fahrer auf einen Preis von zweihundert Baht, dann kletterten sie in den offenen Fahrgastraum und klammerten sich an einer Metallstange fest, damit sie während der rasanten Fahrt nicht hin- und hergeworfen wurden oder einfach hinten aus der dreirädrigen Höllenmaschine herausfielen. Sofias große silberne Ohrringe pendelten wild.

»Wieso habe ich gerade das Gefühl, dass wir beim Preis

übers Ohr gehauen wurden?«, überlegte Sofia; sie musste fast schreien, damit Ricarda sie über den Verkehrslärm verstand.

»Wahrscheinlich, weil es so ist!«, brüllte Ricarda zurück. »Aber es sind ja nur drei Euro, egal.« Der Fahrtwind wehte ihr die langen dunkelbraunen Haare aus dem Gesicht, was ganz praktisch war, weil sie dadurch mehr sah. Sie hatte sich vor ein paar Wochen einen neuen Haarschnitt zugelegt, in einer weichen Schwinge wie der eines Vogels fiel ihr der Pony über die Stirn. Seither musste sie sich das Haar ständig aus den Augen streichen. Das nervte ein bisschen, wirkte aber hoffentlich elegant.

Sie sahen den Königspalast schon von Weitem, mächtig und golden erhoben sich die Tempeldächer und -türme über der Stadt. Kein Hochhaus in ihrer Nähe machte ihnen die Herrschaft streitig, die gläsernen Fassaden der Wolkenkratzer ragten in einem anderen Bezirk der Stadt auf. Der Palast und die Tempelanlagen ließen Ricarda verstummen, sie waren unfassbar prächtig. Manche Gebäude wirkten edel und schlicht, andere bunt und verspielt, steingewordene Lebensfreude. Wie viele Menschen wohl daran gearbeitet hatten, diese Millionen von pastellfarbenen Porzellankacheln anzufertigen und festzukleben?

»Schau mal, manche Tempel werden bewacht«, sagte Sofia und deutete auf mannshohe, bunt kostümierte Dämonenstatuen mit Fratzengesichtern.

»Die sollen bestimmt böse Geister fernhalten«, meinte Ricarda und gähnte. Was nicht an den Dämonen lag, sondern am schrecklich langen Flug. Zum Glück nahmen es ihr die Dämonen nicht übel, dass sie angegähnt wurden, oder ließen es sich zumindest nicht anmerken.

»Ich glaube eher, die sollen schamlose Touristinnen mit Shorts verjagen.« Sofia grinste. Obwohl es ganz schön heiß war, trugen sie lange Hosen – sonst wären sie nicht reingelassen worden.

Sie teilten sich eine Limo und ruhten sich an einem Teich aus, in dem Lotusblüten die Oberfläche bedeckten. Die rosa-weißen Knospen waren geformt wie Regentropfen und größer als ein Hühnerei. Neugierig beobachtete Ricarda, wie zwei Mönche in orangefarbenen Roben und Sandalen über das Gelände gingen. Ernst und würdig sahen sie aus mit ihren kahl geschorenen Köpfen …

Der Nachtzug nach Chiang Mai ging erst am Abend. Ihr Gepäck hatten sie schon zum Bahnhof gebracht und dort deponiert. Am liebsten hätte sich Ricarda bis zur Abfahrt auf irgendeine Parkbank gelegt und die Augen geschlossen. Doch erstens trug die Bank, die sie sich ausgeguckt hatte, bei näherem Hinsehen ein kleines Schild mit dem Hinweis »For Monks only« – nur für Mönche – und zweitens kam eine solche Freizeitplanung für Sofia nicht infrage.

»Vergiss es, wir gehen jetzt noch einen Cocktail trinken«, sagte sie.

»Einen Cocktail?« Ricarda dachte kurz darüber nach, was ihr Vater dazu sagen würde, wenn sie jetzt gleich ein eisgekühltes *alkoholisches Getränk* schlürfte. Wahrscheinlich nicht viel, was druckreif wäre. Aber praktischerweise befand sich ihr Vater gerade mehrere Tausend Kilometer entfernt. Ricarda lächelte selig. »Okay.«

»Und wehe, du überlegst es dir anders und bestellst mal wieder Johannisbeerschorle.«

»Gibt's doch hier eh nicht.«

Kurz darauf stießen sie in einem Restaurant an: Ricarda mit einer riesigen, mit Ananasstücken und lila Blüte verzierten Piña Colada – der Kellner hatte nicht nach ihrem Ausweis gefragt –, Sofia mit einem alkoholfreien Mai Tai aus Mandelsirup, Orangen-, Zitronen- und Limettensaft. Ricarda probierte – hm, lecker. So einen würde sie sich auch noch bestellen.

Sie lehnte sich in ihrem Rattanstuhl zurück, genoss den kühlen Luftzug der Deckenventilatoren und fühlte sich so unbeschwert, so glücklich wie lange nicht. Wie ungewohnt, ohne ihre Familie in einem Restaurant zu sitzen. Deutschland? Miefiges Spießerland! Wie hatte sie es nur so lange dort ausgehalten? Vielleicht sollte sie auswandern. Sie würde Buddhistin werden und in einen Tempel eintreten. Ging das überhaupt? Bisher hatte sie keine einzige Frau im orangefarbenen Gewand gesehen, nur Männer.

Ricarda blinzelte. Sie hatte zu viel getrunken. Ja, die mittlerweile zwei Cocktails waren eindeutig übertrieben gewesen. Schließlich konnte es nicht sein, dass da vorne ein Elefantenrüssel durch die jetzt offen stehende gläserne Eingangstür mitten ins Restaurant hineinragte. Aber trotzdem, es sah einem Elefantenrüssel wirklich täuschend ähnlich: lang, grau, beweglich wie eine Schlange.

Ricarda kniff die Augen zusammen und schaute noch mal ganz genau hin.

Es sah immer noch genauso aus. Gab es in Thailand eigentlich Riesenschlangen?

Sofia saß mit dem Rücken zur Tür. In Zeitlupe beugte sich Ricarda über den Tisch und flüsterte ihr zu: »Dreh dich mal vorsichtig um und sag mir, was du siehst.«

Sofia drehte sich um – und schrie auf. »O Mann, ich glaub's nicht! Der Mann da hat einen Elefanten dabei. Aber sieht so aus, als ob das Vieh nicht durch die Tür passt.«

Sie ließen ihre Drinks im Stich und drängten sich durch zum Ausgang. Ein paar andere Touristen scharten sich schon um den ungewöhnlichen Besucher. Andächtig blieb Sofia ein paar Schritte von dem Elefanten entfernt stehen. Es war schon fast dunkel draußen und nur das kühle Licht der Straßenlaternen beschien den massigen Körper des Tiers. Es trug seinen eigenen Proviant mit sich herum, auf seinem Rücken waren zwei Leinensäcke festgebunden, aus denen Bananenstauden und Pflanzenstängel – wahrscheinlich Zuckerrohrstücke – hervorragten. Bedächtig fächelte der Elefant mit den großen Ohren, streckte den Rüssel aus und nahm einer älteren Frau eine Banane ab. »Schau mal, jetzt stopft er sich das Ding in den Mund – mit Schale«, staunte die Frau. »Mal schauen, ob ihm auch eine Ananas schmeckt. Was meinst du, Klaus, frisst er die Blätter auch mit? Die sind doch ganz schön hart ...«

Ricarda musste lächeln. In der Wildnis ernährten sich

Elefanten unter anderem von Baumrinde, die war noch um einiges härter. Und sie hatte mal in der Zeitung gelesen, dass die Elefanten im Münchner Zoo in der Adventszeit übrig gebliebene Weihnachtsbäume verputzen durften. Nicht mal den Stamm ließen sie übrig.

»Komm, wir füttern ihn auch!« Sofia streckte dem *Mahout* einen Fünfzig-Baht-Schein entgegen und bekam ein halbes Dutzend Bananen ausgehändigt. Der Elefant beobachtete es aufmerksam, das Neonlicht spiegelte sich in seinen dunklen Augen.

»Los, gib mir auch eine.« Ricarda schnappte sich eine der Bananen.

Eine feuchte Rüsselspitze mit zwei rosafarbenen Nasenlöchern und einem Greiffinger an der Spitze tastete danach, nahm die Frucht behutsam aus ihrer Hand. Ricarda klopfte den Rüssel, der sich wie raues, hartes Leder anfühlte. Der Elefant ragte hoch über ihr auf, war eine dunkle Silhouette vor dem Nachthimmel ... doch sie hatte keine Angst vor ihm. Er wirkte gelassen, nicht bedrohlich.

Sein *Mahout* redete in schnellem Thai auf ihn ein, dann lächelte er Ricarda und Sofia an. »Feed some more?«

Aus der Nähe betrachtet wirkte der Elefant sehr mager, Ricarda konnte seine Rippen erkennen. Nach und nach gefror ihre Aufregung zu Mitleid. Bestimmt war es kein sonderlich schönes Leben, durch die Stadt zu ziehen: Abgasgestank statt reiner Luft, Lärm statt Dschungelstille. Auf einmal war in Ricardas Mund ein schaler Geschmack. »Wir hätten dem Kerl kein Geld geben dürfen«, zischte sie Sofia zu. »Das führt nur dazu, dass noch mehr Elefanten in der Stadt betteln müssen.«

Sofia verzog das Gesicht. »Stimmt. Außerdem sehen wir ab morgen noch genug Dickhäuter. Komm, wir gehen wieder rein. Sonst denken die, wir wollten, ohne zu zahlen, abhauen.«

Eine junge thailändische Frau unterhielt sich mit dem *Mahout* und drückte ihm Geld in die Hand. Ricarda wunderte sich: Die Frau hatte gar kein Futter für den Elefanten erhalten. Stattdessen bückte sie sich … und kroch unter dem Bauch des Tiers durch!

»Wozu soll das denn gut sein?«, wunderte sich Ricarda und ein anderer Tourist meinte daraufhin: »Viele Thais glauben, dass das Glück bringt und Frauen eine leichte Geburt haben, wenn sie später mal Kinder bekommen.«

Ein paar Minuten später beobachteten sie, wie der *Mahout* mit seinem Tier weiterzog. Jetzt konnte Ricarda sehen, dass der Elefant Reflektorbänder an den Hinterbeinen trug, und das brachte sie aus irgendeinem Grund zum Kichern. Solche Dinger hatte sie zuletzt an den Beinen ihres Vaters gesehen, als er sich bereit machte, zur Schule zu radeln …

Trotz seiner Größe schritt der Elefant völlig lautlos über den Asphalt. Er hatte einen sanften, wiegenden Gang, wie in Zeitlupe setzte er einen Fuß vor den anderen und kam doch schnell voran. Keiner der Bewohner Bangkoks schien etwas dabei zu finden, dass er sich mit ihnen die Straße teilte – kaum jemand wandte den Kopf.

Nach wenigen Minuten war das seltsame Duo im Menschengewimmel verschwunden.

»Ach du Scheiße, hast du mal auf die Uhr geschaut?«, quiekte Sofia plötzlich auf. »Unser Zug!«

»Verdammt!«, keuchte Ricarda und kramte hektisch in ihrem Portemonnaie nach ein paar Geldscheinen. Dutzendfach das Gesicht des Königs, nur in verschiedenen Farben. In Rosa gefiel er ihr am besten. »Meinst du, wir schaffen es noch?«

»Na klar.« Sofia sprang auf und eilte in Richtung Straße. »Wir müssen nur irgendwas mit drei oder mehr Rädern erwischen, das uns mitnimmt.«

Ricarda rannte hinterher. Ihre Beine fühlten sich schwer an, wie zwei Sandsäcke. Außerdem war ihr schlecht. Vielleicht hätte sie das mit dem zweiten Cocktail doch besser sein lassen sollen. Oder waren es drei gewesen? Jetzt bloß nicht kotzen, beschwor sie sich, als das *Tuk-Tuk* sich einen Weg durch den Verkehr bahnte. Immerhin, in einem offenen Wagen konnte man besser seinen Mageninhalt loswerden als in einem deutschen Taxi. Man musste es nur in der richtigen Richtung tun, damit der Fahrtwind einem nicht die Hälfte davon wieder ins Gesicht wehte. Aber musste man dafür nicht auch beachten, woher der richtige Wind kam?

Sie war noch nicht fertig mit dem Nachdenken über diese wichtige Frage, als das *Tuk-Tuk* anhielt. »Train station!«, verkündete der Fahrer.

Kurz darauf wuchteten Ricarda und Sofia ächzend ihre Taschen und Koffer in den Zug und ließen sich in die waagrecht stellbaren Liegesitze fallen, die sie reserviert hatten.

»Gott sei Dank, richtig bequem!« Sofia ließ ihre Arme schlaff herunterhängen. »Aber eigentlich auch egal, ich schlafe sowieso gleich ein. Weck mich, wenn wir in Chiang Mai sind.«

»Nee, *du* weckst *mich*«, stöhnte Ricarda, wälzte sich in ihrem Sitz auf die Seite und zog ihre Jacke über sich.

Mit einem leichten Ruck setzte sich der Zug in Bewegung.

Ein junger Thai mit ebenmäßigem Gesicht, einer ultracoolen schwarzen Sonnenbrille und eng anliegendem T-Shirt holte sie in Chiang Mai ab, um sie zu ihrem endgültigen Ziel in der kleinen Stadt Lampang zu bringen.

»*Sawatdii khrap*«, begrüßte er sie mit einem schüchternen Lächeln. »Mein Name ist Kaeo.«

Fasziniert starrte Ricarda auf seinen Hals. Kaeo trug gleich sieben Ketten mit verschiedenen Anhängern; jedes Mal, wenn er sich bewegte, klapperte es. Vielleicht hatte er Schwierigkeiten, sich zu entscheiden, oder er mochte das Gefühl, einen halben Eisenwarenladen um den Hals zu haben.

Sein roter Toyota roch staubig und ein wenig nach Hund. Ricarda quetschte sich auf die Rückbank und kickte ein paar Plastikcolaflaschen weg, die um ihre Füße rollten. Sofia machte es sich auf dem Beifahrersitz bequem.

»Arbeitest du auch im Refuge? Was machst du da? Bist

du ein *Mahout*?« Sofia begann sofort damit, Kaeo zu löchern, nachdem die beiden sich ihm vorgestellt hatten.

»Ja, ich bin Sohn von Ruang, kümmere mich um die Elefanten mit ihm. Viel, viel Arbeit!« Sein Englisch klang lustig; die Wörter stimmten zwar, aber ihre Melodie war die einer asiatischen Sprache. Außerdem redete er wie die anderen Thais, denen sie bisher begegnet war, in einer höheren Tonlage als die Menschen in Deutschland.

Kaeo kramte im Handschuhfach herum, zog eine CD mit Thaipop hervor und legte sie in den Player. Es klang eigentlich fast wie westliche Popmusik, nur dass Ricarda kein Wort von den Texten verstand.

»Betreust du einen eigenen Elefanten?«, fragte Ricarda schüchtern. Kaeo schaute über die Schulter, um ihr zuzulächeln, und Ricarda fuchtelte panisch mit den Händen, damit er sich gefälligst wieder auf die Straße konzentrierte.

»Ja, einen Bullen, sein Name ist Khanom«, erkärte der junge Mann. »Ist im Moment schwierig, weil er in der *Musth* ist. Kann gerade nicht mit ihm arbeiten. Er wütend den ganzen Tag. Deswegen hole ich ab euch in der Stadt.«

»*Musth*?«, fragte Sofia. »Wo ist das denn?«

»Nein, nein, kein Ort … erwachsene Elefantenbullen … verrückt manchmal«, erklärte Kaeo. »Zeit, in der sie mit anderen Bullen kämpfen und sich paaren wollen. Ist leicht zu erkennen, in der Zeit ihnen läuft Flüssigkeit entlang am Kopf, der Geruch davon ist Signal für die anderen Elefanten.«

Ricarda hoffte, dass sie dem Bullen nicht über den Weg laufen würde. Sie lehnte den Kopf an das staubige Seitenfenster des Autos und schaute nach draußen. Je weiter sie sich von Chiang Mai entfernten, desto ländlicher wurde die Gegend. Ricarda sah überflutete Felder, aus denen smaragdgrün die Reispflanzen hervorlugten. Bauern, die auf den Feldern arbeiteten. Manchmal mit Dingern, die wie ein großer Rasenmäher aussahen und wahrscheinlich Motorpflüge waren, manchmal aber auch mit einem gewöhnlichen Pflug, vor den ein dunkelgraues, gedrungenes Tier mit riesigen Hörnern gespannt war. Wow, ein Wasserbüffel. Dann kam wieder ein Ort, mit Stromleitungen kreuz und quer, ein verrücktes Gewirr über der Straße. Hühner, die aus dem Weg rannten und flatterten. Einmal hätte Kaeo um ein Haar eins überfahren. Dann wieder dichter Wald rechts und links der Straße.

Schließlich bog der Toyota von der Straße auf einen Waldweg ab. Ricarda sah ein geschnitztes, bemaltes Schild mit der Silhouette eines Elefanten und »Chiang Mai Elephant Refuge« in Englisch und der Thaischrift, die wie eine Verzierung wirkte. Kaeo stieg aus, entriegelte das große hölzerne Eingangstor und drin waren sie. Ricardas Herz schlug schnell. Es hatte geklappt. Sie war hier. Endlich!

Ricarda fädelte sich aus dem Auto und trat dabei eine der Colaflaschen platt. Sie streckte sich, atmete tief durch. Sauber und gut roch die Luft. Nach Blüten, feuchter Erde und ... Elefantendung? Ja, da vorne lag ein gewaltiger grünbrauner Haufen. Aber nicht lange, ein Helfer war schon dabei, ihn wegzuschaufeln.

Kaeo hievte sich ihr Gepäck auf den Rücken und ging voran. Inmitten der Büsche und Bäume tauchte ein Holzhaus auf, das von meterhohen Stelzen getragen wurde – mühelos hätte ein Elefant daruntergepasst. Anscheinend spazierte hier auch öfter mal einer herum, denn die Erde unter dem Haus war festgestampft von riesigen Füßen. Für die Menschen standen ein paar alte Gartenstühle aus angerostetem Metall herum und hinter dem Haus sah Ricarda einen kleinen, mit einem Elektrozaun gesicherten Gemüsegarten. Daneben hing ein brandneuer signalroter Feuerlöscher.

»Unser Haus – hier wir wohnen, die Familie«, erklärte Kaeo. »Die *Mahouts* wohnen in anderen Hütten, sie haben auch einen eigenen Koch. Bei ihnen bekommt ihr gerne etwas zu essen, aber auch im Haupthaus. Die Übungsgelände sind weiter drüben, die zeige ich euch später.«

»Wo sind die Elefanten jetzt gerade?«, fragte Sofia, denn nirgendwo waren Dickhäuter in Sicht.

Kaeo deutete zu einem Fußpfad, der mitten ins grüne Gebüsch hineinzuführen schien. »Baden am Fluss. Kommen später heim.«

Kaum zwanzig Schritte vom Haus entfernt ragte ein riesiger Feigenbaum auf und breitete seine üppig grünen Zweige über das Dach. Sein verschlungener Stamm wirkte wie die fließenden Gewänder einer Menschenfrau, die für irgendeinen Frevel in einen Baum verwandelt worden war. In welchem Märchen hatte sie so etwas schon einmal gelesen?

Gleich neben dem riesigen Baum stand ein winziges rot und gelb angemaltes Häuschen auf einem Pfahl. Es war prachtvoll geschnitzt und sah aus wie ein Tempel von der Größe eines Puppenhäuschens. Blumengirlanden schmückten es und auch ein paar Porzellanschalen fanden darauf Platz.

»Was ist das, ein Luxus-Vogelhäuschen?«, fragte Sofia neugierig und ging näher heran.

Kaeo sah einen Moment lang verwirrt aus, bis das Lächeln auf sein Gesicht zurückkehrte. »*San phra phuum.* Ein Geisterhäuschen. Wenn ein Haus gebaut wird, brauchen die Geister der Erde und der Luft einen neuen Ort, wo sie wohnen können. Wir bringen ihnen Gaben.« Er deutete auf die Schälchen. »Dann die Geister sind zufrieden und wachen über uns.« Kaeo setzte das Gepäck ab, zog eine Flasche Cola aus seinem Rucksack hervor und goss eine der Opferschalen voll. Respektvoll verbeugte er sich mit gefalteten Händen vor dem Häuschen. Dann erst schulterte er die Sachen wieder.

»Thailändische Geister mögen amerikanische Limonade?« Ricarda staunte.

»Bestimmt. Mein Onkel Fon sogar hat dem Erdgeist Chao Thi mal eine Flasche Whisky geopfert. Hatte ihm das versprochen, wenn Chao Thi ihm hilft, eine Wette zu gewinnen. Er hat gewonnen die Wette und hat gehalten sein Versprechen.«

Als sie weitergingen, flüsterte Sofia ihr ins Ohr: »O

Mann, da bin ich ja voll ins Fettnäpfchen getreten. Ich sage nur: Vogelhäuschen! Meinst du, er ist jetzt sauer auf mich?«

Ricarda dachte nach. Kein Zweifel, das mit den Geistern war für Kaeo eine todernste Angelegenheit. Vielleicht hatten die Amulette um seinen Hals etwas damit zu tun. »Bestimmt nicht – er hat ja wieder gelächelt.«

»Ja, aber das tun die Thais doch anscheinend die ganze Zeit.«

Einen Steinwurf vom Haupthaus entfernt war eine Lichtung, eine Art zentraler Versammlungsort, etwa so groß wie ein Sportplatz. Ricardas Sandalen wirbelten hellen Lehmstaub auf, als sie ihn überquerten. An den Seiten des Platzes gab es einige offene Elefantenunterstände, die nur aus einem zerzausten Schilf- oder Strohdach und ein paar dicken Baumstämmen als Stützen bestanden. Etwas weiter entfernt, halb hinter Bäumen versteckt, sichtete Ricarda Pferche, die ähnlich aussahen wie Pferdekoppeln – nur, dass die Pfähle und Querbalken sehr viel dicker waren. Ob das einen Elefanten aufhielt, der unbedingt rauswollte?

Nach ein paar Minuten Fußweg durch den Wald kamen sie zu einfachen, auf niedrigen Stelzen stehenden Bambushütten, von denen jede eine umlaufende Veranda aus roh gezimmerten Ästen hatte. Das waren vermutlich die Hütten der *Mahouts*.

»Sind eigentlich noch andere Freiwillige hier?«, wollte Sofia neugierig wissen.

Kaeo schüttelte den Kopf. »Nicht zurzeit. Meistens sind

nur zwei oder vier hier gleichzeitig. Die anderen sind am Samstag abgereist.«

»Welche Hütte ist unsere?«, fragte Ricarda gespannt und Kaeo zeigte auf eine Hütte, die um einen Baum herumgebaut worden war. Ricarda war begeistert. Sie strich über die länglichen glänzend grünen Blätter, schaute an dem Stamm hoch und stellte fest, dass an den Zweigen Mangos hingen. Manche noch grün und unreif, andere schon gelb-orange angehaucht. Sie teilten ihre Hütte mit einem Mangobaum, wie cool! Und da vorne entdeckte Ricarda an hoch aufragenden Pflanzen, die mit ihren langen smaragdgrünen Blättern Palmen ähnlich sahen, Büschel von Bananen. Hier konnte man sich ja gut durchfressen …

Sofia klopfte auf einen roten Feuerlöscher, der gleich neben dem Eingang der Hütte hing. »Sag mal, brennt es hier so oft?«

»Noch nie«, sagte Kaeo stolz.

»Und wieso dann all diese Feuerlöscher?«

»Ist Idee von *Por* Ruang.« Kaeos Ton wurde vertraulich. »Er hat Angst vor Feuer. Als er war Kind, die Hütte der Familie ist abgebrannt. Seither seine Regel: überall Feuerlöscher, dann nichts passieren kann.«

Drinnen gab es zwei Betten mit geschickt zusammengeknoteten Moskitonetzen darüber und einen gekachelten Waschraum. Ricarda stellte fest, dass die Dusche nur aus einem Schlauch bestand, der aus der Wand ragte.

Ratlos schaute sich Sofia um. »Äh, aber wie soll das funktionieren – wenn man duscht, setzt man doch den Rest des Badezimmers unter Wasser?«

»Ach, dann bekommt man auch drinnen dieses gewisse Regenzeit-Feeling.« Ricarda zuckte die Schultern und beobachtete, wie ein paar große rotbraune Ameisen von unten nach oben den Stamm hochtrippelten. Zum Glück hielten sie nicht an, sondern marschierten Richtung Dach weiter und waren bald darauf außer Sicht. Ricarda schaute nach unten und stellte verblüfft fest, dass sie durch kleine Ritzen in den Brettern den Boden sehen konnte. Hoffentlich war das Dach nicht ähnlich gebaut, sonst würde es beim nächsten Regenguss ziemlich feucht hier drin werden.

Dann begann sie, ihren Koffer auszupacken und ihre Sachen in den einfach gezimmerten Schrank einzuräumen. Doch was war denn das für ein hellbraunes Ding unter der zweiten Lage von T-Shirts? Da lag dieser verdammte Lederkoffer mit dem Fernglas! Nein! Dabei erinnerte sie sich genau daran, dass sie das Ding in den Schrank zurückgestellt hatte.

Weiß leuchtete ein Zettel zwischen ihren Sachen hervor.

Das hier hättest du beinahe vergessen! Gruß und Kuss, Mami.

Ricarda stöhnte leise. Vielleicht war das Fernglas verflucht und sie konnte es einfach nicht loswerden, sosehr sie sich auch anstrengte.

»Was ist?«, fragte Sofia.

»Meine Mutter hat mir ein Fernglas eingepackt. Kein Wunder, dass der Koffer so schwer geworden ist«, antwortete Ricarda und stopfte den Lederkoffer in den Schrank.

Sofia kramte in ihrer Reisetasche herum und zog ihren Glücksbringer hervor, ein fettes rosafarbenes Plüschschwein. Es bekam einen Ehrenplatz auf dem Nachttisch.

»Dieses hässliche Vieh hast du den ganzen Weg aus Europa hergeschleppt?« Ricarda hob es hoch und schaute ihm in die Steckdosennase. »Das ist doch peinlich. Willst du wirklich, dass einer der Thais das sieht? Wahrscheinlich sind Schweine auch für Buddhisten unreine Tiere und du bist auf ewig unten durch. Besonders nach der Sache mit dem Vogelhäuschen.«

Gut gelaunt verschränkte Sofia die Arme hinter dem Kopf. »Ach Quatsch, es gibt unendlich viele Thaigerichte mit Schweinefleisch, die werden sie ja wohl nicht essen, wenn Schweine unrein sind. Komm, wir packen später aus und gehen noch ein bisschen erkunden!«

»Okay, gute Idee.« Sie warf noch eine Hose in den Schrank, dann klappte Ricarda den Koffer zu und folgte Sofia nach draußen. Dort lehnten sich die beiden einen Moment nebeneinander gegen die Veranda und genossen den Blick auf die grünen Hügel, die sich jenseits der Lichtung erhoben.

Das war der Moment, in dem Ricarda es spürte. Eine Art leises Vibrieren der Luft, wie ferner Donner. Aber der Himmel war klar und blau, ein Gewitter konnte es nicht sein.

»Merkst du das auch?«, fragte sie Sofia, doch die schüttelte den Kopf und schaute fragend.

»Nee. Was denn?«

Ein Schauder durchlief Ricarda. »Ich glaube, die Elefanten kommen!«, flüsterte sie.

Fast gleichzeitig sprangen sie und Sofia von der Veranda und liefen los.

GROSS UND GRAU

Hintereinander schritten die grauen Riesen aus dem Wald, noch nass und dunkel von ihrem Bad, während Ricarda und Sofia am Rand der Lichtung stehen blieben und staunten. Die Elefanten bewegten sich fast lautlos, bis auf das *Knack,* als einer von ihnen mit dem Rüssel einen Ast packte, ihn abriss und sich ins Maul stopfte. Die *Mahouts* saßen entspannt und locker in ihrem Nacken, gleich hinter dem großen, gewölbten Kopf.

Jetzt spürte Ricarda das eigenartige Vibrieren in der Luft nicht mehr, obwohl sie viel näher dran waren und die Tritte den Boden erbeben ließen. Seltsam!

Gemächlich verteilten sich die Elefanten über das Gelände. Mit einem leisen Befehl brachten die *Mahouts* ihre Tiere dazu, ein Vorderbein zu heben, und kletterten daran hinab auf den Boden. Die meisten der *Mahouts* beachteten Ricarda und Sofia nicht. Sie waren mit ihren Tieren beschäftigt, doch als einer der Männer Ricarda und Sofia sah, winkte er sie herüber.

Ricarda klopfte das Herz bis zum Hals, als sie sich in Bewegung setzten. »Ich glaube, das ist Ruang, der Chef hier«, sagte sie leise zu Sofia, und die nickte. Es beruhigte Ricarda, dass auch ihre Freundin ein wenig nervös wirkte.

Ruang war ein kleiner, aber muskulöser Mann mit schwarzen Haaren im Bürstenschnitt und einem Schnurrbart. Wie die anderen *Mahouts* war er barfuß und einfach gekleidet, in weite Hosen und ein Hemd, das von einem Gürtel zusammengehalten wurde. Darin steckte eine Art Stock mit einem Metallhaken an einem Ende. Oje, wozu benutzten die das Ding? War das so eine Art Gerte für Elefanten? Das sah ganz schön brutal aus!

Der Chef des Elephant Refuge strahlte Autorität aus und auf einmal machte sich Ricarda Sorgen. Was, wenn er entschied, dass sie für die Arbeit mit Elefanten nicht zu gebrauchen war, weil sie zu schüchtern war?

»Hallo, ihr beiden. Ich bin Ruang und das ist Mae Suchada«, stellte Ruang sich und seinen Elefanten vor. Freundschaftlich hängte Mae Suchada ihm den Rüssel über die Schulter und schnaufte. »Die Namen aller erwachsenen Weibchen, die schon Nachwuchs hatten, beginnen in Thailand mit Mae, das ist Tradition.«

Mae Suchada fächelte mit den Ohren und streckte den Rüssel vor – was sollte das heißen, war sie neugierig? Ricarda versuchte, in ihren teebraunen Augen zu lesen, die von dichten, fingerlangen Wimpern umgeben waren. Freundlich und gelassen sahen diese Augen aus.

Jetzt stand Ricarda nur noch eine Armlänge von der Elefantin entfernt. Es war ein überwältigendes Gefühl, diesem gewaltigen Tier so nahe zu sein. Instinktiv streckte sie der Elefantin die offene Handfläche hin und die Rüsselspitze untersuchte sie.

»Sie nimmt deine Witterung auf«, sagte Ruang.

»Hallo, du«, sagte Ricarda leise auf Deutsch. Wahrscheinlich verstand ihr Gegenüber nur Thai, aber egal, den Ton ihrer Stimme würde sie begreifen. Vorsichtig streichelte Ricarda über den Rüssel, der dort, wo er in die Stirn überging, hart war wie die Rinde eines Baumes und weiter unten biegsam wie festes Gummi. Ein paar drahtige Haare sprossen darauf.

Sofia blickte skeptisch drein. »Spürt sie überhaupt, wenn man sie berührt, durch ihre dicke Haut?«

»O ja.« Ruang nickte. »Sie merkt sogar, wenn eine Fliege auf ihr landet. Und an manchen Stellen ist sie richtig kitzelig, zum Beispiel an den Fußsohlen.«

»Was bedeutet denn ihr Name … Suchada?«, wagte Ricarda zu fragen.

»Die Hochgeborene«, erklärte Ruang. »Weil sie ein ranghohes Weibchen ist. Aber als sie zu uns kam, hatte sie Entzündungen am ganzen Körper, ihr Besitzer hatte sie vernachlässigt. Wir haben sie freigekauft. Schon längst ist sie geheilt und wir können sie reiten.« Er hob den Finger. »Regel hier im Refuge, niemand reitet Elefanten allein, immer jemand dabei. Okay?«

»Okay«, sagte Ricarda gehorsam.

»Okay?«, beharrte Ruang und sah Sofia an. Doch die antwortete nicht, sondern schrie auf.

Hinter ihr stand ein junger Elefant, der kaum so groß war wie sie, und stupste sie mit dem Rüssel an. Auf seinem Kopf sprossen dichte braune Haare, noch nie hatte Ricarda einen so wuscheligen Elefanten gesehen. Der Kleine quiekte vor Vergnügen, dass ihm die Überraschung gelungen war, und rannte mit hocherhobenem Rüssel davon.

»Vor Noi müsst ihr euch in Acht nehmen.« Mit einem Blick, der halb streng und halb amüsiert war, blickte Ruang dem Kalb hinterher.

»Sie hat mir eine Rolle Mentos aus der Hosentasche geklaut! Die waren aus Deutschland!« Sofia musste lachen. »Ich fürchte, sie hat das Einwickelpapier mitgefressen.«

»Sie bekommt gleich noch was anderes in den Magen, glaube ich«, meinte Ricarda und deutete auf den großen freien Platz. Inzwischen hatten die anderen *Mahouts* dort Futter von einem Anhänger abgeladen und verteilten es in großen Haufen auf dem Gelände. Etwas, was Ricarda als Bambus erkannte, Reste von Maispflanzen, Teile von Bananenstauden.

Die anderen Elefanten mampften schon friedlich und nun gesellte sich auch Mae Suchada zu ihnen. Sofort eroberte sie sich den besten Platz, der Rest der Herde rückte respektvoll beiseite.

Ruang drückte Sofia und Ricarda Schaufeln in die Hände, so waren sie Minuten später eifrig dabei, mit den anderen *Mahouts* Futter abzuladen. Ricarda mochte den saftigen Geruch der frisch geschnittenen Pflanzen und es tat gut, sich zu bewegen, mit den Händen zu arbeiten.

»Wie viel frisst jeder Elefant pro Tag?«, fragte sie Kaeo.

»Je nach Größe – die Kühe etwa achtzig Kilo, die Bullen bis zu zweihundert Kilo.«

»Zweihundert Kilo?« Ricarda blieb der Mund offen stehen. Ihr dämmerte, dass sie noch öfter unterwegs sein würde, um Futter für die Tiere zu besorgen.

Kurz darauf zerriss ein lautes Knattern den Frieden, ein schlammbespritztes kleines Motorrad holperte die Einfahrt hoch und zwei Jugendliche stiegen herunter: ein etwa sechzehnjähriges Mädchen und ein etwa neunjähriger Junge, der einen Kopf kleiner war als sie und langbeinig wie ein Fohlen. Mit seinem runden Kindergesicht staunte er die Fremden an und Ricarda hätte ihn am liebsten spontan an sich gedrückt. So mussten kleine Brüder sein, nicht wie Severin!

Das Mädchen trug zu einem Pferdeschwanz zurückgebundene Haare und eine brave Schuluniform – weiße Bluse mit dunkelblauem Blazer darüber, weiß-blau karierter Rock, weiße Söckchen. Gut, dass wir so was nicht anziehen müssen, dachte Ricarda und fragte sich, wer das Mädchen war. Arbeitete es auch hier?

Das Mädchen warf nur einen kurzen Blick auf die Neuen und turnte dann die Treppe zum Haupthaus hoch. Kurz darauf kam sie im T-Shirt und einer weiten knöchellangen Hose wieder zum Vorschein. Jetzt konnte Ricarda einen genaueren Blick auf sie werfen. Sie hatte lange glänzende schwarze Haare und ein etwas eckiges Gesicht mit ausgeprägten Wangenknochen und einer breiten Nase.

»Hey, you!«, rief sie ihnen zu, während sie eine Kiste

mit Obst vom Gepäckträger des Mopeds lud. Sie lächelte breit und zeigte dabei eine kleine Lücke zwischen ihren Vorderzähnen. »Zwei *Farang* bei uns, wie schön. Ihr seid die beiden aus Deutschland, oder?«

Sofia lächelte genauso breit zurück und Ricarda versuchte es ebenfalls. Wenn das so weiterging, würden sie sich noch die Mundwinkel ausrenken.

»Ich bin Chanida und das ist *nong* Tao, mein kleiner Bruder. Hey, wollt ihr euch ein bisschen beliebt machen bei euren Elefanten?«

»Haben wir denn welche?« Sofia zog die Augenbrauen hoch und lächelte.

»Oh, *Por* hat euch das noch nicht erklärt … na ja, *mai pen rai*, macht nichts, kommt einfach mit.« Sie warf Sofia eine braun verfärbte Ananas zu. »Hier, nimm das, Mae Jai Di ist ganz wild danach.«

Wie sich herausstellte, war Mae Jai Di die Elefantin, die Sofia in den nächsten beiden Wochen betreuen sollte. »Die ist richtig nett«, berichtete Chanida. »Sehr sanft. Kälber liebt sie; wenn eins geboren wird, ist sie sofort zur Stelle und bietet ihre Dienste als Tante an.«

Neugierig stand Chanidas kleiner Bruder neben ihr und sagte kein Wort. Verstand er überhaupt Englisch?

»Bis vor Kurzem musste sie bei einem Trekkingunternehmen schuften, obwohl sie trächtig ist«, fuhr Chanida fort. »Keine Rücksicht, den ganzen Tag den Berg rauf und runter, mit so einem blöden *howdah*, einem Gestell auf dem Rücken! Dadurch hat sie Rückenprobleme bekommen.«

»Äh, trächtig – das heißt doch schwanger, oder?« Ratlos betrachteten Ricarda und Sofia die Elefantin. Sie war keineswegs kugelrund, nicht einmal besonders dick sah sie aus.

»Sieht man bei Elefanten erst ganz zum Schluss. Aber man kann es testen. Mit dem Pipi. Wie heißt das noch mal in Englisch? Ach, egal. Hier!« Chanida drückte Ricarda eine matschige Mango in die Hand. »Und das ist für *deine* neue Freundin. Daeng. Sie musste in Bangkok betteln, ehe wir sie rausgeholt haben. Übrigens ist sie erst zwölf, fast noch ein Kind.«

Die Mango war sehr, sehr klebrig und es liefen ein paar Ameisen darauf herum. Ricarda schaute sich nach einem Eimer Wasser um, in dem sie sich nachher die Hände waschen konnte. Sie überlegte, ob sie Chanida gestehen sollte, dass sie einen dieser Bettelelefanten gefüttert hatte. Doch eine Sekunde später platzte schon Sofia damit heraus.

Chanida blickte grimmig drein. »Das Betteln in Bangkok ist inzwischen verboten und das ist gut so. Aber manche *Mahouts* riskieren es trotzdem. Wenn die Polizei sie erwischt, passiert nicht viel, dann werden sie einfach aus der Stadt geworfen.«

»Elefantenwerfen? Ist das eine eurer Sportarten?« Sofia blickte todernst drein. »Da braucht man ganz schön Muskeln für, oder?«

Chanida lachte begeistert, packte Sofia an einer Hand und zog sie mit sich, in Richtung einer friedlich fressenden Elefantin. Etwas langsamer folgte Ricarda. Sie fragte sich, welches der vielen Tiere Daeng sein mochte. Nein, sie waren nicht einfach groß und grau, Ricarda konnte sie schon ein wenig unterscheiden. Die Elefantin, an deren Seite die kleine Noi immer wieder zurückkehrte, hatte längere Beine als die anderen und eine herunterhängende Unterlippe. Ein anderes Tier hatte einen besonders stark gewölbten Kopf und sein Rüssel war auffällig rosa gesprenkelt. Auch die Ohrform sah bei jedem unterschiedlich aus, bei manchen Tieren – wahrscheinlich den älteren – war der obere Rand ein bisschen eingerollt. Nur zwei der Elefanten hatten Stoßzähne, wahrscheinlich waren das die Bullen.

Sofia und Chanida waren schon ein Stück voraus und lachten gerade über einen Witz. Die kleine Noi trabte hinter ihnen her und fing an, sich mit einem jüngeren Kalb zu balgen. Ein Tauziehen um einen Zweig begann und als das langweilig wurde, eine Rangelei mit verschlungenen Rüsseln.

Mae Jai Di nahm die Ananas wohlwollend entgegen. Dann befahl Chanida der Elefantin, in die Knie zu gehen, und Sofia, die Schuhe auszuziehen. Sofia strengte sich an, um mit bloßen Füßen die Schulter ihres neuen Schützlings hochzuklettern und sich in ihren Nacken zu hieven. Geduldig ließ Mae Jai Di es sich gefallen, dass Sofia sie am Rand des grauen Ohrs packte, um sich hochzuziehen. Schließlich thronte Sofia oben und winkte stolz. Ricarda ließ die Mango fallen, wischte sich die Hände an der Hose ab und holte ihr Handy heraus – Sofia hoch auf dem Elefanten, das musste für die Nachwelt festgehalten werden! Vielleicht gab es hier sogar Netz, dann konnten sie das Foto Lilly, Fabian und den anderen schicken.

Als sie das nächste Mal hinschaute, angelte ein Rüssel nach der Mango, Sekunden später verschwand die Frucht in Mae Jai Dis Maul.

»*Nong*, kleiner Bruder, holst du bitte eine neue?«, bat Chanida Tao und der flitzte sofort los zur Obstkiste – gerade noch rechtzeitig, um zu verhindern, dass der Inhalt von einem Rüsseltier geplündert wurde.

»Nächstes Mal kannst du bestimmt schon aufsteigen, während Mae Jai Di steht«, erklärte Chanida Sofia. »Der Befehl lautet *song suung*. Sie hebt dann ein bisschen das Vorderbein und du kletterst daran hoch nach oben. Wenn du wieder nach unten willst, sagst du *hab suung*.«

Ricarda wurde immer zappeliger. Wann war sie endlich dran? Zum Glück kam kurz darauf Kaeo vorbei und schien zu erraten, was sie dachte, denn er nahm sie mit zu »ihrer« Elefantin Daeng. Sie war etwas kleiner als die anderen erwachsenen Tiere der Herde und wirkte zurückhaltender, aber freundlich. Wie ähnlich wir uns sind, dachte Ricarda mit einem schiefen Grinsen und fütterte ihre neue Freundin mit einer Mango. Daengs Rüsselspitze schloss sich geschickt um die Frucht und beförderte sie zum Maul. Ricarda ertappte sich dabei, dass sie immer darauf schaute, was Daengs tastende, schnuppernde, greifende Rüsselspitze gerade machte; ihre neue Freundin zu füttern und ihr gleichzeitig in die Augen zu sehen ging nicht. Das war gewöhnungsbedürftig.

»Wieso heißt sie Daeng, was bedeutet das?«

»Rötliche Haut«, erklärte Kaeo und zeigte auf die vielen rosa Sommersprossen, die sich über Daengs Rüssel, Ohren und Körper zogen. »Leider ist es noch nicht genug, sonst könnte man sie weiß nennen. Ganz weiße Elefanten – *Chang Pheuak* – haben davon noch viel mehr. Und sie haben auch ganz helle Augen.«

»Weiße Elefanten sind gar nicht weiß, sondern rosa?« Ricarda war enttäuscht, als Kaeo nickte. Ein rosa Elefant, das sah bestimmt nicht sehr würdevoll aus, sondern eher so wie Sofias Schmuseschwein. Aber diesen Vergleich behielt sie wohl besser für sich.

»Ist es eigentlich immer noch so, dass weiße Elefanten dem König gehören?«

Kaeo nickte respektvoll. »Ja, soweit ich weiß, hat Seine Majestät im Moment mehrere von ihnen in den königlichen Ställen.« Plötzlich grinste er. »Aber weißt du, was lustig ist? Wilde Elefanten selbst mögen weiße nicht, die stoßen sie aus ihren Herden. Manchmal hat man *Chang-Pheuak*-Babys allein im Wald gefunden, über und über mit Matsch beschmiert. Wahrscheinlich hatten ihre grauen Mamas versucht, sie zu tarnen, um sie zu schützen. Hat aber nichts genützt.«

Ricarda war erschüttert. Sie fand das nicht lustig, sondern schrecklich. Es war ein Glück für Daeng, dass sie nicht ganz weiß war.

Jetzt aber los, sie wollte endlich hoch auf Daengs Rücken. Ricarda zog sich die Schuhe aus, sie wusste ja schon so in etwa, wie das mit dem Aufsteigen funktionierte. Doch Kaeo lächelte hinter seiner coolen Sonnenbrille verschmitzt und gab der jungen Elefantin ein Kommando. Ihr Rüssel wand sich um Ricardas Hüfte, fest und unglaublich muskulös, jeder Widerstand war zwecklos. Auf einmal baumelten Ricardas Füße in der Luft.

»Hey!«, japste Ricarda, aber da war sie schon auf halbem Weg zu einem Sitzplatz auf Daengs Kopf. Sie krabbelte ganz nach oben und der Rüssel gab sie frei, schlängelte sich zurück. Klar, dachte Ricarda, wer einen Baumstamm heben kann, der schafft ein Mädchen schon lange!

Sie machte es sich bequem auf Daengs riesigem warmen Körper. Ihre Beine hingen jetzt zu beiden Seiten von Daengs Kopf herab, manchmal flappte ein Ohr, das sich wie trockenes, staubiges Leder anfühlte, gegen ihr Schienbein. Hier oben saß man gar nicht so schlecht und sicher besser als auf Daengs Rücken, auf dem sich wie bei den anderen Elefanten ein knochiges Rückgrat weit nach oben wölbte.

Ricarda spürte, dass Daeng abwartete, um zu sehen, was ihre Reiterin vorhatte. Ihr Rüssel ringelte sich nach oben, tastete nach dem Menschen, der auf ihr saß. Leider hatte Ricarda nichts mehr, mit dem sie ihre neue Freundin beschenken konnte, nicht mal eine matschige Mango.

»Was soll ich jetzt machen?«, fragte sie unsicher. Ganz schön hoch oben war sie jetzt, der Erdboden schien sehr weit entfernt. Hoffentlich fiel sie nicht runter, hatte Lampang eigentlich ein Krankenhaus?

»Du sagst ihr mit Füßen und mit Stimme, was sie tun soll«, erklärte Kaeo und schaute zu ihr hoch. »*Pai* bedeutet vorwärts. Gleichzeitig du drücken sie mit den Zehen hinter dem Ohr.«

Ricarda probierte es aus. Daeng machte einen Schritt nach vorne, überlegte es sich dann wieder anders und blieb stehen.

»Fester mit den Zehen, nicht nur stupsen! Du musst sagen das Kommando anders.«

»Wie denn? Lauter?« Ricarda hatte das Gefühl, sich gerade ziemlich dämlich anzustellen. Und schließlich hatten ihre Eltern es ihr schon tausendmal gesagt. *Sprich doch bitte lauter, Ricarda!* Es gab kaum etwas, das Ricarda mehr hasste als diesen Spruch.

Zum Glück überraschte Kaeo sie. »Nein, nicht lauter«, winkte er ab. »Du hast schöne leise Stimme und Elefanten sehr gute Ohren. Aber so sagen, dass Daeng weiß, du meinst es ernst!«

So bestimmt wie möglich wiederholte Ricarda den Befehl und drückte Daeng die Zehen hinter die Ohren. Und diesmal klappte es, gehorsam setzte sich die junge Elefantin in Bewegung. Ricarda spürte, wie sich Daengs große Schultern bewegten, aber es schaukelte nicht sehr. Weich federten ihre runden Füße am Boden ab.

»Und, wie es sich fühlt an?«, lachte Kaeo.

Es war der richtige Moment, um die zwei Worte Thai anzubringen, die sie schon konnte. »*Sabai sabai* – alles prima!«

Zwei Minuten später fiel Ricarda auf, dass Kaeo vergessen hatte, ihr den Befehl für »Halt!« beizubringen. Daeng marschierte einfach weiter, auf den Pfad zu, der zum

Fluss führte. Anscheinend hatte sie Lust, das Bad von heute Morgen fortzusetzen.

Von irgendwoher hörte sie Kaeo etwas rufen, aber ob es der Befehl war oder ein Fluch oder sonst was, konnte sie nur raten. Daeng ging noch ein bisschen schneller, sie hatte den Kopf gehoben und wirkte jetzt ausgesprochen gut gelaunt.

»Sag ihr *how*, drück zusammen die Knie und nimm Zehen weg!«, rief Kaeo ihr jetzt zu.

Ricarda tat es und tatsächlich, Daeng wurde langsamer, bis sie schließlich anhielt. Puh, Glück gehabt.

»Braaav«, seufzte Ricarda auf Deutsch und tätschelte ihre Elefantin. Daeng schnaufte und dann ertönte etwas, was wie ein kleiner Wasserfall ganz in der Nähe klang. Kaeo sprach mit ihr, aber Ricarda konnte ihn nicht hören, weil das plätschernde Geräusch alles übertönte. Fragend drehte sie sich auf ihrem Hochsitz halb um und sah, dass auf der Erde gerade eine riesige gelbliche Pfütze entstand. Soso, das war also der Sturzbach gewesen.

»Gut gemacht, ihr beiden«, sagte Kaeo und dann durfte Ricarda absteigen. Als sie wieder mit beiden Beinen auf der Erde stand, stellte sie fest, dass ihre Knie zitterten. Außerdem war ihre Wade aufgeschürft von der Haut der Elefantin und ihre Zehen taten weh. Egal! Es war herrlich gewesen. Dankbar klopfte sie Daengs Bein und die junge Elefantin ringelte zutraulich den Rüssel um ihr Handgelenk.

Auch Sofia war inzwischen wieder abgestiegen und kam herübergeschlendert. »War das nicht cool?«

»Extrem cool«, nickte Ricarda. »Meinst du, wir können morgen schon mitkommen zum Badestündchen am Fluss?«

»Chanida hat angedeutet, dass wir mitdürfen, sobald wir die Grundkommandos halbwegs richtig aussprechen.«

Sie machten sich auf den Weg zu ihrer Hütte, um endlich ihre Dusche nachzuholen. Dabei probierten sie einen anderen Weg über das Gelände aus, um zu erforschen, was sich dort alles verbarg. Eine ganze Menge, wie sich herausstellte – mitten unter großen schattigen Bäumen stand ein Pferch mit einer Elefantin, die mager und ungepflegt aussah. Ruang hielt sich am Gatter auf und beobachtete sie. Nervös schwenkte sie den Rüssel in Ruangs Richtung, hielt den Kopf gesenkt und die Ohren eng an den Kopf gepresst. Sie hatte eine offene Wunde am Bein, um die sich schon Fliegen gesammelt hatten.

Ruang beobachtete sie mitleidig. »Ihre Haltung bedeutet, sie unterwirft sich uns. Anscheinend ist sie geschlagen worden. Kennt es nicht mehr anders.«

»Welcher Elefant ist das denn?«, fragte Sofia neugierig.

»Laona heißt sie. Erst seit ein paar Tagen bei uns.« Ruang wandte nur kurz den Blick von der Elefantin, um sich aus einer Thermoskanne etwas einzuschenken. Es roch nach irgendeinem Saft. »Ihr geht nicht in ihre Nähe, okay? Zu gefährlich. Sie denkt wahrscheinlich jetzt, Menschen sind Feinde. Wer nicht stark genug ist, sie zu etwas zu zwingen, den könnte sie angreifen.«

»Armes Tier«, murmelte Ricarda. »Wer kommt bloß auf

die Idee, einen Elefanten zu schlagen? Wenn der sauer auf dich ist, kann er dich einfach gegen einen Baum werfen.«

Sofia stöhnte. »Oh, danke, das habe ich gebraucht. Jetzt traue ich mich nicht mehr an Mae Jai Di ran.«

»Ach, Quatsch. Ich glaube, die ist total lieb, die würde so was nie machen.«

»Aber der da schon. Liebend gerne.«

Angekettet an einen Baum, im Schatten und erst auf den zweiten Blick sichtbar, stand ein Elefant mit einem gewaltigen gewölbten Schädel und einem einzelnen Stoßzahn – der andere fehlte. Unruhig bewegte er sich, wandte sich plötzlich gegen den Baum und drückte mit der Stirn dagegen, bohrte den spitzen Stoßzahn ins Holz und riss ein Stück Rinde ab. Der Baum erbebte, ein paar Blätter flatterten zu Boden und ein Waldvogel machte sich mit einem schrillen Schrei aus dem Staub. Ricarda und Sofia gingen ein paar Schritte zurück.

»Ich glaube, das ist der *Musth*-Bulle, von dem Kaeo erzählt hat«, flüsterte Ricarda. »Khanom. Er hat ganz wütende Augen.« Nicht nur das, sein Blick sprühte förmlich vor Bosheit. Na, hoffentlich war das vorübergehend. Und hoffentlich schaffte er es nicht, sich von diesem Baum loszureißen. Was dann? Wegrennen? Oder irgendwo hochklettern?

»Was ist mit ihm los, weint er?«

Ja, jetzt sah es Ricarda auch, über die Schläfen des Elefanten liefen dunkle feuchte Spuren. Aber Tränen waren das keine, die Flüssigkeit roch scharf und unangenehm.

»Ich glaube, das ist die Flüssigkeit, die Kaeo erwähnt hat. Die zur *Musth* dazugehört, als Duftsignal.«

»Duft?« Sofia verzog das Gesicht. »Na ja.«

Nach dem Duschen waren sie beide so müde, dass sie es nur noch mit Mühe und Not schafften, sich zu einem schnellen Curry zur Suppenküche der *Mahouts* zu schleifen. Das war ein an den Seiten offener, einfacher Unterstand mit einem Boden aus Holzplanken, in dem mit einem Gaskocher gebrutzelt wurde. Zehn *Mahouts* saßen schon an einer langen Bank und schaufelten plaudernd ihr Essen in sich hinein. Sofia und Ricarda schnappten sich einen Teller, ließen sich eine Portion Reis, Fleisch und Gemüse daraufklatschen und setzten sich dazu. Die Männer nickten ihnen freundlich zu, aber die meisten schienen kein Englisch zu können, nach dem ersten »Hello« stockte die Unterhaltung. Schon bald wankten Ricarda und Sofia zu ihrer Hütte zurück und fielen in die Betten.

Sofia gähnte und küsste ihr Plüschschwein auf die Schnauze. »Gute Nacht!«

»Wen hast du gemeint, mich oder das Vieh?« Ricarda streifte ihr Schlaf-T-Shirt über.

»Dich natürlich. So krank bin ich auch wieder nicht.«

»Na, dann ist ja gut. Träum was Schönes!«

»Du auch.«

Im Halbschlaf schien es Ricarda, dass draußen irgendein Aufruhr herrschte. Äste knackten, dann hörte sie fragende thailändische Stimmen, im Hintergrund das tiefe Schnaufen und Scharren von Elefanten. Es dauerte ein paar Minuten, bis Ricarda sich dazu überwinden konnte aufzustehen; Sofia war gar nicht erst wach geworden.

Ricarda lehnte sich ans Fenster und schaute nach draußen. Es war nicht völlig dunkel, der zunehmende Mond tat sein Bestes, um die Sterne zu überstrahlen. Außerdem brannte im Haupthaus noch Licht. Ein paar Leute gingen mit schnellen Schritten über das Gelände. Ricarda fröstelte in der kühlen Nachtluft, doch ihre Neugier war geweckt. War irgendwas vorgefallen? Weiter tat sich nichts und nach ein paar Minuten wünschte sich Ricarda nur noch eins: ins Bett zurückzukriechen.

Draußen surrten ein paar Moskitos und wollten herein, weil sie einen Riesenappetit auf Blut hatten. Vergesst es, mich kriegt ihr nicht, dachte Ricarda. Sie ließ sich wieder auf ihre Matratze sinken und zog das kühle, glatte Laken über sich.

Morgen. Morgen würde sie herausfinden, was geschehen war.

STOLZ

Ricarda glotzte in eine Porzellanschüssel, die vor ihr stand. Ein dicker weißer Brei war darin und irgendwelche dunklen Stückchen schwammen dicht unter der Oberfläche.

»Probier du zuerst«, flüsterte sie Sofia zu.

»Nein, du«, zischte Sofia zurück und schenkte Gulap, Ruangs Ehefrau, die sie erwartungsvoll beobachtete, ein breites Lächeln. Gulap lächelte zurück und nickte ermutigend. »Mach schon. Sonst werden wir nie wieder zum Frühstück ins Haupthaus gebeten.«

»Na gut.« Ricarda schob sich die Löffelspitze vorsichtig zwischen die Lippen und wartete ab, bis der Geschmack auf ihrer Zunge angekommen war. »Salzig. Reisbrei, glaube ich. Und das Braune ist irgendein Fleisch.«

Sofia lächelte Gulap entschuldigend zu und schob die Schüssel beiseite. »Zum Frühstück? Ich organisiere mir ein paar frische Früchte. Falls die Elefanten welche übrig gelassen haben.«

Frische Früchte, ja, das klang gut. Aber schlecht war der Reisbrei auch nicht. Ricarda gönnte sich noch einen Löffel davon. Sie hatte in den letzten Monaten fast nur vegetarisch gegessen, weil sie Fleisch nicht so mochte. Aber dieses schmeckte angenehm würzig.

Chanida kam aus einem Nebenzimmer, nun wieder in ihre makellose Schuluniform gekleidet. Sie verbeugte sich mit gefalteten Händen vor ihrer Mutter, dann zwinkerte sie Sofia und Ricarda zu und ging zur Außentreppe, die aus der luftigen Höhe des Stelzenhauses wieder auf den Boden führte. »Bis heute Nachmittag! Habt ihr eigentlich mitbekommen, was gestern Abend passiert ist?«

»Äh, nein …«

»Fragt Kaeo – ich muss los!«

Gestikulierend machte Gulap ihnen Mut nachzusehen, was draußen vorging. Sofia und Ricarda tauschten einen Blick, ließen ihre Schüsseln im Stich und kletterten ebenfalls die Treppe hinunter.

Sie fanden Kaeo und Ruang auf einem Übungsgelände. Es war ein großer Platz aus festgestampfter heller Erde, umgeben von einem Ring aus gefällten Baumstämmen. Ihnen gegenüber sah Ricarda einen jungen Mann und eine Elefantin. Beide wirkten erschöpft und hungrig. Sie standen nah beieinander. Es war, als würde der eine beim anderen Schutz und Trost suchen. Der junge Mann hatte eine Hand auf den Rüssel der Elefantin gelegt, was das riesige Tier offenbar beruhigte.

»Ich glaube, das sind Neue«, sagte Sofia erstaunt. »Wo sind die denn hergekommen?«

Ricarda spürte sofort, dass Sofia recht hatte, diese beiden gehörten nicht zum Refuge – sie wären ihr gestern sicher aufgefallen. Die Elefantin war ungewöhnlich groß; ihr rechtes Ohr hatte am Außenrand mehrere Kerben. Sie strahlte eine Kraft und Würde aus, die Ricarda beeindruckten. Und der junge Mann ... er hatte ein Gesicht, das man nicht leicht vergaß, mit breiten Wangenknochen, einer geraden Nase und ruhigen, dunklen Augen, kraftvoll und stolz. Sein schwarzes Haar glänzte in der Sonne wie Obsidian.

»Der sieht ja aus wie ein Bettler«, sagte Sofia.

Ricarda ärgerte sich darüber, ohne zu wissen, warum, denn ganz falsch konnte Sofia nicht liegen. Das Hemd des jungen Mannes war sicher einmal weiß gewesen, jetzt war es voller Staub und Flecken. Seine hellbraune, weite Hose, die von einem Ledergürtel zusammengehalten wurde, sah schon extrem fadenscheinig aus; an einer Stelle war sie eingerissen. Auch seine einfachen Ledersandalen hatten schon bessere Tage gesehen und waren bedeckt vom Staub der Pfade.

Doch die Haltung des jungen Mannes wirkte nicht wie die eines Bettlers. Er hielt sich sehr gerade und blickte Ruang und Kaeo direkt in die Augen.

Irgendetwas an dem Fremden kam Ricarda seltsam vor und nach einem Moment fiel es ihr ein. Etwas fehlte. Der Fremde lächelte nicht.

Aus irgendeinem Grund gefiel ihr das.

Ruang und Kaeo wirkten vorsichtig und abwartend, sie sprachen lange mit dem jungen Mann. Neugierig hielt sich Ricarda im Hintergrund und lauschte, obwohl sie kein Wort verstand. Aber Sofia wurde es schon langweilig.

»Los, schauen wir mal, wo sich unsere Elefanten gerade herumtreiben.«

»Ach, lass uns noch eine Minute warten, vielleicht finden wir heraus, was hier eigentlich los ist«, meinte Ricarda und Sofia ließ sich überreden.

Sie hatten Glück, denn keine zwei Minuten später löste sich Kaeo aus der kleinen Gruppe, ging hinüber zum Hauptgebäude. »Wir fahren jetzt los, Futter besorgen, helft ihr mit?«

»Ja, klar«, sagte Ricarda schnell und schaute noch einmal zu dem Neuankömmling hinüber. Gerade in dem Moment schien er sie zum ersten Mal zu bemerken und ihre Blicke kreuzten sich. Seine Augen waren dunkel wie die eines Falken. Ricarda merkte, wie sich eine Gänsehaut auf ihren Armen bildete, schnell blickte sie weg und wünschte zugleich, sie hätte es nicht getan.

Sofia hatte nichts davon bemerkt, sie plauderte schon wieder mit Kaeo, der zusammen mit zwei Helfern in einen Kleinlaster mit Anhänger gestiegen war. »Was ist denn mit den beiden da? Wieder ein neuer Elefant, der Hilfe braucht?«

»Nicht ganz«, meinte Kaeo und lenkte den Kleinlaster durch das Eingangstor. »Diesmal will der *Mahout* auch hierbleiben. Er meint, der Elefant gehöre seiner Familie und sie könnten ihn nicht mehr ernähren.«

Ricarda nickte – das konnte sie sich vorstellen, nachdem sie gesehen hatte, wie viel die Tiere im Refuge jeden Tag vertilgten. »Woher kommt er denn?«

»Aus der Gegend von Surin, aus dem Dorf Ban Ta Klang.

Er gehört zu den Guay, die dort leben; ein ganz alter Volksstamm das ist. Sie fangen und züchten Elefanten schon seit Jahrhunderten. In Ban Ta Klang noch heute hat jede dritte Familie einen eigenen *Chang*, einen Elefanten. Aber ist schwer, so zu leben, seit König Bhumibol das Bäumefällen verboten hat. Früher haben Elefanten bei Waldarbeiten geholfen. Jetzt sind arbeitslos sehr viele.«

Ein anderes Auto vor ihnen bog ab, für Kaeos Geschmack zu langsam. Er lehnte sich auf die Hupe und Ricarda dröhnten die Ohren. Als sie wieder etwas hören konnte, bekam sie gerade noch Sofias Frage mit: »Wird der Mann dann hier arbeiten?«

»Das muss *Por* noch entscheiden«, wich Kaeo aus und Ricarda begann sich Sorgen zu machen. Hoffentlich entschied Ruang, dass die beiden bleiben durften! Sie hatten so erschöpft ausgesehen. Wahrscheinlich hatten sie eine lange Wanderung hinter sich. Wie weit war es eigentlich von Surin bis hierher? So, wie der Neue aussah, ein fast endlos weiter Weg.

»Wie heißen die beiden eigentlich?«, hakte Sofia nach.

Ricarda war dankbar für die ungestüme Neugier ihrer Freundin – sie war nicht sicher, ob sie den Mut aufgebracht hätte, all diese Fragen zu stellen.

»Der Elefant heißt Devi und der *Mahout* Nuan. Seinen richtigen Namen weiß ich allerdings nicht.«

»Äh, wieso, ist Nuan nicht sein richtiger Name?« Ricarda war verblüfft.

Kaeo erklärte, dass die Vor- und Nachnamen in Thailand oft lang und kompliziert sind, deshalb reden sich die meisten Leute mit einem Spitznamen an, den sie meist schon bei der Geburt bekommen. *Nuan* war ein solcher Spitzname, er bedeutete Vollmond.

Sofia lachte. »Das ist ja lustig. Und deiner – was bedeutet Kaeo?«

»Stein, nein, Juwel, wie sagt man?« Kaeo überlegte. »Diamant, genau! Ein guter Name und er hat mir Glück gebracht. Wenn mir nicht bringt Glück, kann ich Name noch wechseln.«

Doch Ricarda hörte schon nicht mehr zu. *Nuan.* Lautlos bewegte sie die Lippen, probierte den Namen aus. Vollmond. Ob Nuan manchmal, wenn er mit Devi in den Wäldern übernachtete, hochschaute zu seinem Namensvetter, der am Himmel leuchtete?

In der Zwischenzeit hatte Sofia herausgefunden, dass auch Ruang ein Spitzname war und »der Glänzende« hieß, Tao bedeutete »Schildkröte« und Gulap »Rose«. Nur Chanida hieß schon immer und zu jeder Zeit Chanida. »Irgendwie blieb keiner der Spitznamen kleben«, meinte Kaeo und grinste. »Meine Schwester eben!«

Auch die beiden Helfer, die mit im Kleinlaster saßen, stellten sich vor. Sofia und Ricarda mussten grinsen, als sie erfuhren, dass einer von ihnen, ein über und über tätowierter junger Mann, der schon die ganze Fahrt über Kaugummi kaute, »Seven« hieß. Er hatte sich nach einer amerikanischen Ladenkette namens »Seven Eleven« benannt, die auch in Thailand sehr verbreitet war.

»Dann ist es ja nur noch eine Frage der Zeit, bis sich

die Leute auch McDonald's nennen«, flachste Sofia. »Hm, wie ich wohl heißen würde?«

Ricarda überlegte. »Vielleicht ›die Strahlende‹? Das würde zu dir passen.«

»Hey, gute Idee, das würde mir gefallen.« Sofia zwirbelte sich eine Locke um den Finger.

Dann waren sie angekommen auf den Feldern, die heute Futter für die Elefantenherde liefern sollten. Sie waren zwar schon abgeerntet, doch die Reste reichten aus und vor allem kosteten sie nichts. So kraftvoll sie konnte, hackte Ricarda mit der Machete, einem langen Messer, auf die Stängel ein und half, die fertigen Bündel auf die Ladefläche zu werfen. Später fuhren sie noch in den Wald und ernteten Bambus. Das war harte Arbeit, die Sofia und Ricarda schon nach kurzer Zeit den Männern überließen.

»Puh, ich hoffe, das machen wir jetzt nicht jeden Tag«, stöhnte Sofia und betrachtete ihre wunden Hände. »Ich glaube, ich kriege eine Blase. Siehst du, da!«

»Tja, ist halt richtige Arbeit«, meinte Ricarda und hielt erschrocken inne. Was für ein blöder Spruch – Sofia wusste ziemlich gut, was *richtige* Arbeit war. Im Januar war ihre alleinerziehende Mutter mit einer schweren Gelbsucht ins Krankenhaus eingeliefert worden und hatte, weil Komplikationen aufgetreten waren, mehrere Monate Klinikaufenthalt verordnet bekommen. In dieser Zeit mussten die drei Kinder nicht nur die Schule, sondern auch noch den Haushalt stemmen. Nur leider war Sofias älterer Bruder Clemens gerade in einer Prüfungsphase und der kleine Bruder Alex zu jung, um viel übernehmen zu können, deshalb blieb das meiste an Sofia hängen. Putzen, kochen, waschen, einkaufen und die Mutter besuchen – da blieb nicht mehr viel Freizeit übrig und Sofias Schulnoten gingen in den freien Fall über.

Sie war zu stolz gewesen, um den Lehrern zu sagen, warum sie immer öfter ohne Hausaufgaben in die Schule kam. Lilly und Ricarda hatten geholfen, so gut sie konnten, und Sofias Vater hatte für einmal die Woche eine Putzfrau spendiert, trotzdem war es eine harte Zeit gewesen.

Ricarda wusste, dass Sofia es ihrem Vater noch immer übel nahm, dass er seine Kinder nicht mehr unterstützt hatte. Einen wichtigen Auftrag hatte er zu der Zeit gehabt, na toll.

»Schon ein bisschen bescheuert, dass wir in den Ferien schuften, was?« Sofia lächelte schief.

Ricarda strich sich die Haare zurück. Sie spürte, wie das schlechte Gewissen sich in ihr ausbreitete wie eine giftige Lache Öl. Eigentlich hätte Sofia einen Strand, ein paar Palmen und viel Erholung besser gebrauchen können als die Plackerei hier. »Tut mir leid, dass ich dich dazu überredet habe.«

»Ach, hör auf, du weißt genau, dass mir das Spaß macht.« Energisch stand Sofia auf und scheuchte dabei ein paar gelbe und weiße Schmetterlinge auf, die am Rand einer Pfütze hockten und wahrscheinlich mit ihren winzigen Rüsseln daraus tranken. »Ich glaube, es gibt heute kein Gewitter. Cool, was?«

Beim Training am Nachmittag lernte Ricarda wieder neue Kommandos. Es war ein tolles Gefühl, als sie es zum ersten Mal schaffte, Daeng nach rechts und links zu dirigieren. Das Geheimnis war der Befehl *baen* – ausgesprochen bän – und ein Zehenschubs hinter das entgegengesetzte Ohr. Als Nächstes zeigte ihr Kaeo, wie sich Daeng auf das Kommando *non long* seitlich hinlegen konnte. Daeng gehorchte und schielte dann auf dem Boden liegend verschmitzt zu ihnen hoch. Sie schien es ganz bequem zu finden, ein kleines Päuschen einzulegen, ihr Rüssel lag schlaff auf dem Boden wie ein Stück Feuerwehrschlauch. Doch als Kaeo *luk* rief, kam sie erstaunlich rasch und geschickt wieder auf die Füße.

Am Ende des Trainings gab Ricarda ihrer riesigen Freundin einen Kuss auf die grau-rosa Stirn und war glücklich. Es fühlte sich heute schon viel weniger ungewohnt an, mit Daeng zusammen zu sein, mit ihr zu arbeiten. Ricarda konnte kaum glauben, dass sie in ihren allererersten Tagen hier schon so viel gelernt hatte. Trotzdem war so vieles neu und fremd und anders.

Anscheinend hatte sie dadurch, dass das Training heute so geklappt hatte, vor Kaeo eine Art Probe bestanden. Er reichte ihr einen Metallstab mit Dorn an der Spitze, wie auch er einen trug. »Hier, das ist ein *Ankush* für dich. Trag ihn im Gürtel, so! Ist Tradition.«

Ricarda zögerte, griff noch nicht zu. »Aber ... ich soll Daeng doch damit nicht schlagen, oder?«

»Nein, nein! Manche *Mahouts* benutzen *Ankush*, um zu zeigen, wer Boss ist, aber hier machen wir das nicht.«

Es schien zu stimmen, Daeng beäugte den Stab ohne Angst und machte sich gleich darauf einen Spaß daraus, Ricarda Luft auf den Kopf zu pusten und so ihre Haare zu verwuscheln. Dann sperrte sie das Maul auf, was wollte sie denn jetzt? Futter?

»Sie mag es, wenn man sie krault auf der Zunge«, erklärte Kaeo.

»Nee, echt?« Ricarda versuchte festzustellen, ob er sich gerade einen Spaß mit ihr erlaubte. Wenn Sofia einen Scherz machte, blickte sie genauso ernsthaft drein wie jetzt Kaeo. Aber bisher hatte Ruangs Sohn nicht versucht, sie aufzuziehen. Also streckte Ricarda die Hand in Daengs Maul und kratzte mit den Fingern über ihre große rosa Zunge. Und tatsächlich, Daeng sah so aus, als gefiele es ihr. Wahrscheinlich kitzelte es irgendwie lustig. Nur leider war Ricardas Hand jetzt angefeuchtet von Elefantensabber. Gut, dass immer irgendwo ein Eimer Wasser herumstand.

»Iiiih«, sagte Sofia, die das Ganze vom Nacken Mae Jai Dis aus beobachtet hatte. »Da hört es bei mir echt auf! Darauf muss meine Jai leider verzichten.«

Heute hatte Mae Jai Di zwei Reiterinnen: Chanida saß hinter Sofia und balancierte mit perfektem Gleichgewicht auf dem runden Rücken der Elefantin. »*Mai mii panhaa*, kein Problem«, lachte sie. »Ihr dürft morgen trotzdem mit zum Baden.«

Sofia jubelte und Ricarda stimmte ausgelassen mit ein. Dann beobachteten sie beide Mae Na Rak, ein dreißigjähriges Weibchen. Ihr großes Hobby war Fußball. Immer wieder trug sie den alten, abgewetzten Lederball zu ihrem *Mahout* – der sich den Spitznamen Jack zugelegt hatte – und bettelte um ein weiteres Spiel. Jack ließ sich erweichen und kickte den Ball in ihre Richtung. Mae Na Rak hastete so eifrig hinterher, dass ihr grauer, faltiger Hintern wackelte. Geschickt schoss sie den Ball mit dem Vorderfuß wieder in Jacks Richtung und stieß ein schrilles Trompeten aus, wahrscheinlich Elefantenjubel.

Noi, das Kalb, kam neugierig hinzu und versuchte, sich auf den Ball zu werfen. Doch Mae Na Rak war schneller und fing Jacks nächsten Pass ab, bevor Noi überhaupt begriffen hatte, was vorging. Das Kalb rannte mit seinen trippeligen Elefantenschritten hinter dem Ball her und Mae Na Rak war gezwungen, ihn mit dem Rüssel zu schnappen und hoch außer Reichweite zu halten.

Ricarda musste lachen. »Das war aber gegen die Regeln, oder?«

»Siehst du vielleicht irgendwo einen Schiedsrichter?« Sofia grinste.

Ja, gerade nahte einer. Es war Ruang. Er stemmt die Arme in die Hüften und betrachtete Mae Na Rak. »Es geht ihr wieder gut. Schön! Sie war traurig, als sie zu uns kam.«

»Wo habt ihr sie denn her?«, erkundigte sich Sofia neugierig.

»Beim Round-up in Surin, einem großen Elefantenfestival im Herbst, habe ich sie gesehen. Da stand sie abseits von den anderen, angekettet. Sie wiegte sich dabei hin und her … so, immer wieder. Elefanten machen das, wenn sie einsam und unglücklich sind. Und ihr Blick …

ah. Schrecklich. Ihr liefen die Tränen herunter.« Ruang tätschelte Mae Na Rak und die brummelte leise vor Behagen. Sie versuchte, die Rüsselspitze in die Thermoskanne zu stecken, aus der Ruang sich einen Saft eingeschenkt hatte, doch Ruang sagte etwas Strenges und die Elefantin überlegte es sich sofort anders. Keine Frage, Ruang war hier ganz klar der Chef.

»Elefanten weinen?«, fragte Ricarda leise.

Ruang hatte anscheinend ebenso gute Ohren wie die Elefanten. Er hörte es und nickte. »Wie wir Menschen. Die einzigen Tiere, die so etwas machen. Ich habe versucht, Mae Na Rak freizukaufen, der Besitzer wollte erst nicht, aber schließlich hat es geklappt. Nach ein paar Wochen hat sie sich angefreundet mit der Herde. Meistens ist sie mit Mae Sumali und Angelina zusammen.«

Sofia hatte anscheinend auch Freunde gefunden. Sie und Chanida steckten die Köpfe zusammen und lachten über irgendeinen Witz, den Ricarda nicht mitbekommen hatte. Dann stiegen sie ab und führten ihre Elefantin vom Übungsplatz. Jetzt durfte Mae Jai Di sich wieder mit dem Rest der Herde im angrenzenden Wald tummeln. Dort verbrachten die Elefanten die ganze Nacht und sie konnten sich innerhalb des umzäunten Grundstücks völlig frei bewegen.

»Heute Abend ... ihr essen mit uns?« Kaeo deutete mit dem Kinn auf das stelzige Haupthaus und seine Halsketten klimperten.

Ricarda nickte, während sie sich die Sandalen wieder

anzog. Verlegen lächelnd strich sie sich eine Haarsträhne aus der Stirn. »Aber gerne!«

Wohin war Sofia verschwunden? Sie war nirgends mehr in Sicht. Wieso hatte sie nicht gewartet? Enttäuscht schlenderte Ricarda über das Gelände des Refuge und machte einen Abstecher zu ihrer Hütte, die den großen Mangobaum zu umarmen schien. Keine Spur von Sofia. Das war gar nicht so unpraktisch, da konnte sie in Ruhe auf ihrer Thailandkarte vom Reiseführer nachschauen, wo Nuans Heimatort Ban Ta Klang lag. Nur so, aus Interesse. Als sie es fand, war sie verblüfft. Es war ein Dorf nahe der Grenze zu Kambodscha. Hunderte von Kilometern entfernt. So weit war er mit Devi gereist, um hierherzukommen? Er musste Monate gebraucht haben.

Ricarda brannte darauf, es Sofia zu erzählen. Vielleicht sollte sie mal nachschauen, ob sie und Chanida im Haupthaus waren. Aber vielleicht störte sie da. Gulap war zwar freundlich, aber sie sprach kaum Englisch, die Verständigung klappte nur mühsam. Nein, dann blieb sie lieber für sich.

Ricarda entschied sich, kurz bei Khanom und Laona vorbeizuschauen, den schwierigen Elefanten, die von den anderen getrennt gehalten wurden. Sie wanderte los. Vielleicht war es doch ganz gut, dass sie in der Regenzeit hergekommen waren … saftig grün waren die Bergwälder um das Refuge herum, überall spross das Gras, alles roch so frisch und lebendig.

In einem Baum entdeckte sie einen Nashornvogel mit dem typischen gebogenen Schnabel, dem gelben Hals und schwarz-weißem Federkleid. Mit plumpen Bewegungen hüpfte er auf einem Ast herum und sah dabei aus wie ein Clown, der sich auf einen Baum verirrt hat und nun überlegt, was er dort eigentlich will.

Khanom zu finden, gestaltete sich nicht weiter schwierig, er war noch immer an den gleichen Baum gekettet. Der Bulle schien Hunger zu haben. Er richtete seinen wuchtigen Körper auf, stellte sich auf die Hinterbeine und versuchte, mit ausgestrecktem Rüssel an die Blätter des Baumes, an den er gekettet war, heranzukommen. Ein armdicker Ast krachte herunter; Khanom zertrat ihn mit einem Fuß und schob die Reste in sein Maul. Danach entdeckte er ein Grasbüschel, welches er zuvor übersehen hatte, riss es aus dem Boden und klopfte die Wurzelerde an seinem Vorderbein ab. Dann warf er es sich ins Maul.

Ricarda blieb in sicherer Entfernung stehen und beobachtete Khanom. Wie konnten kleine, schwache Menschen wie sie oder Kaeo eine solche Urgewalt überhaupt beherrschen? Es war ein Wunder, dass die Elefanten sie auf ihrem Rücken duldeten. Obwohl – Pferde taten das ja auch und auch sie waren stärker als jeder Mensch.

Ein trockenes Blatt knisterte und Ricarda bemerkte, dass jemand neben ihr stand. Ertappt wandte sie sich um. Aber es war nur Tao, Kaeos und Chanidas jüngerer Bruder. Er zeigte auf Khanom und verzog das Gesicht zu einer wütenden Grimasse, dann zählte er etwas an den Fingern ab, machte ein quakendes Geräusch und lächelte wieder. Ricarda rätselte – sollte das heißen, dass die *Musth* schon in ein paar Tagen vorbei war? Vielleicht bedeutete es aber auch, dass Khanom dreimal am Tag Kopfweh hatte und es in drei Tagen Frösche regnen würde oder irgendetwas ganz anderes.

Sie setzten sich nebeneinander auf den Waldboden und beobachteten den Elefantenbullen in einträchtigem Schweigen. Um ihm zu zeigen, dass sie wusste, was sein Name bedeutete, deutete Ricarda auf ihn und machte eine Schildkröte nach. Sie hatte keine Ahnung, ob er ihre Pantomime kapierte, aber immerhin fand er sie lustig. Wenn er lachte, bildeten sich Grübchen in seinen Wangen.

Und ganz besonders tiefe Grübchen waren da, als er es geschafft hatte, ihr heimlich einen Käfer auf den Hals zu setzen. Mit einem Schrei fuhr Ricarda hoch und Tao krümmte sich vor Lachen. Doch Ricarda revanchierte sich mit einer Ameise, die sie ihm in den Ausschnitt des T-Shirts schnippte. Kichernd schüttelte sich Tao und machte sich dann eifrig auf die Suche nach einem neuen Insekt, um das Spiel fortzusetzen.

Ricarda war enttäuscht, als Tao nach einer halben Stunde wieder davonwanderte. Na ja, dann würde sie eben noch bei Laona vorbeigehen.

Laona war nicht allein – Ruang war bei ihr. Geduldig redete er vom Rand des Geheges aus mit ihr; die Elefantin wirkte noch immer ängstlich und unruhig. Da Ricarda nicht sicher war, ob die beiden sie bemerkt hatten, ging sie still weiter. Sie hatte so viele Fragen – zum Beispiel, was das seltsame Vibrieren der Luft zu bedeuten hatte, das sie manchmal in der Nähe der Elefanten bemerkte. Aber es war nicht so leicht, mit Ruang zu sprechen, er hatte etwas von einem Lehrer an sich. Von einem, der die Macht hatte, über sie zu entscheiden, sie zurechtzuweisen. Also schlich sie lieber vorbei.

Sie gestand sich selbst nicht ein, dass sie eigentlich Ausschau hielt.

Auf einem der Trainingsgelände erkannte sie schon von Weitem durch die Blätter der Büsche, dass dort ein einzelner Elefant arbeitete. Waren das Devi und Nuan? Ihr Puls beschleunigte sich. Vorsichtig ging sie näher heran, damit sie besser sehen konnte.

Ja, sie waren es. Nuan dirigierte seine Elefantin mit der Stimme und dem ganzen Körper. Am Rand des Platzes waren ein paar Baumstämme gestapelt, mit denen die Tiere üben konnten. Gerade schlang Devi den Rüssel um einen Stamm, der wahrscheinlich so viel wog wie ein Kleinwagen, und hob ihn mühelos hoch.

Aus dem Schutz der Bäume heraus beobachtete Ricarda Nuan. Er hatte sein verdrecktes Hemd abgelegt, vielleicht zum Waschen gegeben, und die Sonne zeichnete ein flirrendes Muster aus Licht und Schatten auf seine Haut. Sein sehniger Körper war breit in den Schultern und schmal in der Taille, jeder Muskel zeichnete sich unter der glatten braunen Haut ab, die etwas dunkler war als die der anderen Thais.

Ricarda wagte nicht allzu lange, ihm zuzusehen. Sie wollte nicht, dass er sie bemerkte.

Was sollte ihm schon an ihr gefallen, an dem *Farang-*

Mädchen? Die Haut fast so blass wie ein Camembert, die Stimme viel zu leise und von Elefanten kaum einen Schimmer.

Vergiss es, dachte Ricarda, du könntest genauso gut versuchen, Mondlicht mit den Händen aufzufangen.

So lautlos wie möglich tappte sie durch den Wald davon.

FEUER UND WASSER

»Willkommen!« Mit einer Pantomime bedeutete Gulap ihr und Sofia höflich, die Schuhe auszuziehen. Ein paar andere Sandalen und Sneakers standen schon am Eingang. Rasch stellte Ricarda ihre Schuhe dazu und tappte barfuß über den polierten Holzboden.

Gulap trug wie auch schon gestern einen bunten Wickelrock und eine hübsche Bluse. Ricarda war schleierhaft, wie sie es schaffte, bei den Kochorgien, die sie jeden Tag veranstaltete, so makellos auszusehen. In der Küche dampfte es aus mehreren Töpfen und köstliche Gerüche nach Curry, Kokosmilch, Gemüse und gebratenem Fleisch schwebten durch den Raum.

»Wann kauft sie all das Zeug ein?«, fragte Sofia Chanida.

»Ach, ganz früh, um sechs Uhr ist sie schon auf dem Markt, wenn die Sonne gerade erst aufwacht!« Chanida lachte und legte ihr Handy beiseite, auf dem sie gerade eine Nachricht geschrieben hatte. »Um diese Zeit sind auch die Mönche aus den Tempeln unterwegs und machen die Runde, um Essensgaben von den Menschen entgegenzunehmen. Sie dürfen nicht selbst kochen und nur vor der Mittagszeit essen, danach nichts mehr.«

Das klang interessant. »Wir könnten morgen ja mal mitgehen«, schlug Ricarda schüchtern vor, aber Sofia stöhnte nur. »Um sechs Uhr? In den Ferien? Du spinnst. Aber ich würde gerne mal einen Tagesausflug nach Chiang Mai machen. Übermorgen hat Chanida schulfrei, da könnten wir alle zusammen fahren. Kommst du mit?«

Ricarda zögerte. Das hieß, einen ganzen Tag mit den Elefanten zu verpassen. Aber sie wollte auch gerne mehr von Chiang Mai sehen, immerhin war es eine der größten Städte Thailands. »Okay, ich bin dabei.«

Der große Raum des Haupthauses war fast leer, nur ein paar Matten und bestickte Kissen in leuchtenden Farben waren auf dem Boden verteilt. In der Mitte stand ein flacher Tisch und darauf waren ein paar blau-weiße Porzellanschälchen, Löffel und Gabeln angerichtet. Das größte Möbelstück des Hauses schien ein Fernseher zu sein, der auch jetzt angeschaltet war. Es lief eine bunte japanische Zeichentrickserie, offenbar eine Art Märchen. Erst auf den zweiten Blick bemerkte Ricarda die kleine Gestalt, die vor dem Bildschirm hockte. Es war nicht etwa Tao, sondern eine gebeugte alte Frau. »Meine Oma, *Ya* Gai«, stellte Chanida sie vor.

»*Sawatdii khaa*«, begrüßte Ricarda sie höflich und die Frau wandte sich mit einem breiten Lächeln um. Entsetzt prallte Ricarda zurück. Auf den ersten Blick sah es aus, als sei ihr Mund nur eine rotschwarze Höhle. Erst auf den zweiten Blick erkannte Ricarda Zähne, auch schwarz verfärbt.

»Ist das Lepra?«, flüsterte Sofia beklommen.

»Betel«, sagte Chanida und zeigte auf kleine, in Blätter eingepackte Päckchen, die in einer Schale neben ihrer Oma standen. »Das kaut man. Früher galt es als ausgesprochen hübsch, dass man dadurch solche Zähne bekam.«

Bestens gelaunt bot ihnen Oma Gai mit ihren dünnen, altersfleckigen Fingern ein Paket Betel an. Sofia und Ricarda wichen zurück. »Äh, danke, nein, sehr nett, wirklich, aber lieber nicht, ein anderes Mal …«

Ruang und Kaeo kamen herein und Ricarda erstarrte, als sie sah, wer bei ihnen war. Nuan. Er nickte ihnen höflich zu, verschwand dann mit Kaeo in einem Nebenzimmer und kam bald darauf ganz anders angezogen wieder zum Vorschein – jetzt trug er Jeans, die ihm sogar fast passten, und eins von Kaeos T-Shirts. Es war ihm ein bisschen zu kurz, hoffentlich ging er so nicht in die Stadt.

»Hey, ob ihn sein Elefant jetzt noch wiedererkennt?«, witzelte Sofia leise, doch Ricarda antwortete nicht und tat so, als hätte sie die Bemerkung nicht gehört. Was konnte Nuan dafür, dass er mit wenig Gepäck hier angekommen war? Und in dem Dorf, aus dem er stammte, war Mode wahrscheinlich nicht gerade ein großes Thema. Falls es dort überhaupt einen Klamottenladen gab.

Das Essen war fertig und sie setzten sich im Kreis auf den Boden um den flachen Tisch, auf den Schalen mit verschiedenen Gerichten und ein Riesentopf Reis gestellt wurden. Jeder nahm sich eine Portion in sein Schälchen, gleichzeitig wurde munter geplaudert und gescherzt. Es roch sehr lecker, aber Ricarda bemerkte es kaum, sie war gerade schwerwiegend abgelenkt. Nuan saß keine zweieinhalb Meter von ihr entfernt.

Oma Gai tätschelte ihr mit einem breiten dunkelroten Lächeln den Arm und zeigte auf eine Schüssel mit Hühnchen, Paprika, Bambussprossen und Cashewnüssen in einer gelblichen Soße. Ja, das sah gut aus. Ricarda nickte lächelnd und griff zu.

»Äh ... Ricarda ... das hat meine Oma gekocht«, meinte Chanida besorgt. »Und die mag's gern scharf.«

Doch es war schon zu spät. Ricardas Mund begann unerträglich zu brennen und ihre Augen tränten, bis sie kaum noch etwas sah. Verzweifelt tastete sie nach einem Wasserglas und stieß dabei eine Flasche mit Sojasoße um. Hastig schluckte Ricarda den Bissen hinunter, hustete und schob die Schale mit ihrem Essen von sich. Sie versuchte ohne viel Erfolg, die große braune Soja-Lache mit einer Bahn von der Klopapierrolle aufzuwischen, die als Serviettenersatz auf dem Tisch stand.

»Iss ein wenig Reis, das hilft«, meinte Chanida und lächelte mitleidig. »Sorry, ich hätte dich früher warnen sollen!«

»Schon gut«, murmelte Ricarda. Sie traute sich nicht, einen Blick auf Nuan zu werfen, bestimmt hatte er alles mitbekommen und womöglich fand er es enorm lustig.

Sofia jedenfalls hatte Mühe, nicht laut loszulachen. Dann half sie, die Sojasoße aufzuwischen, und legte Ricarda tröstend einen Arm um die Schultern. »Komm, probier noch was anderes, das da vorne mit der Kokosmilchsoße schmeckt total gut.«

Als Ricarda irgendwann doch zu Nuan hinüberschaute,

stellte sie fest, dass er sich die ganze Schale mit dem ultrascharfen Curry von Oma Gai gefüllt hatte. Und dass er aß, ohne eine Miene zu verziehen. War da ein winziges humorvolles Funkeln in seinen Augen, als ihre Blicke sich trafen? Es war verschwunden, bevor sie ganz sicher sein konnte.

Ein wenig tröstend fand Ricarda, dass sie schon bessere Tischmanieren gesehen hatte als seine. Soße auf dem Kinn und Reis in den Mundwinkeln galten sicher auch in Thailand nicht als besonders elegant. Also schaute Ricarda sich lieber ab, wie Chanida und Gulap es machten. Sie hielten in der rechten Hand einen Löffel und in der linken Hand eine Gabel; das Essen wurde mit der Gabel auf den Löffel geschoben. Messer gab es keine und die brauchte man auch nicht, weil die Zutaten schon klein geschnitten waren.

Sofia beteiligte sich an der lebhaften Unterhaltung, Ricarda hörte lieber zu. Gerade ging es darum, an wen Chanida Nachrichten schrieb, und Chanida erzählte von ihrer Freundin in Nigeria, deren Vater gerade wegen irgendeiner politischen Geschichte verhaftet worden war. Sie tat von Asien aus ihr Bestes, um ihre Freundin aufzumuntern.

»Schick ihr am besten ein Amulett, das ihr Glück bringt«, mischte sich Kaeo ein und zeigte stolz vor, wie viele er selbst trug.

»Wofür sind deine denn alle gut?«, erkundigte sich Sofia und berührte, wahrscheinlich ohne dass es ihr bewusst war, ihre großen, baumeligen Ohrringe, die sie sonst immer trug und hier im Elefantencamp nur abends. Vielleicht sind diese Ohrringe ihr ganz eigener Talisman, dachte Ricarda.

Kaeo begann zu erklären, wovor jedes seiner Amulette schützte. Drei gegen Gefahren, eins gegen Schlangenbisse, eins für Glück in der Liebe und die anderen gegen verschiedene weitere Widrigkeiten des Lebens.

»Glück in der Liebe, haha«, flüsterte Chanida ihnen verschmitzt zu. »Kaeo hat nicht nur eine Freundin, sondern gleich zwei, nur das dürfen die nicht wissen. Das wäre sonst *mai dii,* nicht gut für ihn!« Sie lachte so sehr, dass sie sich an einem Stück Hühnchenfleisch verschluckte.

Zwei Freundinnen? Das hätte Ricarda dem ruhigen, freundlichen Kaeo gar nicht zugetraut.

»Und wozu brauchst du so viele Amulette gegen Gefahren?«, fragte Sofia ihn weiter aus.

»Khanom ist ein guter Kerl, will nur spielen, aber ihm nicht klar, dass er ist zu groß zum spaßigen Raufen«, grinste Kaeo und erklärte etwas ernsthafter, dass sein Elefantenbulle zurzeit wenig zu fressen bekam, vor allem grüne Melonen, weil dadurch die *Musth* schneller vorbeiging.

Chanida und Sofia begannen, den Ausflug nach Chiang Mai zu planen. Es klang, als hätten sie sich schon mal dazu abgesprochen, sie diskutierten jetzt die Details.

»Mich würden ein paar Tempel interessieren«, meldete sich Ricarda leise zu Wort. Zu leise, niemand hörte sie. Ricarda überlegte, ob sie es noch mal probieren sollte, doch jetzt wandte sich Sofia gerade jemand anderem zu – Nuan.

»Magst du auch mitkommen nach Chiang Mai?«

Sie hatte ihn einfach gefragt. Ricarda erstarrte vor Entsetzen. Einfach so! Um so zu tun, als interessiere das ganze Thema sie nicht, begann sie, hoch konzentriert eine Minibanane zu schälen – es gab Obst zum Nachtisch. Gleichzeitig spitzte sie die Ohren, um mitzubekommen, was Nuan antwortete. »Das würde ich schon gerne«, sagte er.

Ricarda traute ihren Ohren nicht. Sein Englisch war mindestens so sicher wie ihres und er hatte einen deutlichen amerikanischen Akzent. Verblüfft blickte sie von ihrer Banane auf. Nuan stellte gerade seine Schale beiseite, verabschiedete sich mit einem *Wai* und ein paar Dankesworten und ging.

»Mann, wieso geht er jetzt?« Sofia zog die Augenbrauen hoch. »So insgesamt ist der schon ein bisschen seltsam und arrogant.«

»Ja, dass er seltsam ist, findet *Por* auch. Er hat heute ein paar Besucher über das Gelände geführt und wollte ihnen Nuan und Devi vorstellen, aber die waren einfach weg. Wie Geister. Später waren sie dann wieder da und Nuan hat behauptet, sie wären die ganze Zeit da gewesen.«

»So, so.« Sofia grinste. »Aber er sieht ja gut aus, das muss man ihm lassen.«

Chanida spielte mit der Kette, die sie trug. »Schon, aber er hat ziemlich schiefe Zähne und seine Haut ist sehr dunkel.«

»Ja, und?«, entfuhr es Ricarda. »Was genau ist verkehrt an dunkler Haut?«

»Das ist nicht *suay*«, versuchte Chanida zu erklären. »Schön. Helle Haut ist *suay*.«

Ricarda und Sofia tauschten einen Blick. »Ich habe mal gehört, dass es bei den Afroamerikanern in den USA ähnlich ist«, sagte Ricarda auf Deutsch. »Für die ist helle Haut auch attraktiver als dunkle. Verstehe ich zwar nicht, ist aber so.«

»Bescheuert«, fand Sofia und Ricarda nickte, erfreut darüber, dass sie sich auch mal wieder über etwas einig waren. Doch sie schafften es nicht, das Chanida verständlich zu machen, und gaben schließlich auf. Viel interessanter war es, über ihre Zukunftspläne zu sprechen.

Sofia peilte Psychologie oder Sozialpädagogik an; es dauerte eine Weile, bis sie Chanida erklärt hatte, welch seltsame Berufe das waren. Ricarda hatte schon oft in der Buchhandlung in der Nähe ihrer Wohnung ausgeholfen und überlegte, ob ihr eine Buchhändlerausbildung Spaß machen würde. Andererseits interessierte sie sich für Sprachen und Kunst und mochte Kinder; Lehrerin oder Kunstpädagogin zu werden, würde ihr auch gefallen.

»Für mich wäre das nichts, Lehrer verdienen bei uns nicht viel«, tat Chanida es ab. »Ich will einen Job mit viel *sanuk*, Spaß, bei dem man auch ein gutes Gehalt bekommt.«

»Also willst du nicht mit den Elefanten weiterarbeiten?« Ricarda war enttäuscht. Chanida wurde ihr ein bisschen unsympathisch.

»Nein, wenn ich mit der Schule fertig bin, ziehe ich nach Chiang Mai oder Bangkok. Aber klar, vermissen werde ich die Elefanten schon! Besonders meine süße Mae Jai Di. Ich werde kommen ganz, ganz oft zu Besuch.«

Um den Gedanken loszuwerden, dass auch sie bald ohne die Elefanten auskommen musste, überwand sich Ricarda und stürzte sich ins Gespräch. Sie planten weiter, was sie sich alles in Chiang Mai anschauen würden. Jedes Mal, wenn sie daran dachte, dass Nuan mitkommen wollte, zog ein Kribbeln der Aufregung durch ihren Körper.

Mist, du bist dabei, dich zu verlieben, ging es ihr durch den Kopf. Dabei kennst du ihn überhaupt nicht, du hast noch nie mit ihm gesprochen und in weniger als zwei Wochen reist du wieder ab! Der pure Wahnsinn.

Doch es nutzte nichts. Das Kribbeln blieb.

Auf dem Markt von Lampang war schon bei Sonnenaufgang ganz schön was los. Gut gelaunt schlängelte sich Ricarda hinter Gulap durch die Menge. Dicht an dicht standen auf Tischen und auf dem Boden Plastikkörbe und Strohschalen, randvoll mit Gemüse, Gewürzen und anderen Zutaten: kleine rot leuchtende Chilis, knallgrüne Limonen, gebündelte Zitronengras-Stängel und zwei Dutzend andere Gemüsesorten, die Ricarda noch nie gesehen hatte. Gleich daneben getrocknete Fischchen, Krabben und – bäh! – geröstete Heuschrecken und fingerlange Käfer.

Gulap deutete auf einen Stapel nach dem anderen – zum Glück nicht auf den mit den Heuschrecken –, verhandelte kurz den Preis, bezahlte und Ricarda bekam eine weitere Tüte zum Tragen. Anerkennend tätschelte ihr Gulap den Arm, anscheinend freute sie sich darüber, Unterstützung beim Einkaufen zu haben.

Auch Ricarda freute sich, sie genoss den bunten, chaotischen Markt. Und wie es hier roch! Es duftete nach Chili, Safran und frischem Koriander, außerdem hing der Geruch von gebratenem Reis und Fisch in der Luft, denn in den vielen Garküchen am Straßenrand brodelte es längst. Es waren einfache Blechkarren mit einer Kochstelle und ein paar Softdrinks im Angebot; die ganz luxuriösen trumpften mit Plastikhockern für die Kunden auf. Tao zupfte sie am Ärmel, deutete auf die Garküchen und dann auf Gulap und erklärte irgendetwas in Thai, aber Ricarda kapierte erst nicht, was er meinte.

»Hat sie jetzt Hunger, sollen wir hier was essen? Nein, wir haben doch schon gefrühstückt … was meinst du? Gulap hat irgendwas mit den Ständen zu tun?«

Tao schüttelte den Kopf.

»Oder, hm, hat Gulap früher einmal selbst eine Garküche geführt?«

Tao nickte heftig, sein Gesicht leuchtete auf.

Aha, deshalb konnte Gulap so schnell und gut kochen! Vielleicht hatten sie und Ruang sich sogar an einem dieser Marktstände kennengelernt …

Gulap steckte Tao eine Münze zu, er rannte zu einem der Straßenstände und kam mit einem Plastikbeutel zurück, in dem eine braune Flüssigkeit schwappte. Oben drin steckte ein Strohhalm. »Coke«, sagte Tao strahlend und begann, an dem Strohhalm zu saugen.

»Hey, du kannst ja doch ein Wort Englisch«, meinte Ricarda und lächelte.

Tao schüttelte den Kopf und hielt drei Finger hoch.

»Drei Wörter? Toll. Welche denn noch?«

»Fucking hell!« sagte Tao stolz und Gulap nickte lächelnd.

»Äh, ja«, sagte Ricarda und lächelte zurück. »Das ist sicher manchmal sehr praktisch.«

Sie sah eine Gruppe von Mönchen herannahen. Schmale, barfuß gehende Gestalten in orangefarbener Robe, das Haar völlig abrasiert oder so kurz, dass es nur ein dunkler Schatten auf ihren Köpfen war. Ein paar Menschen scharten sich schon um sie, näherten sich ehrfürchtig oder knieten sich vor sie und reichten ihnen kleine Beutel oder Dosen mit Speisen. Ein Mann hatte sogar einen orangefarbenen Eimer dabei, in dem, soweit Ricarda erkennen konnte, sich alle möglichen Fertiggerichte befanden. Vielleicht konnte man diese Mönchseimer im Laden kaufen, Spendenopfer leicht gemacht.

Einige Mönche hielten große Schalen, in die die Menschen ihre Gaben legen konnten. Doch nur die Männer taten tatsächlich etwas hinein, die Frauen stellten ihre Spende auf den Boden.

Mit einer hastigen Pantomime zeigte Tao ihr, dass Frauen einen Mönch niemals berühren durften. Er selbst übernahm es, einem der heiligen Männer Gulaps Opfergabe zu überreichen. Mit unbewegtem Gesicht nahm der Mönch sie entgegen und ging weiter, als habe er Tao nicht bemerkt. Auch alle anderen Spenden empfingen die Mönche ohne Regung, ohne Dank. Respektvoll grüßten Gulap und Tao die vorbeischreitenden Männer mit einem tiefen *Wai* und Ricarda machte es ihnen nach, verbeugte sich mit gefalteten Händen.

Es fühlte sich faszinierend und wunderbar fremdartig an, Teil dieses Rituals zu sein. Und das alles hätte ich verpasst, wenn ich nach Arles mitgefahren wäre!, ging es Ricarda durch den Kopf und wieder einmal war sie unglaublich dankbar, dass alles geklappt hatte, dass sie tatsächlich nach Thailand geflogen war.

Zurück im Refuge meinte Ricarda zu Chanida: »Ich bin echt froh, dass ich mit Gulap zum Markt gegangen bin. Es war spannend, den Mönchen zu begegnen.«

Chanida schien sich zu freuen. »Wusstest du, dass Tao am Samstag zum Mönch geweiht wird? Das bringt Gulap *tham bun,* gutes Karma, und ihm selbst natürlich auch.«

Ricarda erschrak. Heute war Mittwoch, also fand die Mönchsweihe sehr bald statt! »Tao wird Mönch? Für immer? Aber er ist doch noch so jung, kann er das jetzt schon entscheiden?« Von Karma hatte sie mal gehört, das war so eine Art spirituelles Bankkonto, für gute Taten bekam man Pluspunkte und wurde mit etwas Glück nicht als Tier oder Dämon wiedergeboren.

»Nein, nein, er bleibt nur einen Monat im Tempel. Bei uns machen die meisten Männer so etwas einmal im Leben, oft nur für ein paar Tage oder Monate.«

Ob Tao sich schon darauf freute? Oder war es eine lästige Pflicht, ein bisschen so wie Ferien im Kinderheim?

Ricarda war gespannt und hoffte, dass sich so etwas irgendwie ohne Worte fragen ließ.

Hintereinander schritten die Elefanten den Waldpfad entlang und Ricarda klammerte sich mit den Beinen fest an Daengs Hals und stützte sich auf ihrem Kopf ab, wenn ein steiles Stück kam. Kaeo ging zu Fuß neben Daeng her und summte eine leise Melodie vor sich hin. Sie waren direkt hinter Ruang, der würdevoll und aufrecht auf Mae Suchada saß wie ein General, der seine Truppen in die Schlacht führt. Ausnahmsweise hatte er seine Thermoskanne daheim gelassen.

Hinter Ricarda schaukelte Sofia auf ihrer Mae Jai Di entlang – diesmal allein, weil Chanida in der Schule war –, danach kamen alle anderen Elefanten mit ihren *Mahouts*. Gelassen stampfte Mae Suchada voran, ihr Schwanz schwang einem Pendel gleich hin und her und ihr graues Hinterteil sah mit seiner losen, faltigen Haut aus, als trüge sie Baggy Pants wie ein Getto-Rapper. Während des Laufens ließ sie – ähnlich einem Pferd – ein paar riesige dunkelbraune Kotballen fallen.

Leider gingen Devi und Nuan ganz weit hinten; um sie sehen zu können, hätte sich Ricarda ständig umdrehen müssen.

Schon nach zehn Minuten waren sie da, der schlammig braune Strom erstreckte sich vor ihnen. Über eine flache sandige Stelle konnten sie hinein in den Fluss, dessen Ufer dicht grün bewachsen waren mit Teakbäumen und Bananenstauden, die ihre breiten Blätter bis zum Himmel reckten. Mit schwungvollen Schritten marschierte Daeng mitten ins Wasser hinein, bis das Wasser ihr zum Bauch ging und Ricarda an den Füßen kitzelte. Sofort begann Daeng zu trinken und das Wasser genüsslich in den Rüssel zu saugen.

»Oh, ich glaube, du wirst gleich geduscht!«, lachte Sofia – und tatsächlich, Daeng sprühte sich die Flanken und den Rücken ein, sodass Ricarda klatschnass wurde. Die Kleider klebten ihr am Körper. Aber das machte gar nichts, Ricarda grinste über das ganze Gesicht.

Auf ein Kommando von Kaeo ging Daeng auf die Knie, bis nur noch ihre Stirn nass und dunkelgrau aus dem Wasser herausschaute und Ricarda bis zu den Hüften im Wasser saß. Geschickt balancierte Kaeo auf allen vieren auf dem Rücken der Elefantin und begann, sie mit den Händen abzureiben. Hartnäckig klebenden Schlamm schrubbte Kaeo mit dem *Ankush* ab. Ricarda machte es ihm nach und freute sich daran, wie Daeng das Bad genoss.

»Das Rückgrat nicht mitwaschen, ist empfindlich«, riet Kaeo. »Am besten gar nicht berühren.«

»Und den Kopf?«

»Ja, der gut! Fest reiben, das mögen sie.«

Begeistert tobten die Elefanten im Wasser herum, tauchten unter, legten sich auf die Seite. Mit mehr als zehn Elefanten im Fluss war es eine große Planscherei, die wahrscheinlich jeden Fisch im weiten Umkreis vertrieb. Doch ein dunkler Punkt im Wasser stellte sich nicht als Fisch heraus, sondern als Rüsselspitze. Die kleine Noi war noch nicht groß genug, um mit den Füßen den Boden zu erreichen. Aber das machte ihr gar nichts aus, sie schwamm einfach und benutzte den Rüssel als Schnorchel, durch den sie atmen konnte.

»Elefanten können kilometerweit schwimmen«, erzählte Kaeo. »Man hat schon sie dabei beobachtet, wie sie zusammen eine Meerenge durchquerten.«

»Wie cool!«, sagte Ricarda und sah lächelnd zu, wie ausgelassen Nuan mit Devi spielte. Devi tauchte prustend unter, sodass Nuan, der auf ihr balancierte, bis zur Hüfte im Wasser stand. Seine ausgeblichenen Jeans waren schon völlig durchtränkt. Nuan schimpfte Devi grinsend aus, dann ließ er sich übermütig rücklings in den Fluss fallen und schwamm ein paar Runden. Als der Kopf seiner Elefantin wie ein riesiger dunkler Fels wieder an der Oberfläche erschien, hangelte sich Nuan akrobatisch vorne über ihren Rüssel und ihre Stirn hoch, bis er wieder auf ihrem Kopf saß. Flusswasser strömte in Kaskaden von beiden herunter.

Nach dem Bad war Daeng schön sauber und man sah ihre rosigen Stellen besonders gut. Aber das blieb nicht so. Kaum waren sie wieder daheim im Refuge, da begann Daeng, sich mit dem Rüssel Sand und Staub über den Rücken zu werfen, bis sie glücklich und paniert wie ein Wiener Schnitzel im Schatten des großen Bodhibaumes stand.

»Du Schweinchen«, seufzte Ricarda, die zum Glück schon vor der Dreckorgie abgestiegen war.

Sofia nickte anerkennend – wahrscheinlich fand sie es

toll, dass ihre grunzenden Lieblingstiere und Elefanten etwas gemeinsam hatten.

Zufällig kam gerade Ruang vorbei, er verstand die deutschen Bemerkungen zwar nicht, doch anscheinend erriet er, was Ricarda durch den Kopf ging. »Schimpf sie nicht«, meinte er. »So eine Sand- oder Schlammkruste brauchen die *Chang* als Schutz gegen die Sonne und damit nicht ständig Moskitos sie ansaugen; wenn die Kruste trocknet und abfällt, gehen sämtliche Zecken und andere Blutsauger auf der Haut gleich mit ab.«

»Sollte ich auch mal probieren«, sagte Sofia und schlug nach einer Mücke, die sie höchst interessiert umkreiste.

Ricarda lächelte. »Jede Menge Matsch auf der Haut? Dann lasse ich dich aber nicht mehr in die Hütte rein.«

»Schon okay, Mae Jai Di wird mir helfen, die Tür aufzubrechen«, gab Sofia ganz gelassen zurück.

Ruang war schon auf dem Weg zum Haupthaus, da drehte er sich noch einmal um. »Ach ja, übrigens, ich habe entschieden, dass Nuan und Devi erst mal bleiben dürfen. Sie passen gut zu uns.«

»Na, da haben die beiden ja Glück.« Sofia schien sich nicht weiter für die Neuigkeiten zu interessieren. Ricarda dagegen musste sich zwingen, nicht über das ganze Gesicht zu strahlen.

Auf dem Platz vor dem Haupthaus durfte Sofia – stolz auf ihren brandneuen Moped-Führerschein – Chanidas kleines Motorrad ausprobieren und knatterte vergnügt damit im Kreis. »Hey, das Ding ist cool«, meinte sie. »Aber nach einem Gewitter damit zu fahren kann man wahrscheinlich vergessen. Wie oft bist du schon im Matsch stecken geblieben?«

Chanida grinste. »Noch nicht so oft. Man muss eben absteigen und schieben. Neulich musste ich so durch den Wald und hatte nur Sandalen an. Als ich heimkam, hatte ich fünf Blutegel an den Füßen!«

»Wie kriegt man die denn wieder ab?« Ricarda schauderte.

»Ganz einfach. Man braucht nur Streichhölzer oder ein Feuerzeug. Anzünden und kurz an den Egel dranhalten. Sobald es ihm zu warm wird, lässt er los.«

Diesmal hielt Ricarda beim großen Essen im Haupthaus vergeblich nach Nuan Ausschau. Vielleicht aß er mit den anderen *Mahouts* zusammen? Fast schade, dass Kaeo Sofia und sie wieder ins Haupthaus eingeladen hatte, eigentlich hatte es ihr gefallen, in der Suppenküche der *Mahouts* zu essen. Es fühlte sich eigenartig an, dass Nuan nicht da war. Auf einmal war die Welt weniger bunt, schmeckte das Essen fad, wurde die Sonne von Wolken gefressen.

Sofia spürte nichts davon, sie war bestens gelaunt. »Wollen wir uns am Freitagnachmittag Lampang anschauen?«, schlug sie vor, während sie an ihrem vierten *Satay*-Spießchen – gegrilltes Hühnerfleisch mit Erdnusssoße – knabberte.

Schon wieder in die Stadt? Ricarda schüttelte den Kopf. »Nee. Ich glaube, ich trainiere lieber mit Daeng.« Dafür war sie schließlich hier.

»Okay, dann fahre ich mit Chanida, das ist doch okay für dich, oder?«

Ricarda nickte kurz und senkte dann den Kopf über ihr Essen. Es tat ihr fast leid, dass sie nicht Ja gesagt hatte zu dem Ausflug nach Lampang. Jetzt hatte sie sich selbst ausgeschlossen und Sofia unternahm schon wieder etwas mit Chanida.

So war es früher schon einmal gewesen. Vor zwei Jahren, gerade zu einer Zeit, als ihre Freundschaft besonders eng gewesen war, als sie täglich telefoniert, fast jeden Tag miteinander verbracht hatten. In diesem Herbst hatte sich Sofia mit Kelly, einer kanadischen Austauschschülerin, angefreundet. Ein paar Wochen später fiel Ricarda auf, dass immer sie es war, die bei Sofia anrief, die vorschlug, was sie unternehmen könnten. Über Fabian bekam sie mit, dass Sofia und Kelly sich oft zu zweit trafen. Erst als Kelly ein paar Monate später nach Kanada zurückgekehrt war, hatte sich das Gefühl, abgemeldet zu sein, wieder gelegt. Doch die Vertrautheit von früher, die ganz enge Freundschaft, war nie mehr zurückgekommen.

Und jetzt? Würde sich alles wiederholen?

Nach dem Essen im Haupthaus wollte Ricarda lieber allein sein, allein mit dem Mangobaum, mit den Elefanten, die in der Dunkelheit schnaubten, und mit den Geistern, die den winzigen Tempel neben dem Haus bewohnten. Die ließen sie in Ruhe, kümmerten sich um den Schutz des Hauses und waren anscheinend zufrieden mit den Schälchen Reis und Cola, die Kaeo ihnen pflichtbewusst gebracht hatte.

»Hab ein bisschen Kopfschmerzen«, meinte Ricarda, nahm ein paar Genesungswünsche entgegen und wanderte in der Dämmerung zurück zu ihrer Hütte.

Dann lag sie auf ihrem Bett und starrte durch den weißen Schleier des Moskitonetzes an die Decke. Ihre Gedanken fühlten sich an wie mit Stacheldraht umwickelt.

Bin ich jetzt für Sofia abgemeldet? Vielleicht. Und es ist meine Schuld. Warum bin ich nur so verdammt schüchtern? Ich traue mich nicht zu fragen, ich rede viel zu selten mit und wenn doch, viel zu leise, sodass keiner zuhört. Ich hänge mich nur an sie dran, sie kümmert sich um fast alles. Warum habe ich mich in Bangkok nicht auch mal angestrengt und mit einem Tuk-Tuk-*Fahrer den Preis verhandelt? Alles habe ich sie machen lassen, es war so schön bequem. Und jetzt Chanida. Sie ist viel witziger, unternehmungslustiger, selbstständiger als ich. Eigentlich passt sie viel besser zu Sofia als ich …*

Es war ein schwacher Trost, dass sich in Deutschland möglicherweise alles wieder einpendeln würde, ihre Freundschaft vielleicht wieder das sein würde, was sie vor Kurzem noch gewesen war. Aber was, wenn nicht?

Ihre Gedanken wandten sich erneut Nuan zu. Sie dachte daran, wie er und Devi gespielt hatten, ließ noch einmal jeden Moment in ihrem Gedächtnis lebendig werden. Es war so herrlich, an ihn zu denken. Doch sie wusste, dass ihr das bald nicht mehr reichen würde. Bestimmt würden sie in Chiang Mai miteinander reden, sich besser kennenlernen können …

Als Sofia spät in der Nacht zurückkam, stellte Ricarda

sich schlafend – und hasste sich auch dafür. Warum hatte sie nicht den Mut, jetzt alles anzusprechen und wenigstens ganz vernünftig zu klären, was zwischen ihnen stand?

Mit einem Seufzen kroch Sofia ins Bett und drehte sich ein paarmal herum. An ihrem tiefen Atem hörte Ricarda schon eine Minute später, dass sie eingeschlafen war.

IN CHIANG MAI

Über den grünen Hügeln hing Nebel, als Ricarda an diesem Morgen den ersten Blick aus dem Fenster warf. Sie atmete tief ein, sog die kühle, feuchte Luft in ihre Lungen und stellte fest, dass sie sich auf den Tag freute. Nuan! Sie würde zusammen mit Nuan in die Stadt fahren! Das war wie ein Geschenk und sie würde versuchen, es nicht zu verschwenden.

Sofia regte sich hinter ihr, gähnte. »Na, geht's dir besser?«, murmelte sie.

»Ja«, erwiderte Ricarda und es war nicht einmal gelogen. Die giftigen Gedanken waren aus ihrem Kopf verschwunden, als wäre ihre Seele in der Nacht einmal durch den Vollwaschgang geschickt worden.

Nach dem Frühstück füllten sie ihre Alutrinkflaschen und packten ihre Rucksäcke; Ricarda verstaute den Reiseführer griffbereit in einer Seitentasche, zog ihn dann noch einmal hervor und prägte sich ein paar Redewendungen ein. Thai war eine schwere Sprache, weil sich durch die Tonhöhe, mit der man ein Wort aussprach, auch die Bedeutung völlig änderte. Aber ein paar Floskeln bekam sie bestimmt hin. Zum Beispiel *Kor thot* –

Entschuldigung! Für den Fall, dass sie sich mal wieder ungeschickt anstellte.

Khoop-khun krap/khaa – Danke! War immer nützlich. Sie musste nur daran denken, dass sie als Frau *khaa* zu sagen hatte, ein Mann dagegen sagte *krap*.

Die mahk mahk – Sehr gut! Das würde sie hoffentlich oft benutzen können. Der Gedanke brachte Ricarda zum Lächeln.

Nii thaorai – Was kostet das? Der Ausflug war bestimmt eine gute Gelegenheit, um sich ein paar Souvenirs zuzulegen, vielleicht könnte sie Severin irgendein offizielles Geschenk mitbringen und heimlich noch irgendwas Technisches. War ja alles total billig hier. Für ihren Vater am besten irgendwas, was mit Bildung zu tun hatte, eine Geschichte der thailändischen Könige vielleicht. War es eigentlich völlig daneben, wenn sie Nuan auch etwas kaufte? Zu blöd, dass sie Sofia so was nicht mehr fragen konnte; eigentlich war sie Expertin für alle Dinge, die mit Liebe zu tun hatten. Aber sie schien Nuan nicht besonders zu mögen, es hatte keinen Sinn, sie um Tipps zu bitten, die ihn betrafen.

Es klopfte und Chanidas Gesicht lugte durch die Tür ihrer Hütte. »Der Bus fährt bald, wollen wir los?«

»Ja, aber wo ist eigentlich Nuan, der wollte doch mitkommen?« Ricarda strich sich eine Haarsträhne aus der Stirn. Ihr Herz klopfte.

»Ich habe ihn heute noch nicht gesehen. Vielleicht ist er erst zum Haupthaus gegangen … ich fürchte, ich habe vergessen, ihm einen Treffpunkt zu sagen.«

Ricarda stöhnte. Sie teilten sich auf, um Nuan zu suchen. Chanida übernahm es, bei den *Mahouts* herumzufragen, Ricarda schaute sich auf den Übungsplätzen um und Sofia lief den Weg zum Fluss ein Stück weit hinab.

Ricarda ging rasch, ihr Atem kam in kurzen Stößen. Ihre Hoffnung auf einen schönen Tag bröckelte, zerfiel langsam. Sie ahnte schon, dass sie Nuan nicht finden würden. Es wäre ja nicht das erste Mal. *Die waren einfach weg. Wie Geister.*

Aber warum? Warum hatte er nicht gesagt, dass er nicht mitwollte? Oder hatte er es sogar und sie hatten ihn nicht richtig verstanden? Was waren seine Worte noch mal gewesen? Das würde ich schon gerne. Moment mal, das war eigentlich gar kein Ja, sondern nur ein Vielleicht. »Eigentlich würde ich gerne« konnte man es übersetzen. Doch das »Eigentlich« hatte sie lieber von ihren Ohren abprallen lassen und nur den Rest »Ich möchte gerne, es würde mir Spaß machen« durchgelassen. Ricarda ärgerte sich über sich selbst.

Sie fanden Nuan nicht und schließlich mussten sie ohne ihn losziehen.

»Was für ein Blödmann! Der hat uns richtig sitzen lassen«, ärgerte sich Sofia, als sie am Straßenrand auf ihren Rucksäcken hockten und auf den Bus warteten. Es gab zwar einen Fahrplan, aber Chanida hatte sie gewarnt, dass man den nicht zu ernst nehmen sollte und der Bus einfach irgendwann kam. Sie hatten jedoch Glück, schon nach zehn Minuten kam er angebraust und bremste neben ihnen.

Apathisch blickte Ricarda aus dem Fenster des Reisebusses und versuchte, die laute Musik zu ignorieren, die aus den Lautsprechern dröhnte. Klimatisierte Luft strich wie ein Eishauch über ihre Arme – kaum zu glauben, ein tropisches Land mitten im Sommer und sie wünschte sich sehnlich ein Sweatshirt!

Sofia hatte sich neben sie gesetzt, aber jetzt hing sie halb über der Lehne, um sich mit Chanida zu unterhalten, die einen Platz hinter ihnen hatte. Nuan war dabei kein Thema, sie hatten ihn wohl schon vergessen. Stattdessen ging es um Chanidas Schule, das Basketballtraining und den Computerraum dort, wie viel Schulgeld sie bezahlen musste und dass Gulap erst der Meinung gewesen war, ein höherer Schulabschluss sei für Mädchen eigentlich unnötig und vom Lernen bekomme man doch nur Kopfweh.

»Also, so was würdest du von deinen Eltern nicht zu hören kriegen, oder?«, grinste Sofia und Ricarda nickte mit verzogenem Gesicht. Ihre Eltern legten großen Wert auf gute Noten und einen Schulabschluss, der richtig viel hermachte. Bei Sofia daheim ging es lockerer zu und keiner sorgte sich, wenn sie oder ihr zehnjähriger Bruder, wegen seiner Nervereien auch »das Monster« genannt, sich ab und zu mit einem Lehrer anlegten.

Erst als das große, aus rötlichen Steinen gemauerte Stadttor von Chiang Mai hinter ihnen lag und sie über den Warorot-Markt schlenderten, fühlte sich Ricarda wieder besser. Sofia kaufte eine große Tüte Bananenchips, aus der natürlich alle mitfuttern durften, Chanida und Ricarda entschieden sich für ungeröstete Erdnüsse. Frisch und ohne Salz schmecken sie eher wie Kartoffeln, ungewohnt, aber lecker. Sie schlürften Kokosmilch direkt aus der Nuss und ließen sich dabei von einem dicken englischen Touristen knipsen – drei Mädchen mit lila Blüten im Haar, Strohhalmen zwischen den Lippen und wahrscheinlich total albernem Grinsen.

Ricarda hielt die Augen nach Souvenirs offen und schließlich erspähte sie eine kleine Elefantenstatue aus schwarzem Holz, die ihr gefiel, und einen geschnitzten Drachen für Severin. »Cool. Die nehme ich mit nach Deutschland. Mein Bruder mag Drachen.«

»Eigentlich ist das kein Drache, sondern eine *Naga*, eine Art Schlange aus unseren Sagen – sie schützen Orte vor bösen Geistern«, erklärte Chanida. »Soll ich die beiden Sachen für dich kaufen? Sonst bekommst du wahrscheinlich einen *Farang*-Preis, das heißt, du zahlst das Doppelte!«

Ricarda nickte, das war wirklich nett von Chanida. Erstaunlicherweise verhandelte sie nur ganz kurz, schon nach einer Minute war sie mit den beiden Statuen zurück und gab Ricarda das Wechselgeld. Auch Sofia war verdutzt. »Musstest du gar nicht handeln?«

»Der Preis war in Ordnung«, winkte Chanida ab. »Und wer zu viel feilscht, der verliert sein Gesicht, weil es so wirkt, als wäre er arm.«

Ricarda nickte und brachte die beiden Statuetten in ihrem Rucksack unter. Sie hatte schon einmal davon gelesen, dass es in asiatischen Ländern sehr viel bedeutete,

»Gesicht zu wahren«. Sich zu blamieren, das Gesicht zu verlieren, war fast das Schlimmste, was einem Asiaten passieren konnte. Aber dass das auch beim Handeln galt, hätte sie nicht gedacht ...

Das Hochgefühl, so schöne Dinge gekauft zu haben, hielt nicht lange an. Der Bürgersteig war dermaßen vollgestellt mit geparkten Mopeds, auf Tischchen ausgebreiteten Waren, Garküchen und Werbeschildern, dass man höchstens zu zweit nebeneinandergehen konnte. In der Praxis sah das so aus, dass Sofia und Chanida sich angeregt unterhielten und Ricarda schweigend hinterherzockelte. Ein paarmal versuchte sie, sich ins Gespräch einzuklinken, aber das war genauso sinnlos wie der Versuch, zu dritt nebeneinanderzugehen. Drei ist keine gute Zahl, um zusammen etwas zu unternehmen, dachte Ricarda bitter. Einer wird immer zurückgelassen.

Sie sehnte sich danach, zurückzufahren ins Refuge, zu Daeng mit ihren freundlichen dunklen Augen, zu Tao, der keine Worte brauchte, um sie zu verstehen, zu Nuan, dessen Geheimnisse so viel leichter zu ertragen waren als dieses Gefühl, ausgeschlossen zu sein.

»Hey, was ist los?« Sofia hatte es also gemerkt. Doch als sie »Bist du wegen irgendwas eingeschnappt oder so?« hinzufügte, klang es wie ein Vorwurf. Als sei es Ricardas Schuld, wenn sie keinen Spaß hatte.

Was, wenn sie jetzt »Ja« sagte? Dann würde Sofia sich vielleicht schuldig fühlen wegen ihr, sich wahrscheinlich ärgern darüber, dass Ricarda so empfindlich und leicht beleidigt war.

»Nichts, alles okay«, log Ricarda, zwang sich zu einem fröhlichen Gesicht und dazu, Chanida ein paar Fragen über die Geschichte der Tempel zu stellen. Pflichtschuldig bewunderte sie die lebensgroßen Steinelefanten, die im Wat Chiang Man einen Turm stützten, und ließ Chanidas Erklärungen über sich hinwegrauschen. Wirklich fasziniert war sie nur, als Chanida einen kleinen Umschlag mit drei Blattgoldplättchen auspackte.

»Hey, echtes Gold«, staunte Sofia. »Was machst du damit?«

»Das ist eine Opfergabe.« Respektvoll klebte Chanida das Blattgold auf eine Buddhastatue im Tempel und rubbelte es fest. Anscheinend hatten schon viele andere Menschen so etwas getan, die Statue war auf dem Weg des Do-it-yourself komplett vergoldet worden. Es sah allerdings ziemlich fleckig aus.

»Wieso hast du das Gold gerade auf die Schulter von Buddha geklebt, hat das eine besondere Bedeutung?«, fragte Ricarda neugierig.

Chanida tupfte sich mit dem Finger auf die eigene rechte Schulter. »Meine Schulter schmerzt manchmal, wahrscheinlich von der Arbeit mit den Elefanten. Ich bete und opfere, damit der Schmerz vergeht. Also kommt das Gold auf die Schulter von Buddha.«

Das Blattgold hielt nicht besonders gut. Ricarda sah kleine Fetzen davon überall im Tempel herumfliegen und am Ausgang bemerkte sie, dass es ihr sogar an den Schuhen klebte. Hoffentlich war wenigstens Chanidas Opfergabe an der Statue hängen geblieben.

In der Straße, die zum Tempel führte, konnten Gläubige alles erwerben, was man für einen Besuch im Wat so brauchte, zum Beispiel Kerzen, Räucherstäbchen und glückbringende Amulette, die von den Mönchen gesegnet worden waren. Doch am dichtesten umlagert war ein Stand, der anscheinend bunt bedruckte Papierzettel verkaufte.

»Was gibt's da?«, rätselte Sofia. »Eintrittskarten ins Nirwana?«

Ricarda versuchte, sich daran zu erinnern, was sie über das Nirwana wusste. Es war das große Ziel, das alle Buddhisten zu erreichen hofften. Aufgehen im Nichts, in der Vollkommenheit. Nie mehr wiedergeboren zu werden, den endlosen Kreislauf zu durchbrechen. Nee, Eintrittskarten brauchte man dafür sicher nicht.

Falls Chanida fand, dass Sofia mit der Bemerkung ihr Gesicht verloren hatte, ließ sie es sich nicht anmerken. »Nein, ins *niphaan*, ins Nirwana, kommt man nur durch viel Meditieren. Kaufen kann man aber Lottolose.«

Eifrig zog sie Sofia und Ricarda näher zu dem Stand hin, ihre Augen glänzten. Chanida betrachtete die Lose und betastete sie, studierte die Nummern und plauderte in Thai mit dem Verkäufer und den anderen Interessenten, vielleicht über die Gewinnchancen. Ricarda fand die Beträge, die es zu gewinnen gab, nicht besonders aufregend – die Hauptpreise waren kaum mehr als ein paar Hundert Euro –, aber vielleicht hatte man dafür öfter Glück.

Sofia zog Ricarda beiseite. »Ich glaube, Chani hätte gerne so ein Los. Was meinst du, wollen wir ihr eins spendieren? Als Dankeschön für die Stadtführung?«

»Klar, gute Idee«, sagte Ricarda mit mäßiger Begeisterung. »Ich glaube, die kosten achtzig Baht pro Stück, das ist noch okay.«

Heimlich ging Ricarda das Los kaufen, während Sofia Chanida ablenkte. Immerhin, es war schön zu sehen, wie Chanida sich freute, als sie sie mit dem Los überraschten.

»Oh, danke, danke, danke!«, jubelte sie und brachte die Hoffnung auf Reichtum sorgfältig in ihrer Tasche unter. »Ihr seid wirklich *jai di,* gutherzig. Ich werde bestimmt gewinnen, auf der Losnummer ist gleich dreimal die Neun, das ist eine Glückszahl.«

In Ricardas Tasche knisterten noch zwei weitere Lose. Eins für Tao, eins für Nuan. Sie wusste noch nicht, ob sie den Mut haben würde, es Nuan zu geben. Und ob es überhaupt eine gute Idee war, ihm etwas mitzubringen. Aber wieso eigentlich nicht? Er sah aus, als könnte er einen Gewinn jetzt gerade ziemlich gut gebrauchen.

Ricarda war froh, als sie sich auf den Rückweg nach Lampang machten. Kurz bevor sie in den Bus einstiegen, ertönte plötzlich Musik aus verborgenen Lautsprechern und die Bewohner von Chiang Mai hielten inne bei dem, was sie gerade taten. Sogar ein brauner Mischlingshund, der auf dem Bürgersteig unterwegs war, schien beim Beschnuppern einer Abfalltüte einen Moment zu zögern.

»Die Nationalhymne«, flüsterte Chanida ehrfürchtig und wandte den Blick zu einem großen Poster, auf dem das Gesicht des Königs prangte. Nüchtern und höflich, aber ohne ein Lächeln blickte er auf sein Volk herab.

Nach ein paar Minuten war die Hymne verklungen und das Leben konnte weitergehen.

Als sie Tao am nächsten Morgen beim Frühstück sein Los gab, war er sprachlos vor Glück. Er strahlte sie an und Ricarda strahlte zurück. Schließlich sprudelte Tao irgendetwas hervor und rannte zu seiner Mutter, um ihr das Los zu zeigen.

Auf den ersten Blick hätte Ricarda Gulap fast gar nicht erkannt. Sie war perfekt geschminkt, trug eine mit Diamanten besetzte Kette und hochhackige Schuhe zu einem Sommerkleid. Ihre Haare, die ebenso lang und prachtvoll waren wie Chanidas, hingen ihr offen über die Schultern.

»Alle zwei Wochen hat sie genug von den Elefanten, dann fährt sie in die Stadt und gönnt sich was«, flüsterte Chanida ihnen zu.

Sofia und Ricarda nickten verblüfft.

Während Sofia und Chanida über Gulaps Kleid fachsimpelten, wandten sich Ricardas Gedanken wieder Nuan zu. Jetzt kam es auf die passende Gelegenheit an, ihm sein Los zu überreichen. Ricarda konnte es kaum erwarten, ihn wiederzusehen, und malte sich aus, wie überrascht er wäre, wie er lächeln würde, wenn sie ihm sein Geschenk zeigte. Oder würde er es albern finden? Anbiedernd? Noch war sie fast eine Fremde für ihn.

Am Morgen nach dem Ausflug war er beim Morgenbad und der Fütterung dabei, als sei nichts geschehen. Sorgfältig schrubbte er Devi und die große Elefantin wälzte sich genüsslich prustend an einer flachen Stelle des Flusses auf die Seite. Ricarda behielt die beiden aus den Augenwinkeln im Blick, während sie Daeng mit den Händen Wasser über den Kopf spülte. Sofia schien vergessen zu haben, dass sie sauer auf Nuan war; sie sprach ihn nicht auf den verpassten Ausflug an und widmete sich stattdessen Mae Jai Dis Körperpflege. »So, jetzt mal schön hinter den Ohren waschen«, hörte Ricarda sie sagen. »Keine Sorge, ich helf dir dabei.«

Doch an anderen Stellen konnten Elefanten sich sehr wohl selbst helfen. Nach dem Baden beobachtete Ricarda den großen alten Bullen Isuan dabei, wie er sorgfältig einen Zweig auswählte, die Blätter abstreifte und ihn mit Fuß und Rüssel zur richtigen Größe zurechtstutzte. Dann begann er, sich damit die Zwischenräume zwischen den Zehennägeln zu reinigen. Nach jedem Stochern wischte er den Stock säuberlich im Gras ab. Ricarda staunte.

Kaeo sah es auch. »Schlau, aber reicht nicht. Morgen machen wir Fußpflege bei Daeng, ich zeige dir, wie geht.«

Wieso hatte sie eigentlich Kaeo nichts mitgebracht? Dabei kümmerte er sich wirklich viel um sie, zeigte ihr alles, half ihr mit Daeng. Er war der geduldigste Mensch, den sie kannte. Keine Ahnung, wieso sie ihn vergessen hatte. Mist!

Dafür hatte sie an ein Mitbringsel für Daeng gedacht – eine Tüte ungeröstete Erdnüsse. Während der Mittagspause, in der die Elefanten unter einem Schatten spendenden

Baum dösten, schlenderten Ricarda und Sofia über das Gelände. Ricarda genoss es, dass Chanida noch in der Schule war; am Nachmittag würde sie auch nicht aufkreuzen, sie blieb in Lampang und traf sich mit Freunden.

»Wollen wir ein bisschen mit Noi spielen?«, schlug Ricarda vor und Sofia nickte sofort. »Ja, klar. Die Kleine ist so süß. Vielleicht Tauziehen, das findet sie lustig.«

Doch diesmal klappte es nicht, Noi erschreckte sich vor Ricardas Cap, die ein Windstoß ihr vom Kopf wehte, und hastete quiekend zu ihrer Mutter, der halb blinden Mae Lom, zurück. Mae Lom steckte ihrer Kleinen den Rüssel ins Maul und sofort beruhigte sich Noi.

»Funktioniert wie ein Schnuller.« Ricarda musste lächeln. Kleine Elefanten hatten sowieso vieles von Kindern an sich – zum Beispiel hielt Noi regelmäßig ein Mittagsschläfchen. Hingestreckt lag sie dann auf dem Boden, das große Ohr wie ein Blatt über ihr Gesicht gebreitet, während ihre Mutter oder eins der anderen Weibchen über ihr stand und sie vor der Sonne schützte.

»Weißt du, wem die Sachen gehören?« Sofia war zum Rand des Platzes geschlendert. Dort lagen ein zusammengerolltes Seil, eine Kette und eine abgewetzte braune Tasche, die halb offen stand. Sofia warf einen Blick hinein. »He, schau mal, irgendjemand hier liest gerne Kinderbücher.«

Neugierig kam Ricarda näher. Tatsächlich, in der Tasche war ein völlig zerlesenes englisches Exemplar des »Dschungelbuchs« von Kipling, außerdem »Alice in Wonderland« und »Peter Pan«.

»Vielleicht Jack oder Seven«, meinte Ricarda. »Die haben sich ja englische Spitznamen zugelegt.« Doch irgendwie passte es zu keinem der beiden, ihre Lieblingsbeschäftigungen hatten nicht unbedingt mit Wörtern zu tun – tagsüber spielten sie in den Pausen *takraw*, bei dem es darum ging, mit den Füßen und dem Kopf einen Rattanball in der Luft zu halten, und abends hockten sie gerne, ein Singha-Bier in der Hand, mit den anderen *Mahouts* zusammen und plauderten. Bücher? Nein, das war eher nicht ihr Ding.

Sofia überlegte. »Kaeo? Der kann gut Englisch, der könnte so was lesen.«

»Na ja, der hängt abends meistens vor dem Fernseher und schaut sich Kickboxen an.« Noch während sie sprach, dämmerte es Ricarda, wem die Tasche gehörte. Ihr Mund schloss sich wie von selbst, als könnte es den Zauber brechen, wenn sie es aussprach. Sie stellte sich vor, wie Nuan unter einem Baum in seinem Dorf lag und las, während Devi in der Nähe Bambus kaute. Wie oft er das »Dschungelbuch« wohl schon in der Hand gehabt hatte, hatte er daraus so gut Englisch gelernt? Hatte er gestaunt über die komische Fantasie der Europäer, während er »Alice in Wonderland« las?

»Würde mich mal interessieren, was das für Ketten sind«, meinte Sofia. Sie hatte sich hingehockt, jetzt ließ sie die fingerlangen Kettenglieder durch die Hände gleiten. Mit einem Klirren zeichneten sie neue Muster auf den Boden.

Dann waren sie plötzlich nicht mehr allein, wie ein

Schatten war jemand neben ihnen aufgetaucht. Eine geschmeidige Gestalt. Nuan!

Sein Gesicht war regungslos, erstarrt, aber Ricarda spürte, dass er innerlich vor Wut bebte.

IM NAMEN DER TRADITION

»Was macht ihr?« Seine Stimme klang gepresst und an seinem Hals traten die Sehnen hervor, so angespannt war sein Körper.

Einen Moment lang fürchtete Ricarda, Nuan würde Sofia die Ketten aus der Hand schlagen. Auch Sofia spürte es, denn sie richtete sich schnell wieder auf und machte einen Schritt zurück. »Ich habe sie nur mal kurz in die Hand genommen, um zu sehen, wie schwer sie sind.«

Nuans Augen waren dunkel wie eine mondlose Nacht. »Tu das nicht. Leg sie hin.«

Ricarda atmete ganz flach, so als könne sie sich dadurch unsichtbar machen. Hoffte, dass er sie nicht ansah, nein, um diesen Blick beneidete sie Sofia nicht. Und doch war auch dieser Moment kostbar, denn so nah waren sie sich noch nie gewesen. Er roch nach dem Rauch eines Holzfeuers und dem erdigen, kräftigen Geruch der Elefanten. Sie konnte jede Linie des kleinen Buddha-Amuletts erkennen, das an einer metallenen Kette um seinen Hals hing. Auf dem Gesicht des Buddhas lag ein traumversunkenes Lächeln.

Sofia ließ die Ketten fallen, zuckte die Schultern, murmelte »Sorry« und ging davon. Ricarda konnte sich nicht bewegen, nicht sprechen. Ohne sie anzusehen, machte sich Nuan daran, seine Ausrüstung einzusammeln, und hängte sich seine Tasche über die Schulter. Jetzt waren die Bücher wieder verborgen, geschützt vor Sonne und Regen und neugierigen Blicken.

Er wirkte etwas entspannter. Jetzt konnte sie ihn fragen. Fragen, was ihm die Bücher bedeuteten. Fragen, wie er sie bekommen hatte. Ihm erzählen, was sie empfunden hatte, als sie das »Dschungelbuch« als Kind zum ersten Mal gelesen hatte. Wie sie sich gewünscht hatte, mit Tieren auch so sprechen zu können wie Mogli, mit ihnen zu leben, von ihnen das Gesetz des Dschungels zu lernen.

Kein Wort kam aus ihrem Mund.

Er richtete sich auf, maß sie mit einem Blick und immerhin, sie schaffte es, diesem Blick zu begegnen. Einen Wimpernschlag lang sahen sie sich an und diesmal tanzte ein kleiner Sonnenfunke in seinen Augen. Dann schlang er sich die Ketten über die Schulter, um sie leichter tragen zu können, das Metall sang einen klingenden Chor.

»Daeng achtet dich«, sagte er beiläufig. »Das ist gut. Du machst es richtig.«

Dann wandte er sich um und ging davon.

Ricarda erwachte aus ihrer Erstarrung. Spürte dem Moment, Nuans Worten nach und staunte darüber. Anscheinend hatte auch er sie beobachtet, er achtete darauf, was sie tat! Andererseits hieß das noch gar nichts, er konnte es ja schlecht übersehen, wenn sie ihre Elefantin im Fluss neben ihm wusch.

Wut auf sich selbst stieg in ihr auf, heiß und brennend wie Magma aus dem Schlund eines Vulkans, und verdampfte die angenehmen Gedanken. Stattdessen schleuderte ihr Inneres neue Gedanken heraus, die wehtaten. *Wie soll er sich für mich interessieren, wenn ich kein Wort rausbekomme? Ich habe dagestanden wie ein Baum, wie ein Pfahl, wie ein Stück Felsen.* Das Lotterielos in ihrer Tasche – sie hatte es völlig vergessen und nicht eine Sekunde lang daran gedacht, es ihm zu geben. Und das war gut so. Wie dumm und unpassend hätte es gewirkt, ihm so etwas zu schenken. Was hatte sie sich nur dabei gedacht? Morgen würde sie das blöde Ding Kaeo in die Hand drücken.

»Also, dieser Nuan ist bei mir echt unten durch«, schimpfte Sofia, als sie außer Hörweite waren. »Regt sich dermaßen auf, nur weil ich diese komischen Ketten angefasst habe. Ich glaube, der hat sie nicht mehr alle. Ich fand ihn von Anfang an ziemlich seltsam.«

Die Bemerkungen über Nuan wühlten in Ricardas Eingeweiden. Nein, niemals konnte sie mit Sofia darüber reden, was Nuan ihr bedeutete.

Beim Abendessen im Haupthaus, als sie mit Ruangs Familie auf dem polierten Holzboden saßen, gab Sofia ein wenig verlegen zum Besten, was passiert war. Eine Weile sagte niemand ein Wort und Ricarda spürte, dass das ein schlechtes Zeichen war. Schließlich meinte Ruang beiläufig: »Es ist eine alte Tradition der Elefantenleute von

Surin, dass keine Frau ihre Ausrüstung berühren darf. Okay?«

Sofia blickte erschrocken drein. »Oje, das wusste ich nicht. Mist, das tut mir echt leid! Morgen entschuldige ich mich bei Nuan.«

Ja, das ist besser so, dachte Ricarda. Selbst wenn diese seltsame Tradition nicht wäre – niemand mochte es gerne, wenn man in seinen Sachen herumstöberte, und wahrscheinlich hatte es Nuan so empfunden. »Wozu braucht man eigentlich solche Ketten?«

»Ich denke, er wird sie auf seiner Reise hierher gebraucht haben, um Devi nachts an einem Baum festzumachen«, erklärte Ruang. »Selbst ein so weiser Elefant wie sie kann der Versuchung nicht widerstehen auszureißen, wenn nebenan ein Feld mit leckeren saftigen Pflanzen lockt. Für die Bauern ist das kein Scherz; wenn sie sonst nichts besitzen, müssen sie hungern.«

Ricarda nickte. Sie konnte sich gut vorstellen, was die Riesenfüße der Elefanten in einem Feld anrichten konnten.

Wieder einmal goss sich Ruang etwas aus seiner geheimnisvollen Thermoskanne ein und schlürfte es mit achtungsvoller Miene. Das lenkte Ricarda einen Moment lang von ihren Gedanken an Nuan und Devi ab. »Hast du eine Ahnung, was für ein Zeug dadrin ist?«, flüsterte sie Sofia auf Deutsch zu.

»Eisgekühlter Guavensaft mit ein paar Kräuterextrakten«, wisperte Sofia zurück. »Das hat ihm mal ein Schamane, so eine Art Dorfarzt und Magier, gegen Haarausfall empfohlen.«

Ricarda konnte nicht beurteilen, ob Schamanen wirklich brauchbare Ärzte waren – aber der Guavensaft schien zu wirken. Haare hatte Ruang nämlich jede Menge.

»Gulap stellt zweimal im Monat eine Riesenladung von dem Zeug her, füllt es in Flaschen und lässt es von ihrem Bruder in Chiang Mai verkaufen. Und zwar ganz schön teuer.«

»Soso, Gulap ist also eine gerissene Geschäftsfrau«, murmelte Ricarda erstaunt. Plötzlich wurde ihr klar, wer der eigentliche Hauptverdiener – oder eher, die Hauptverdiener*in* – der Familie war. Wahrscheinlich händigte Gulap Ruang auch längst nicht alles aus, was sie einnahm. Denn Geld, das er in die Hände bekam, wurde todsicher sofort in Elefantenfutter investiert.

Taos Mönchsweihe war ein großer Tag für die ganze Familie. Selbst die Elefanten feierten mit. In stundenlanger Arbeit hatten sich Chanida und Seven, der tätowierte *Mahout,* die Mühe gemacht, Mae Suchadas Haut festlich zu bemalen. Verschlungene traditionelle Muster in Gelb, Blau, Grün und Rosa zogen sich über ihren Kopf, Rüssel und Körper. Ricarda und Sofia durften dabei helfen, ihre riesigen Zehennägel mit Öl zu polieren. Als alles fertig war, sah Mae Suchada prachtvoll aus und bewegte sich so würdevoll, als sei sie sich dessen bewusst.

»Das größte Problem bei so was ist immer, sie zum Stillhalten zu bringen«, seufzte Chanida und wischte sich mit dem Ärmel den Schweiß vom bunt gefleckten Gesicht. Das danach noch ein klein wenig schillernder aussah.

Sofia blickte zweifelnd drein. »Und was ist, wenn es regnet? Gibt's dann bunte Pfützen?«

»Red nicht davon, das bringt Unglück!«, stöhnte Chanida.

Ricarda war stolz darauf, dass nicht nur die gesamte Verwandtschaft bei diesem feierlichen Anlass dabei sein durfte, sondern auch sie und Sofia, die beiden Mädchen aus dem weit entfernten Europa. Sie hatten sich beide, so gut es hier ging, aufgestylt und Sofia trug ihre riesigen roten Lieblingsohrringe.

Tao wirkte fröhlich und aufgeregt, anscheinend freute er sich wirklich auf die Zeit im Tempel. Gerade wusch er die Füße seiner Mutter und seines Vaters, das schien zur Zeremonie zu gehören. Dann setzte er sich auf einen Stuhl und legte feierlich die Hände auf Brusthöhe zusammen. Seine älteren Verwandten stellten sich hintereinander auf und jeder von ihnen schnitt Tao eine Haarsträhne ab. Gleichzeitig sprachen sie einige Worte.

»Das ist ein Segen, damit er eine gute Zukunft hat«, erklärte ihnen Chanida leise. »Als Nächstes wird sein Haar ganz abrasiert.«

Einer der orange gekleideten Tempelmönche höchstpersönlich übernahm die Rasur, ernst und feierlich fuhr er mit der Klinge über Taos Schädel, bis er kahl war wie ein frisch gepelltes Ei. Auch die Augenbrauen kamen weg. Jeder von Taos Verwandten goss ihm Wasser über den Kopf, wieder folgten Segenssprüche, dann wurden sein Kopf und Körper mit aromatischen Kräutern eingerieben, um ihn rituell zu reinigen.

Noch sah Tao nicht aus wie ein Mönch, sondern nur wie ein kahler, sehr aufgeregter kleiner Junge. Doch das sollte sich bald ändern. Zuerst legte Tao eine Ehrenrunde auf dem Rücken der festlich bemalten Mae Suchada ein, damit auch alle Nachbarn Bescheid wussten und ihm Glück wünschen konnten. Dann ging es los zum Tempel. Aufgeregt redend zwängten sich Ruang, Gulap, die Großmutter mit den schwarzroten Zähnen, diverse Onkel und Tanten und natürlich Chanida und Kaeo in Autos. Mit etwas Mühe fanden auch Sofia und Ricarda noch Platz. Ricarda saß neben einem Onkel und Kaeo flüsterte ihr zu, dass er es war, der den Geistern einmal eine Flasche Whisky spendiert hatte. Der Onkel roch ziemlich nach irgendeinem Schnaps, weshalb Ricarda froh war, als sie endlich in Lampang bei Taos zukünftigem Tempel ankamen.

»Hier wird er also wohnen«, meinte Sofia nachdenklich, als sie der Verwandtschaft zu einer großen, mit prachtvollen Schnitzereien verzierten Halle folgten. »Ich würde gerne mal wissen, was die jungen Mönche den ganzen Tag machen.«

»Wahrscheinlich müssen sie viel meditieren und bekommen von den älteren Mönchen Unterricht«, vermutete Ricarda. »Wir können Kaeo ja nachher fragen.«

Im Tempelinneren, vor einem majestätischen Buddhabildnis, sank Tao auf die Knie und verbeugte sich dreimal; die orangefarben gekleideten Mönche versammelten sich um ihn und ein ritueller Gesang begann. Manchmal sang Tao Antworten, dann wieder waren die Mönche dran. Tao sah sehr ernst und konzentriert aus.

»Er hat die ganze letzte Woche geschwitzt, weil er Angst hatte, seinen Text zu vergessen«, flüsterte ihnen Chanida zu. »Die ganze Zeremonie ist nicht in Thai, sondern in Pali, einer uralten rituellen Sprache. Das macht die Sache ganz schön schwierig, weil man die meiste Zeit selbst nicht versteht, was man sagt.«

Ein paarmal geriet Tao ins Stocken und die ganze Verwandtschaft hielt den Atem an. Aber die Mönche wirkten nicht streng, sondern freundlich und geduldig; jedes Mal flüsterte einer von ihnen Tao die passenden Stichworte zu, sodass er wieder in Gang kam. Als Nächstes legte ihm der ranghöchste Mönch ein orangefarbenes Tuch über die Schulter und Tao entfernte sich, um sich umzuziehen. Als korrekt gekleideter, verlegen lächelnder junger Mönch kam er wieder zum Vorschein. Erneut begann ein Wechselgesang, in dem die Mönche zu ihm sprachen und Tao einen Teil davon wiederholte.

»Jetzt bekommt er die Gebote gesagt, die er einhalten muss als Mönch«, erklärte Chanida leise. »Man muss sich sehr tugendhaft verhalten, es gibt eine Menge Regeln.«

Es war ein langwieriges Ritual und da Ricarda kein Wort verstand, wurde ihr allmählich langweilig. Auch Sofia wurde zappelig. Sie beide waren froh, als die Zermonie überstanden war und die Verwandtschaft zurückkehrte ins Refuge, um das Ereignis angemessen mit einem Festmahl zu feiern. Da keiner der vielen Onkel und Tanten Englisch sprach und Chanida kaum Zeit hatte, mit den Gästen aus Europa zu plaudern, zogen sich Sofia und Ricarda bald zurück. Nachdem sie sich gut mit

Autan eingeschmiert hatten, breiteten sie unter einem großen Baum eine Decke aus – zum Glück war der Boden trocken genug – und machten es sich darauf bequem. Ricarda blickte mit hinter dem Kopf verschränkten Armen in den Himmel, wo ein bleicher Mond am blauen Taghimmel schwebte. Geisterhaft sah das aus und wunderschön, wie hingehaucht. Sie musste an Nuan denken, wie schon so oft in den letzten Tagen und Stunden. Ob er noch wütend war wegen der Sache mit seiner Tasche?

Sie unterhielten sich eine Weile über Mönche, das Nirwana und was im Refuge gerade so geschah. Ricarda genoss es, mit Sofia zu reden, mit niemandem konnte man so gut herumblödeln und philosophieren wie mit ihr. Doch dann wechselte Sofia plötzlich das Thema. »Wie läuft es eigentlich mit dir und Fabian?«

Einen Moment lang war Ricarda verwirrt. »Fabian? Äh, ja, wieso?«

Sofia wälzte sich auf den Bauch, stützte sich auf die Ellenbogen und lächelte verschmitzt. »Er ist heimlich in dich verliebt, schon lange, glaube ich. Lilly hat ihn mal ganz direkt danach gefragt und er hat alles gestanden. Fand ich ganz schön mutig von ihm, die meisten hätten einfach gesagt *Erzähl keinen Scheiß* oder so was.«

»Ja, ganz schön mutig. Aber mir hat er es noch nicht gesagt.« Langsam, widerwillig, kehrten Ricardas Gedanken nach Deutschland, zu ihren Freunden dort, zurück. Fabian war seit Jahren Teil ihres Bekanntenkreises und manchmal trafen sie sich auch allein. Ja, sie hatte ab und zu den Verdacht gehabt, dass er in sie verliebt war. Aber was hieß das denn für sie? War das eine Verpflichtung, mit der sie irgendwie umgehen sollte oder musste?

»Du magst ihn auch, oder?«, fragte Sofia.

Ricarda nickte. Klar mochte sie Fabian, sie waren ja schon seit Ewigkeiten befreundet, aber ihr Gefühl für ihn war so ganz anders als das für Nuan. Er war in ihrem Kopf und in ihrem Herzen, und an ihn zu denken, war jedes Mal ein Fest. Es fühlte sich an, wie den Duft einer Blume einzuatmen oder zum ersten Mal nach einem langen Winter die Frühlingssonne auf dem Gesicht zu spüren.

»Habt ihr euch schon mal geküsst?« Sofia ließ nicht locker.

Ricarda war irritiert. Was hatte Sofia davon, wenn sie versuchte, ihr Fabian schmackhaft zu machen? Wahrscheinlich wollte sie nur, dass sie beide glücklich waren. Fabian, der endlich seine wahre Liebe bekam, und Ricarda, die endlich einen Freund hatte, der fast genauso schüchtern war wie sie. Ja, wäre schön gewesen. Würde aber nicht passieren.

»Ich glaube, mit Fabian und mir, das würde nicht so gut funktionieren«, sagte Ricarda vorsichtig. Sie dachte daran, wie es mit Nicolas gewesen war, damals vor einem Jahr. Nicolas aus der Parallelklasse, lange ein Gesicht ohne Namen für sie, bis sie ihm zufällig in einem Café begegnet war. Online hatten sie drei Stunden am Stück miteinander geschrieben. Später war ihr Ritual gewesen, sich beim Kuscheln auf der Couch gegenseitig etwas vorzulesen, und Ricarda war oft zu Veranstaltungen seiner

Fantasy-Rollenspielgruppe mitgekommen. Er hatte einen guten Magier abgegeben, so gut, dass der Zauber jedes Mal ein klein wenig auf den alltäglichen Nicolas abgefärbt hatte: den mit den unerträglich stinkenden Chucks, den aufdringlichen Zungenküssen und dem üblen, hessisch klingenden Französisch, mit dem er sich beim Urlaub in Arles blamierte. Nein, wirklich gut zusammengepasst hatten sie nicht. So, wie auch sie und Fabian eigentlich nicht zusammenpassten.

»Oh, warum denn?« Sofia klang enttäuscht. »Ihr hängt doch sowieso die meiste Zeit zusammen herum.«

»Die meiste Zeit? Quatsch. Klar, in der Schule sehen wir uns, aber am Nachmittag oder abends treffen wir uns höchstens zweimal die Woche.«

»Wäre nur schade, wenn er sich falsche Hoffnungen machen würde.«

»Du meinst, es wäre besser für ihn, wenn ich den Kontakt abbreche?«

»Rica, wie bist du denn drauf? Natürlich nicht. Er würde ewig nicht darüber hinwegkommen, dass du nichts mehr von ihm wissen willst.«

Ricarda nickte. Das wäre ähnlich, wie von Nuan schroff zurückgewiesen zu werden. Nein, Sofia lag schon richtig, sie musste behutsam mit Fabians Gefühlen umgehen. Er hatte ein Recht darauf, sie zu lieben. Aber sie hatte auch ein Recht darauf, ihn *nicht* zu lieben!

»Schade, dass wir hier keinen Empfang haben und Nachrichten schreiben können«, sinnierte Sofia. »Ich würde Marco, Lilly und Fab total gerne erzählen, was wir hier erleben. Chanida hat gesagt, in Lampang gibt es einige Cafés mit stabilem WLAN.«

»Eigentlich müsste ich meine Eltern mal wieder auf dem Laufenden halten. Aber ich habe irgendwie gar keine Lust, Nachrichten zu schreiben.« Ricarda schaute einem Gecko nach, der mit blitzschnellen, ruckartigen Bewegungen auf dem Baumstamm herumhuschte. Nein, Nachrichten gehörten nicht in diese Welt, die Welt des Elephant Refuge. In Nachrichten musste sie verschweigen, was ihr wirklich wichtig war, und das wurde bestimmt schnell anstrengend. Was sie für Nuan fühlte, ging niemanden etwas an. Noch nicht. Vielleicht nie.

»Hm, ich habe schon Lust darauf. Soll ich Fabian von dir grüßen?«

»Ja, klar, gute Idee – und Lilly natürlich auch«, sagte Ricarda und dann mussten sie zum Hauptgebäude rennen, denn es war Zeit für den täglichen Regenguss. Schon zerplatzten die ersten Riesentropfen auf dem Boden, winzige Wasser- und Staubfontänen spritzten hoch. Eine Minute später ging es richtig los und das Prasseln war so laut, dass man sich kaum unterhalten konnte. Blätter wurden von den Bäumen gepeitscht, die Zweige bogen sich tief unter der Gewalt des Sturms. Wenn man aus dem Fenster blickte, sah man nur eine graue Wand aus Wasser.

»Ich glaube, wenn das vorbei ist, fahre ich nach Lampang – ich wollte ja gestern schon fahren«, meinte Sofia. »Und heute ist auf dem Übungsplatz sowieso das totale Schlammbad.«

Ricarda zuckte die Schultern. »Das gehört eben dazu.«

Beim Training stellte sie fest, dass es sich sogar ganz lustig anfühlte, mit bloßen Füßen durch den Matsch zu waten. Seidenweich. Auch Daeng platschte munter durch die Pfützen, die Übungen schienen ihr Spaß zu machen. *Daeng achtet dich,* kamen ihr Nuans Worte wieder in den Sinn. *Du machst es richtig.*

Fröhlich tätschelte Ricarda ihrer Elefantin den Rüssel. »So, meine Schöne, jetzt wollen wir mal.« Daeng antwortete mit einem tiefen Rumpeln, das sie auch manchmal mit den anderen Elefanten austauschte. Ricarda bat sie, das Vorderbein zu heben, und hangelte sich an der Seite ihres Kopfes hoch bis zu ihrem Nacken. Das Aufsteigen klappte schon ziemlich gut.

Sie gingen die Kommandos durch, die Ricarda schon konnte, dann zeigte ihr Kaeo einen neuen Befehl – diesmal »Heb auf«. Geduldig klaubte Daeng immer neue Dinge vom Boden – einen Zweig, ein Taschentuch, eine Kokosnuss –, wölbte den Rüssel über den Kopf und reichte ihre Fundstücke dem Mädchen auf ihrem Rücken.

»Ein sehr praktisches Kommando«, fand Ricarda. »Dann muss man nicht jedes Mal absteigen, wenn einem etwas heruntergefallen ist. *He!*«

Daeng hatte die Kokosnuss in ihr Maul befördert. Es krachte und knackte und die Nuss war verschwunden.

Ricardas gute Stimmung hielt genauso lange an, bis Sofia zurückkam. Sie hatte sich zwei neue Tops in ihren Lieblingsfarben Lila und Orange gekauft, die sehr gut zu ihren dunklen Locken passten. Außerdem zog sie ein bunt bedrucktes Tuch, das man zum Bikini um die Hüften schlingen konnte, aus dem Rucksack.

»Wird im Freibad bestimmt gut ankommen«, sagte Ricarda. Schade, dass Sofia ihr nicht auch eins mitgebracht hatte. Aber sie wollte nicht meckern.

»Es war gar nicht so schwer, ein Café mit WLAN zu finden«, erzählte Sofia und berichtete, was es von Marco, Lilly und ihren anderen Freunden Neues gab. »Fabian hat übrigens eine ganz lange Nachricht geschrieben. Er wollte wissen, wie es dir geht – ich habe ihm gesagt, dass du total begeistert von den Elefanten bist. Dass man dich kaum noch von ihnen wegkriegt.« Sofia lachte.

Das stimmt, dachte Ricarda. Und doch war es so viel mehr als das …

Am Sonntag wurde nicht trainiert. Sofia zog sich gemütlich in einen Liegestuhl zurück und nahm sich einen Band Ali Hazelwood vor, Ricarda hatte den neuen Fantasyroman von Rebecca Yarros dabei und genoss es, auch mal richtig faul sein zu können. Doch dann kam Kaeo vorbei und meinte: »Habt ihr Lust, bei der Fußpflege zu helfen?«

»Hab mich gerade festgelesen«, winkte Sofia ab.

Ricarda war hin- und hergerissen, entschied sich aber dann fürs Mithelfen. Kaeo nickte lächelnd, er schien sich zu freuen. Während Ricarda neben ihm herging, dachte sie darüber nach, warum sich Sofia immer weniger für die Elefanten interessierte, obwohl sie so scharf darauf gewesen war, nach Thailand mitzufahren. Vielleicht war der Reiz des Neuen weg. Auch daheim wechselte sie schließlich ihre Hobbys in atemberaubender Geschwindigkeit. Allein im letzten Jahr hatte sie das Gitarrespielen, das Spanischlernen und die Mitarbeit bei den Rettungsschwimmern abgehakt.

Daeng hatte nicht viel Lust auf Fußpflege und ließ sich bitten, bevor sie endlich nacheinander die Füße hob. Kaeo inspizierte sie sorgfältig. »Wenn Elefant sich einen Dorn oder spitzen Stein in den Fuß tritt, dann entzündet sich, wenn du nichts machst«, erklärte er. »Gefährlich außerdem sind Risse im Fuß, das muss weg. Und Nägel müssen schön kurz sein. Normalerweise in Natur nutzen sich ab, aber hier nicht genug.«

Er begann, mit einer Feile an Daengs Nägeln und ihrem Fußbett herumzuraspeln. Zum Glück war Daeng nicht kitzelig wie Mae Suchada und das Problem bestand eher darin, dass die ganze Prozedur ihr langweilig wurde. Deshalb bekam Ricarda die Aufgabe, sie mit Lob und kleinen Belohnungen abzulenken, während Kaeo sich den riesigen runden Füßen widmete. Ricarda war froh, dass sie nicht selbst alle vier Füße pflegen musste, beim ersten Versuch hielt sie nur zehn Minuten durch, dann wurden ihr die Arme lahm und in der warmen, feuchten Luft lief ihr der Schweiß über Gesicht und Rücken. Ihr T-Shirt hatte schon peinliche Schwitzflecken.

Wo Nuan wohl gerade war? Sie hatte ihn den ganzen Vormittag über nicht gesehen. Ricarda hatte keine Lust, zu ihrem Roman zurückzukehren, stattdessen schlenderte sie über das Gelände und hielt Ausschau. Dabei kam sie an Laona vorbei. Noch immer verbrachte Ruang einen großen Teil des Tages mit ihr. Immerhin wirkte sie schon ein wenig ruhiger, ließ sich sogar von Ruang berühren. Angst dagegen hatte Laona vor Dejan, dem Tierarzt des Refuge. Er hatte beinahe kupferfarbene Haut und ein flaches, zerfurchtes Gesicht. Jeden Tag kam er, um nach der Wunde an Laonas Bein zu sehen.

»Hat sich gemerkt, dass von mir Spritzen bekommt«, lachte Dejan, als Laona mal wieder mit dicht an den Kopf gepressten Ohren vor ihm zurückwich.

Ruang reichte der Elefantin einen Klumpen Zuckerrohrbrei, eine begehrte Leckerei. Laona nahm ihn an, zögerte dann aber und steckte ihn nicht ins Maul. Stattdessen legte sie ihn auf den Boden, wühlte mit dem Rüssel darin herum, beförderte ein paar darin versteckte Tabletten heraus und fraß dann den Rest. Ruang und Dejan seufzten.

»Ist schwer, Elefanten Medizin zu geben, sie wittern einfach alles«, meinte Ruang, als er Ricardas fragenden Blick bemerkte. »Ihr Pech, dann muss sie eben wieder eine Spritze bekommen. Okay?«

Und Dejan machte seine Ausrüstung bereit.

So interessant das alles war, so schnell kehrten Ricardas Gedanken wieder zu Nuan zurück. Hatte sich Sofia eigentlich schon bei ihm entschuldigt? Nein, das hätte sie mitbekommen. Ärger stieg in Ricarda auf. Es wäre doch wirklich nicht schwer, so ein paar Worte zu sagen, und sie würde nicht mal einen Übersetzer brauchen, weil Nuan ja Englisch sprach!

Sie entdeckte Nuan auf einem der Übungsplätze. Außer

ihm war niemand hier, die anderen *Mahouts* waren heute, am Sonntag, bei ihren Familien, Chanida lag in der Hütte und Tao erlebte seinen ersten Tag im Tempel.

Diesmal wagte sie es. Sie beobachtete ihn nicht heimlich wie das letzte Mal, versteckte sich nicht im Gebüsch. Stattdessen ging sie weiter, überwand sich, setzte einen Fuß vor den anderen. Ricarda stieß die Luft aus den Lungen. War gar nicht so schwer gewesen. Sie hockte sich auf einen der Baumstämme, die den Übungsplatz vom restlichen Gelände abgrenzten. Sehr gemütlich war es nicht, nach zwanzig Minuten würde ihr Hintern wehtun. Egal. Es war aufregend, Nuan ganz offen zuzuschauen. Und ehrlicher als das heimliche Beobachten, fand Ricarda. Sie hatte ein besseres Gefühl dabei.

Als Nuan sie bemerkte, hob er kurz die Hand zum Gruß und Ricardas Herz schlug einen Salto. Es hatte sich schon gelohnt, sich hier in Sichtweite hinzusetzen. Jetzt musste sie nur noch schaffen, mit ihm zu sprechen. Doch allein beim Gedanken daran brach ihr wieder der Schweiß aus.

Wie blöd, dass sie ihre Querflöte zu Hause gelassen hatte. Sprechen war schwer, spielen war leicht und möglicherweise hätte sich Nuan über die Musik gefreut. Andererseits, die traditionelle thailändische Musik war völlig anders als die westliche, vielleicht klangen ihre Melodien in seinen Ohren schräg und fremdartig …

Zurück in ihrer Bambushütte holte sie das kleine goldene Notizbuch mit den azurblauen Katzen heraus, in das sie manchmal Gedanken, Bemerkungen, Beobachtungen kritzelte. Es drängte sie danach, etwas zu schreiben. Sofia las noch immer und war nicht ansprechbar, wahrscheinlich bemerkte sie nicht einmal, was Ricarda machte.

Langsam stieg eine Idee in ihr auf. Eine Geschichte. Nein, ein Märchen schreiben. Eins, das ganz ihr gehörte. Kurz überlegte Ricarda, ob sie auf Deutsch oder Französisch schreiben sollte. Doch das Französisch gehörte zu sehr zu ihrem Vater. Nein, lieber nicht.

Ihr Stift huschte über das Papier.

Vor langer Zeit lebte ein junger Mann namens Nuan. Er war der Sohn eines Fürsten aus dem Reich Surin und berühmt für seine Unerschrockenheit und sein Mitgefühl für die Armen. Manchmal streifte er unerkannt durch das Land, in der Verkleidung eines Bettlers, um zu erkunden, wie es den Menschen ging, um sich ihre Sorgen und Nöte anzuhören. Oft ritt er dabei auf seiner Elefantin Devi, einem Tier von großer Klugheit. Sein Vater duldete diese Ausflüge. Nur manchmal mahnte er seinen Sohn, sich in der Kriegskunst zu üben, statt so seine Zeit zu verschwenden. Doch Nuan versteckte das wertvolle Schwert, das ihm sein Großvater vererbt hatte, lieber in einer geheimen Kammer des Palasts und zog wieder hinaus in die Dörfer.

Eines Tages verliebte Nuan sich bei seinen Wanderungen in ein Mädchen namens Ricarda. Sie war die Tochter des Ortsvorstehers und las viele Bücher, um Gelehrte zu werden. Doch manchmal fand sie neben ihren Studien Zeit, an einem versteckten Ort auf ihrer Flöte zu spielen; Nuan lauschte ihr heimlich und fühlte sich wie verzaubert.

Es war in Surin nicht üblich, dass ein Mädchen einfach so mit einem fremden Mann sprach. Nuan wusste nicht, wie er sich dem Mädchen nähern und es kennenlernen konnte, ohne es in Verlegenheit zu bringen oder seine Familie zu verärgern. Vielleicht war Ricarda ja auch schon einem anderen versprochen. Als er traurig unter einem Baum lag und nachdachte, da begann auf einmal seine treue Elefantin Devi zu sprechen.

»Vielleicht kann ich dir helfen«, sagte sie. »Wenn du bei Vollmond den Saft der silbernen Palme trinkst, kannst du ihr im Traum erscheinen. Und ihr deine Gefühle gestehen.«

Dankbar tat Nuan, wie Devi es ihm vorgeschlagen hatte. Er traf Ricarda in ihrem Traum und gestand ihr, dass er sie liebte.

»Wer bist du?«, fragte Ricarda, doch er wagte nicht, ihr seinen wahren Namen zu offenbaren. Und so antwortete er nur: »Der Prinz des Mondes.« Drei Nächte hintereinander teilte er ihre Träume und schaffte es dabei, Ricardas Herz zu gewinnen.

Ein Märchen, ja, und viel zu schön, um jemals wahr zu werden. Ricarda musste über sich selbst lächeln. Schluss für heute, sie würde ein andermal weiterschreiben. Sie klappte das Notizbuch zu und dachte darüber nach, wo sie das Notizbuch verstecken könnte – ganz hinten in ihrem Schrank? Nein, da lag das verfluchte Fernglas. Stattdessen schob Ricarda das Notizbuch schnell in eine Seitentasche des Koffers, als Sofia gerade im Bad war.

Am nächsten Morgen – Sofia schlief noch tief – quälte sich Ricarda mühsam bei Sonnenaufgang aus dem Bett, um mit Gulap auf den Markt in Lampang zu gehen. Die Versuchung, liegen zu bleiben, war riesengroß und Ricarda gewann den Kampf gegen ihren inneren Schweinehund nur mit knappem Vorsprung. Aber sie wollte unbedingt mit.

Sie ahnte, dass sie selbst und Gulap auf das Gleiche hofften – darauf, Tao mit den anderen Mönchen zu sehen, vielleicht kurz mit ihm reden zu können, zu erfahren, wie seine erste Zeit im Tempel sich angefühlt hatte. Schon jetzt vermisste Ricarda ihn, seine zutrauliche Freundlichkeit, seine Freude darüber, wenn sie es geschafft hatten, sich mit Gesten zu unterhalten, sein verschmitztes Lachen. Gulap hatte einen Behälter mit Essen dabei; Ricarda ahnte, dass er Taos Lieblingsspeisen enthielt.

Ah, da waren die Mönche und tatsächlich, Tao war bei ihnen. Ricarda strahlte. Glück gehabt!

Gulap grüßte die heiligen Männer und ihren Sohn respektvoll mit einem *Wai*, dann stellte sie das vorbereitete Essen vor ihn hin. Tao hob es auf. Ein flüchtiges Lächeln glitt über seine Züge, doch sein Gesicht wurde wieder so unbeteiligt und verschlossen wie das der anderen Mönche. Ohne Dank, ohne ein Wort ging er mit den anderen weiter.

Die Freude sickerte aus Ricarda heraus. Natürlich, er hatte so reagieren müssen, was hatte sie erwartet? Gleichgültig folgte sie Gulap, während die ihre restlichen Einkäufe erledigte. Sie ahnte, dass sie Tao vor ihrer Abreise nicht wiedersehen würde.

An diesem Tag stand ein Ausritt mit den Elefanten auf dem Programm. Auf matschigen Pfaden trotteten Mae Suchada, Daeng, Mae Jai Di und zwei andere Elefanten durch den Dschungel. Ricarda versuchte vergeblich, Daeng vom Naschen abzuhalten. Alle paar Meter hielt sie an, um ein paar leckere Blätter abzurupfen, oder sie riss eine saftige Kletterpflanze herunter, um sie mit dem Rüssel ins Maul zu befördern.

»*Yaa!* Hör auf!«, rief Ricarda ärgerlich – es kam ihr immer noch etwas seltsam vor, etwas zu sagen, was wie »Ja!« klang, wenn ihr Elefant sich danebenbenahm. Sie befahl Daeng vorwärtszugehen. Doch diesmal hatte sie nicht den Eindruck, dass ihre Elefantin auf sie hörte. Erst als die anderen Elefanten schon ein ganzes Stück entfernt waren, bequemte Daeng sich, Ricardas »*Pai, pai!*«-Rufe zu beachten und den anderen zu folgen.

»Mensch, ihr seid ja zwei Trödeltanten heute!«, grinste Sofia, als sie ausnahmsweise mal nah hintereinanderritten.

»Wieso zwei?« Ricarda entschied sich für härtere Maßnahmen und hielt Daeng den *Ankush* hin, sodass sie ihn sehen konnte. »Schau mal da, weißt du, was das ist? Los, ein bisschen flotter, bitte!«

Daeng stieß ein tiefes, rumpelndes Geräusch aus, vielleicht eine Antwort. Wahrscheinlich eine freche, denn schneller ging sie danach nicht.

Trotz allem war es ein schöner Ritt. Daengs wiegende Schritte trugen sie immer tiefer in den Wald hinein. Dichtgrün wucherte der Dschungel um sie herum, die Luft roch nach Pflanzen und feuchter Erde. Dort, wo Lichtstrahlen durch das Blätterdach drangen, tummelten sich Schmetterlinge, klein und bunt wie in die Luft geworfenes Konfetti. Als sie einen Waldbach durchquerten, sichtete Ricarda einen Reiher mit schlankem rötlichen Hals, der bewegungslos auf einem Stein hockte und sie beobachtete.

Dann ging es bergauf und sie kamen an einen steilen, matschigen Hang mitten im Wald. Fast senkrecht ging es dort nach oben, überall ragten die Reste von abgestorbenen Baumstämmen spitz aus dem Boden. Nicht mal zu Fuß hätte sich Ricarda da raufgetraut, höchstens auf Händen und Knien. Ungläubig und entsetzt sah Ricarda, dass Ruang mit Mae Suchada direkt auf den Hang zuritt. Niemals kommen wir da hoch, schoss es Ricarda durch den Kopf, doch dann begann Daeng auch schon zu klettern. Mit sicherem Tritt, ohne jede Probleme.

»Hier kann man sich nirgendwo festhalten!«, rief Sofia, die hinter Mae Jai Dis Kopf saß. »Ich glaube, ich rutsche gleich runter!«

»Pack sie an den Ohren«, riet ihr Ricarda, befolgte gleich ihren eigenen Tipp und überließ es Daeng, sich ihren Weg den Hang hinauf zu suchen. Schlagartig konnte sie sich vorstellen, wie es früher in Thailand gewesen sein musste, als es außerhalb der Ortschaften nur wenige Straßen gab. Zur Regenzeit versank das Land im Matsch und wer durch den Dschungel von einem Ort zum anderen reisen musste, der schaffte das nur auf dem Rücken eines Elefanten.

Nur einmal zögerte Daeng an einer Stelle und sofort hörte Ricarda wieder das eigenartige Pochen in der Luft, das ihr schon ganz zu Anfang aufgefallen war. Es klang, als würde irgendwo in der Ferne ein Lastwagen angelassen. Oder als seien schwere Maschinen auf einer Baustelle in Aktion. Aber es waren die Elefanten, die diese Geräusche ausstießen! Daengs ganzer Körper vibrierte.

Ruang hatte ihre Schwierigkeiten bemerkt und kam mit Mae Suchada zurück, um ihr zu helfen.

»Was ist das, dieses Geräusch?«, fragte Ricarda fasziniert.

»Sie reden«, erwiderte Ruang. »Mit Tönen, die zu tief für unsere Ohren sind. Für ihre Ohren auch. Sie spüren es mit den Fußsohlen.«

Verblüfft blickte Ricarda auf Mae Suchada, die Daeng gerade mit einem tiefen Rumpeln Mut zu machen schien. Diese Tiere schafften es doch jeden Tag aufs Neue, sie zu überraschen!

Mae Suchadas Unterstützung schien zu wirken, Daeng setzte sich wieder in Bewegung und es konnte weitergehen.

Im Refuge wartete auf die Rückkehrer eine Überraschung – ein wohlhabender Geschäftsmann aus Chiang Mai hatte der Elefantenherde eine Ladung Obst gestiftet. Seven und Djorakhee waren gerade fertig damit, sie abzuladen. Gierig begannen zehn ausgewachsene Elefanten und zwei Kälber, sich mit Ananas, Guaven, Mangos und Bananen vollzustopfen.

Ricarda schaute sich das Spektakel vom Waldrand aus an, um die Elefanten nicht beim Fressen zu stören. Bis auf ihre Geräusche war es still und friedlich im Refuge. Ruang war mit dem roten Toyota in der Stadt, um irgendetwas zu erledigen. Die anderen *Mahouts* machten Pause und waren nicht in Sicht, nur Seven hielt gerade in der Nähe seinen Mittagsschlaf, die schmalen, tätowierten Arme schlaff über der Brust gekreuzt. Er konnte sogar auf einem Stuhl sitzend einnicken und tat das auch regelmäßig, wenn er mal einen Moment Zeit hatte. Am Abend war er dafür richtig munter, dann fuhr er nach Lampang, wo er – wie Sofia über seinen Instagram-Post erfahren hatte – Homepages für Kleinunternehmen entwickelte.

Sofia und Chanida plauderten in luftiger Höhe auf der Veranda des Haupthauses miteinander.

»Komm rauf!«, rief Sofia, doch Ricarda dachte an den Ausflug nach Chiang Mai und winkte ab. Wahrscheinlich würde sie sich wieder fühlen wie ein fünftes Rad am Wagen. Viel lieber war sie in Nuans Nähe. Er saß im Schneidersitz neben Devi, zufrieden beobachtete er das Festmahl seiner Elefantin. Devi sah schon etwas besser aus als zum Zeitpunkt ihrer Ankunft. Ihre Stirn wirkte nicht mehr so eingefallen und ihre Rippen waren nicht mehr so stark zu sehen. Das gute Futter im Refuge zeigte Wirkung.

Noi tollte unter den riesigen Bäuchen der Erwachsenen herum und versuchte, sich eine Kokosnuss zu angeln. Sie schaffte es zwar, aber dann musste sie feststellen, dass sie die Nuss nicht knacken konnte. Frustriert trat sie mit den Füßen darauf herum, ohne dass etwas passierte.

Spontan tauschten Nuan und Ricarda einen amüsierten Blick. Ricarda fühlte, wie ihr Herz zu klopfen begann. Wie vertraut er und sie sich in manchen Momenten waren. Und das, obwohl sie bisher nur ein paar Worte gewechselt hatten.

Ob sie es wagen konnte, sich zu ihm zu setzen? Wie er wohl reagieren würde?

Doch bevor sie sich entscheiden konnte, rief ihm jemand etwas in Thai zu, anscheinend einer der *Mahouts,* und Nuan verschwand in Richtung der Hütten.

Ricarda träumte vor sich hin, überlegte, wie sie ihr Märchen weiterschreiben wollte … und die Wörter, die Sätze, flogen ihr zu wie Schwalben auf pfeilschnellen Flügeln.

Doch dann brach Unheil über das Reich herein. König Arakhar, der über das Nachbarreich Kharos herrschte, versuchte, Surin zu erobern, und fiel mit seiner Armee über das Land her. Nuan musste schnellstens zum Palast seines Vaters zurückkehren und ihn unterstützen. Als Heerführer sollte er neben seinem Vater in die Schlacht ziehen. Das Herz wurde ihm schwer, weil er die Kriegskunst hasste und das Leid fürchtete, das der Krieg über sein Volk und Ricarda bringen würde. In seiner Verzweiflung bat er seine kluge Elefantin Devi erneut um Rat und hoffte, sie würde noch einmal zu ihm sprechen.

Und tatsächlich, so geschah es. »Vielleicht kann ich dir helfen«, sprach Devi. »Schreibe dem fremden König einen Brief mit der Bitte um Frieden und lass ihn im Tempel Wat Phra That segnen. Wenn Arakhar den Brief vernichtet, wird ein Fluch über ihn kommen und ihn töten.«

Nuan tat, wie sie ihn geheißen hatte. Aber er hatte Pech – der Brief wurde zwar vernichtet, doch nicht vom König selbst, sondern von einem Bediensteten. Das gewaltige Heer König Arakhars wälzte sich weiterhin Surin entgegen.

Etwas riss Ricarda aus ihren Gedanken. Kein Geräusch, sondern gerade die Abwesenheit von Geräuschen. Hatten alle Vögel gemeinsam beschlossen, jetzt das Singen einzustellen? Hörte sich fast so an. Auch die Elefanten schwiegen. Die meisten hatten aufgehört zu fressen, die Ohren abgespreizt und den Rüssel gehoben.

Sie alle blickten in Ricardas Richtung. Schuldbewusst versuchte Ricarda festzustellen, ob sie irgendetwas getan hatte, um die Tiere zu verärgern. Hatte der Wind gedreht und fühlten sich die Elefanten von ihrer Witterung gestört? Nein, konnte nicht sein, die Tiere kannten sie doch inzwischen, sie war keine Fremde mehr für sie.

Da schob sich ein Schatten zwischen sie und die Sonne.

Ein riesiger Schatten.

IN NOT

Ricarda blickte hoch. Und wusste sofort, welchen Elefanten sie vor sich hatte – sie erkannte seine Silhouette und gleich darauf seinen Geruch. Der Geruch eines Elefantenbullen in der *Musth*.

Khanom. Das ist Khanom. Keine fünf Meter von ihr entfernt. Deutlich sah sie die feuchten Streifen, die sich über seine Schläfen zogen, die wütenden kleinen Augen. Er musste sich irgendwie losgerissen und seine Kette gesprengt haben! Khanom ragte vor ihr auf wie ein Berg, ganz genau konnte sie seine rissige, faltige graue Haut erkennen, seine Säulenbeine, jedes einzelne so groß wie die ganze Ricarda. Ein paar Momente lang konnte sie den Blick nicht von diesen Beinen abwenden. Seine Fußnägel hatten die Farbe dreckigen Elfenbeins. Ein paar Grashalme ragten platt gedrückt unter Khanoms Fußsohlen hervor.

Angst rieselte eisig durch Ricardas Körper, instinktiv duckte sie sich, machte sich klein. Doch Khanom schwenkte den massigen Kopf mit dem einzelnen Stoßzahn in ihre Richtung, er hatte sie gesehen und es gefiel ihm nicht, dass sie da war. Sein Rüssel tastete rastlos herum. Sie sah, dass er Luft einsog, ihre Witterung aufnahm. Erinnerte er sich noch an sie? Ja, sicher, Elefanten hatten ein verdammt gutes Gedächtnis, das war mehr als nur ein Sprichwort. Aber welche Erinnerungen waren das? Keine guten jedenfalls, sie und Sofia hatten ihn einfach nur begafft, als er am Baum angekettet gewesen war. Allerdings konnten es auch keine schlechten Erinnerungen sein, sie hatten ihm nichts getan. Reichte das? Wohl kaum, wenn man richtig üble Laune hatte.

Nichts wie weg hier. Aber besser, sie rannte nicht davon, sie hatte keine Ahnung, wie Khanom darauf reagieren würde. Ricarda richtete sich ganz langsam auf und trat hinter den Baum, versuchte, ihn als Schutzschild zu benutzen. Immerhin, der Baum war so groß, dass er ihren Körper ganz verdeckte, sehen konnte Khanom sie jetzt nicht mehr. Natürlich wusste er trotzdem, dass sie da war, er hatte sie ja vorhin gesehen und außerdem witterte er sie garantiert immer noch.

Ricarda drückte sich gegen den Stamm, spürte die raue, sonnenwarme Rinde. Brachte es was, sich hier zu verstecken? Der Baum war zu dick, um ihn einfach umzuwerfen. Aber Khanom konnte sie wahrscheinlich mit dem Rüssel aus ihrem Versteck hervorziehen, wenn ihm danach war. Ricardas Herz hämmerte wie wild gegen ihre Rippen und ihr ganzer Körper fühlte sich zittrig an. Würde er sie zertrampeln, sie gegen einen Baum werfen? Würde er von ihr ablassen, wenn sie sich tot stellte, oder interessierte ihn das gar nicht? Sollte sie versuchen zu schreien, Krach zu machen, um ihn dadurch vielleicht zu irritieren? Elefanten waren schreckhafte Tiere und trotz ihrer Größe erstaunlich ängstlich. Nein, das galt garantiert nicht für Bullen im Hormonrausch; wenn Ricarda jetzt irgendetwas Blödes tat, würde ihn das eher noch wütender machen.

Ricarda dachte darüber nach, ob sie um Hilfe rufen sollte. Sie schaute hinüber zum Haupthaus und sah, dass auch Chanida und Sofia den Bullen gesehen hatten, sie waren aufgesprungen, schrien. Doch aus der Entfernung verstand Ricarda kaum etwas, denn nun begannen die anderen Elefanten der Herde zu trompeten, tief und kehlig die älteren, schrill die jüngeren. Sie schlossen sich eng zusammen und blickten alle in Khanoms Richtung. Viel mehr konnte Ricarda von ihrem Standort aus nicht erkennen.

Vorsichtig lugte sie hinter dem Baum hervor, um zu sehen, ob Khanom inzwischen das Interesse an ihr verloren hatte. Erschrocken fuhr sie zurück, als sie seine riesige Stirn sah, noch näher als zuvor. Gleich darauf schrammte sein Stoßzahn am Stamm ihres Baumes vorbei, ließ ein paar Handbreit Rinde abbröckeln. Ricarda blieb die Luft weg vor Angst. Aus der Nähe sah der Zahn gigantisch aus; glatt, weißgelblich, mit dünnen schwarzen Linien und dunklen Verfärbungen an manchen Stellen.

Verzweifelt sah sie sich um, hielt Ausschau nach Hilfe. Aus dem Augenwinkel bemerkte sie, dass weiter hinten, in der Herde, ebenfalls etwas geschah. Ein Elefant hatte sich aus der Gruppe gelöst, trottete heran. In den ersten Momenten war Ricarda zu durcheinander, um ihn zu erkennen. Doch dann sah sie das leicht ausgefranste rechte Ohr: Devi! Niemand saß auf ihrem Rücken. Sie war allein, ohne *Mahout*. Wo war Nuan?

Plötzlich verschwand der Stoßzahn wieder aus Ricardas Blickfeld. Dafür ragte ein zweiter grauer Körper direkt hinter dem Baum auf. Was passierte gerade? Drängte sich Devi zwischen Khanom und den Baum? Ja, es sah fast so aus. Die große Elefantin versuchte, dem Bullen den Weg zu Ricarda zu versperren!

Khanom ließ sich das nicht bieten. Er knuffte das Weibchen weg und mit verschlungenen Rüsseln rangen die beiden, versuchten sich gegenseitig zurückzudrängen. Wie erstarrt beobachtete Ricarda diesen Kampf, der fast direkt vor ihr stattfand. Der Boden vibrierte wie bei einem Erdbeben. Staub wirbelte auf, nahm Ricarda die Sicht. In Todesangst presste sie sich wieder gegen den Baum. *Weg, nur weg!*, hämmerte es in ihr. Doch wegzulaufen war auch jetzt nicht möglich, das Risiko, in diesen Kampf zu geraten und versehentlich zertrampelt zu werden, zu groß.

Sie konnte erkennen, dass Khanom stärker war als Devi. Er drängte sie zurück und sein Stoßzahn zog eine blutige Schramme über ihre Schulter. Ricarda schrie auf. Devi war verletzt! Würde sie jetzt aufgeben? Nein, sah nicht so aus, sie trompetete wütend und ging noch einmal auf Khanom los …

Auf einmal war jemand neben ihr, ein Junge in Jeans und T-Shirt. Nuan! Erleichterung überflutete Ricarda. Endlich half ihr jemand. Und ausgerechnet Nuan. Vor Dankbarkeit wurden ihr die Knie weich. Sie krächzte seinen Namen, wollte ihn fragen, was sie jetzt tun konnten, doch er ließ sie gar nicht zu Wort kommen.

»Da hoch, beeil dich!«, sagte er und deutete auf den Baum. Ricarda fand, das war eine ganz gute Idee, aber wie sollte das gehen? Es gab keine Astgabeln in Griffhöhe, sonst hätte sie das mit dem Hochklettern längst selbst versucht.

Nuan sprang, zog sich mit einem Klimmzug an einem Ast hoch, saß auf einmal rittlings oben und reichte ihr eine Hand herunter. Ricarda ergriff seine Hand, stemmte sich mit den bloßen Füßen am Stamm ab und hangelte sich hoch, so gut es ging. Sie schrammte sich die Haut auf dabei, doch der Schmerz war fern und unwichtig. Bloß weg, bloß weg!

Etwas weiter oben hatte der Baum mehr Äste, auf die man die Füße stellen konnte, dadurch war das Klettern einfacher und sie brauchte Nuans Hilfe kaum noch. Unter ihr wogten graue Leiber, die Hölle war ausgebrochen. Erst als Ricarda ein gutes Stück vom Erdboden entfernt war, erlaubte sie sich, kurz zu verschnaufen. Es fühlte sich an, als passe keine Luft mehr in ihre Lunge.

»Weiter, weiter!«, brüllte Nuan sie an. Ja, es reichte noch nicht, so hoch konnte Khanom mit dem Rüssel greifen. Gerade prallte der riesige Bulle bei der Rangelei gegen den Stamm und Ricarda fühlte, wie der Ast unter ihren Füßen erzitterte. Verbissen klammerten sie und Nuan sich fest. Etwas flatterte aus Ricardas Hosentasche, ein buntes Stück Papier, das Lottolos!

Es flog dem Bullen mitten ins Gesicht. Er schaute verdutzt, dann senkte er den Kopf und stieß mit dem Stoßzahn nach dem Papier. Das gab Ricarda und Nuan die Gelegenheit, noch ein wenig höher zu klettern. Ganz langsam entspannte sich Ricarda etwas. Als sie das nächste Mal nach unten schaute, war der Erdboden schwindelerregend weit entfernt. Jetzt waren sie bestimmt außer Reichweite! Das Los steckte wie eine kleine bunte Flagge auf Khanoms Zahn.

Sie sah, dass Kaeo angerannt kam. Er hatte seine coole Sonnenbrille auf, schleppte einen Plastikeimer mit Früchten und rief Khanom irgendetwas zu. Und tatsächlich, einen Moment lang ließ sich das riesige Tier von seinem *Mahout* und den Leckerbissen ablenken, es langte nach einer Ananas.

Nuan hangelte sich wieder nach unten. Einen Moment lang waren sie fast auf gleicher Höhe, sie sah die glatten Muskeln seiner Arme und den abgewetzten hellblauen Stoff seiner Jeans, ganz aus der Nähe.

»Alles in Ordnung?«, fragte er und blickte sie forschend an.

Ricarda nickte. Ungläubig bekam sie mit, dass er an ihr vorbei weiter nach unten kletterte.

»Was tust du?«, schrie Ricarda.

»Helfen«, kam es zurück, dann sprang Nuan federnd wie eine Katze zu Boden. Mit heftig klopfendem Herzen beobachtete Ricarda, wie er scheinbar gelassen neben Kaeo und Seven stand; gemeinsam warteten die *Mahouts* auf eine günstige Gelegenheit, dem Bullen neue Ketten anzulegen. Devi hatte sich ein Stück zurückgezogen und

Khanom stampfte mit erhobenem Rüssel und weit ausgebreiteten Ohren in der Nähe des Baumes herum.

Kaeo redete seinem Elefanten gut zu und schaffte es mit akrobatischem Geschick, eins von Khanoms säulendicken Hinterbeinen zu sichern.

Wütend knallte Khanom den Rüssel auf den Boden und stieß gleichzeitig Luft aus, es klang wie ein Donnerschlag. Dann schwang er den Rüssel, schlug nach Nuan, doch der wich geschickt aus und schaffte es, auch um Khanoms Vorderfuß eine Kette zu schlingen.

Jetzt erst wandte sich Kaeo Ricarda zu, die noch immer auf dem Baum hockte. Er schaffte sogar ein Lächeln. »Seine alte Kette ist gerissen«, rief er erklärend zu ihr hoch.

»Ja, das habe ich gemerkt.« Ricarda fühlte sich weiterhin etwas zittrig.

»Er ist ein sehr starker Elefant. Wollte nur ein bisschen herumwandern.«

Nur ein bisschen herumwandern? War Kaeo noch ganz richtig im Kopf? Konnte er nicht zugeben, dass eben um ein Haar etwas Schlimmes passiert wäre? Ricarda begann mit dem Abstieg von ihrem Baum. Die letzten zwei Meter musste sie springen, sie schaffte es längst nicht so elegant wie Nuan und ihre Fußknöchel schmerzten von dem Aufprall.

»Leider hat er dein Los aufgespießt«, sagte Ricarda und deutete auf den Rest, der auf Khanoms Stoßzahn flatterte. »Das wollte ich dir eigentlich schenken.«

Dass sein Los hinüber war, schien Kaeo fast mehr zu bekümmern als die Tatsache, dass Ricarda beinahe Matsch gewesen wäre. Es gelang ihm, das Ding mit einem Stock von Khanoms Stoßzahn zu pflücken, dann versuchte er, es wieder zusammenzusetzen. Erst als er sah, dass die ganze Mitte der Losnummer nicht mehr zu lesen war, gab er den Versuch auf und warf das Stück Papier verdrossen in den Matsch. Die anderen *Mahouts*, die sich fachsimpelnd um Khanom scharten, beobachteten es interessiert.

Ein einziger *Mahout* schenkte dem Los keine Beachtung. Nuan.

»Danke«, sagte Ricarda zu ihm, es war ein einfaches Wort und reichte doch völlig aus. Sie musste daran denken, wie sie sich an seiner Hand hochgezogen hatte. Trocken und fest und kräftig hatte sie sich angefühlt, diese Hand.

»Du kletterst gar nicht so schlecht«, sagte Nuan und plötzlich lächelte er. Zum ersten Mal, seit sie ihn kannte.

Auf einmal wusste Ricarda, dass sie jetzt mit ihm sprechen konnte, ganz leicht würde es sein, denn sie waren sich nicht mehr fremd. Sie ging auf ihn zu und fühlte ein Echo seines Lächelns auf ihren Lippen.

»Mensch, Rica!« Jemand kam von der Seite, dann schlangen sich Arme um sie, Sofias Arme. »Gut, dass du auf den Baum geklettert bist. Ich hatte solche Angst um dich. Dieses Mistvieh war drauf und dran, dich zu zertrampeln!«

Ricarda erwiderte die Umarmung, fühlte Tränen in ihre Augen steigen. Sie schüttelte den Kopf, aber ihr fiel nichts ein, was sie antworten konnte. Es tat so gut, von Sofia umarmt zu werden. Wie schön, dass sie sich so viele Sorgen gemacht hatte – und einen Moment lang war alles wie früher. Doch ganz konnte sie sich nicht darauf konzentrieren. Ihr Blick suchte Nuan, fand ihn nicht, wohin war er auf einmal verschwunden? Moment mal, natürlich zu Devi. Ricarda schluckte die plötzliche Trauer hinunter und löste sich von Sofia. »Jetzt hätte ich fast vergessen, mich bei Devi zu bedanken«, sagte sie hastig, kletterte die Treppe zum Haupthaus hoch und holte alle frischen Früchte, die sie finden konnte. Als Dankeschön kam nur das Beste vom Besten infrage.

Nuan schmierte eine ölige dunkelgrüne Salbe auf den Riss an Devis Schulter und sprach dabei leise mit ihr. Devi trat unruhig von einem riesigen Fuß auf den anderen, doch als Ricarda sich näherte, hob sie erwartungsvoll den Rüssel.

»Ist ihre Wunde schlimm?«, fragte Ricarda, klopfte Devi auf die Schulter und reichte ihr eine Mango. Sofort wickelte sie den Rüssel um die Frucht und beförderte sie in ihr Maul.

Nuan schüttelte den Kopf. »Nein, Devi ist bloß furchtbar wehleidig. Sie tut so, als sei sie tödlich verletzt, dabei ist es nur ein Kratzer. He, Devi, steh still!«

Erst jetzt merkte Ricarda, dass noch etwas im Refuge geschah: Vor dem Tor parkte ein großes weiß-rotbraunes Auto mit laufendem Motor und ein paar Männer in grauen Uniformen standen dort.

»The police!«, sagte jemand.

Ricarda war verdutzt. Wer hatte denn die Polizei gerufen? Chanida oder Gulap?

Kaeo ließ ein paar schnelle Sätze in Thai los, wahrscheinlich um zu erklären, dass die Krise vorbei war und der Elefant wieder unter Kontrolle. Doch die Polizisten dachten nicht daran zu gehen. Sie rüttelten am Tor, stellten fest, dass es gar nicht so leicht zu öffnen war, und spuckten ein paar Befehle aus.

Erst als Ricarda noch mal zu Nuan hinüberblickte und sah, wie blass und starr sein Gesicht geworden war, begriff sie, dass etwas nicht stimmte. Dass die Polizei nicht wegen Khanom gekommen war, sondern wegen Nuan. Und es war zu spät für ihn, sich auf seine bewährte Art unsichtbar zu machen, er hatte fast keinen Vorsprung. Hatten die Polizisten ihn schon gesehen?

Neugierig gingen Sofia und Chanida zum Haupttor und winkten Ricarda, sie solle nachkommen. Ricarda dachte gar nicht daran. »Geh zu meiner Hütte«, flüsterte sie Nuan zu, während alle Köpfe entweder Khanom oder dem Polizeiauto zugewandt waren.

Nuan nickte, ohne sie anzusehen, und raunte seiner Elefantin einen Befehl zu. Dann schlenderten er und Ricarda in unterschiedliche Richtungen davon. Und auch Devi machte sich auf den Weg, in den Wald hinein, fast als sei sie es gewohnt, ihren riesigen Körper dort zu verbergen.

Ricarda wäre am liebsten gerannt, aber sie zwang sich, langsam zu gehen, ohne Hast. Nichts ist verdächtiger als jemand, der rennt. Sie rechnete jeden Moment mit einem scharfen »Hey, you!«, das sie zurückrief, doch nichts geschah, und dann war sie auch schon außer Sicht des Haupttores. Sie wählte einen schmalen Fußpfad durch das grüne Dickicht. Jetzt konnte sie sich endlich beeilen, ihre Füße flogen fast über den Boden. Vielleicht war es eine blöde Idee, das mit der Hütte. Vielleicht wäre es besser, Nuan würde sich auf dem Dach des Haupthauses verstecken. Wenn er sich flach hinlegte, war er dort oben nicht zu sehen. Nein, nein, das heimlich zu machen würde kaum gehen, dort werkelte Gulap in der Küche, sie würde das Scharren auf dem Dach hören. Und Oma Gai, die im Gemüsegarten ein eisernes Regiment führte, könnte etwas merken. Oder hätte sie Nuan die Sache einfach überlassen sollen? Er kannte sicher Verstecke im Dschungel.

Zu spät. Er hatte sich in ihre Hände begeben. Als sie an der Hütte ankam, war Nuan bereits am Treffpunkt, seine dunkle Haut verschmolz mit den Schatten.

Als sie die Tür der Hütte öffnete, ihm winkte hereinzukommen, zögerte er zum ersten Mal, blickte sie fragend an.

»Dort werden sie dich nicht suchen«, sagte Ricarda, wollte noch *Bitte vertrau mir* hinzufügen und sah, dass das nicht nötig war. Er ging hinein und einen Moment lang waren sie allein in dem dämmrigen Raum, in dem sich der weiße Schleier des Moskitonetzes ausbreitete. Waren sie allein in der atemlosen Stille.

Dann wandte Ricarda sich um, kramte in ihrem Koffer nach einem Buch, fand eins und ging wieder hinaus, ließ die Tür absichtlich ein Stück offen. Wenige Atemzüge später hatte sie auf der Veranda das Bild einer ahnungslosen Touristin inszeniert. Gemütlich saß sie mit hochgelegten Beinen auf einem Gartenstuhl und schien höchst interessiert in ihrem Reiseführer zu lesen. Ein buntes Handtuch hing zum Trocknen über dem Geländer.

Aus dem Inneren der Hütte drang kein Geräusch.

Da kamen sie schon. Es waren vier, in grauen Uniformen, und sie waren bewaffnet.

»Good morning«, sagte einer von ihnen, obwohl die Sonne längst hoch am Himmel stand.

»Hello«, erwiderte Ricarda freundlich und hob die Hand zum Gruß.

Der Einsatzleiter hatte ein strenges, eckiges Gesicht. Das Lächeln wirkte darauf ein wenig fehl am Platz. »You visit elephants, yes?«

»Yes, I like elephants very much.« Ricarda zwang sich ebenfalls zu einem Lächeln.

»Where do you come from? How long are you here?«

Nervös strich sich Ricarda eine Haarsträhne aus dem Gesicht. »Germany. I am here for two weeks, then I will fly home again.«

Es fiel ihr schwer, sich auf den Polizisten zu konzentrieren. Während er mit ihr plauderte, durchstöberten seine Leute die Umgebung, umkreisten die Hütte wie Bluthunde auf der Spur.

»How do you like Thailand?«

Die gleiche Frage hatte Ricarda schon oft beantworten müssen, es war klassischer Small Talk. Doch jetzt war ihr Kopf leer wie eine frisch gewischte Tafel. »Äh ... I ... it's really beautiful, yes«, stammelte sie und hoffte, dass der

Mann nicht misstrauisch wurde, sich nicht fragte, warum sie so nervös war.

Doch anscheinend schöpfte er keinen Verdacht, er nickte beifällig und verabschiedete sich mit seinen Leuten. Ein paar Minuten lang konnte Ricarda noch ihre Stimmen in der Nähe hören und das Knacken von Ästen, als sie durch den Wald gingen. Ricarda starrte weiter in ihren Reiseführer, wagte nicht, sich zu rühren – vielleicht kamen die Männer ja noch einmal wieder. Was Nuan wohl getan hatte? Sollte sie ihn fragen? Würde er ihr antworten? Sie hatte den Verdacht, dass sie es so oder so bald erfahren würde. Denn die Polizisten hatten Kaeo bestimmt gesagt, wen sie suchten und warum.

Schließlich hörte sie leise Schritte in der Hütte und auf einmal stand Nuan neben ihr, lehnte sich an die Wand der Hütte und blickte hinaus auf den Dschungel und über die strohgedeckten Dächer der Elefantenunterstände, die aus dem Grün hervorlugten.

»Es tut mir leid«, sagte er. »Ich wollte das nicht. Das alles.«

»Ich weiß«, sagte Ricarda und legte den Reiseführer weg. Sie wusste, dass er damit nicht ihre Hilfe meinte, sondern die Sache, in die er hineingeraten war. »Hattest du Angst – eben?«, rutschte es ihr heraus.

Einen Moment schwieg er und blickte über den Dschungel hinaus. »Ja. Aber noch mehr vorhin, bei Khanom. Ich hatte Angst, dass du wegrennen oder schreien würdest. Dann hätte er dich erwischt.«

»Ja, ich glaube auch«, meinte Ricarda verlegen. »Ich

hatte eine Menge Glück.« *Er hat Angst um mich gehabt.* Sie spürte einen kleinen Wirbel der Freude in ihrem Inneren. Aber es gefiel ihr auch, dass er seine Angst eingestehen konnte. Manche Jungen schafften das nie, besonders einem Mädchen gegenüber.

Als Nuan weitersprach, klang seine Stimme gepresst. »Als ich zwölf war, habe ich mal miterlebt, wie ein *Mahout* von seinem eigenen Elefanten getötet wurde. Ich konnte drei Tage lang nichts essen. Erst nach einer Woche bin ich wieder zur Schule gegangen.«

Ricarda war entsetzt. »Und du bist trotzdem *Mahout* geworden ...«

»Ja. Seither weiß ich, dass Elefanten keine Kuscheltiere sind. Es hat auch eine Weile gedauert, bis ich wieder ohne Scheu war bei Devi. Aber sie hat es verstanden. Sie war geduldig mit mir.«

»Habt ihr rausgekriegt, warum das mit dem *Mahout* passiert ist?«

»Wahrscheinlich ein Kampf um die Rangordnung. Als *Mahout* musst du der Chef sein und bleiben. Aber genau wissen wir es nicht. Manche Dinge kann man leider nie richtig erklären.« Er zögerte und auf einmal war seine Stimme ganz leise. »Wieso hast du das getan? Mich versteckt?«

Nun war Ricarda verlegen. *Weil ich dich mag. Weil ich dich sehr mag. Weil ich mich in dich verliebt habe.* Sollte sie es ihm sagen? Jetzt? Sie fühlte sich plötzlich schutzlos wie eine Schnecke, der das Haus abhandengekommen ist. Nein, nein, nein, es war zu früh, wahrscheinlich würde er es mit einem verlegenen Lächeln abtun. Denn wer sagte, dass sie für ihn mehr war als irgendeine bleiche Touristin? Wahrscheinlich fand er sie einfach nur nett. Klar, er war an ihrer Seite gewesen, als Khanom sie angegriffen hatte, aber das hätte er sicher für jeden getan.

Ricarda senkte den Kopf. »Na ja, ich helfe der Polizei nicht besonders gerne«, sagte sie leise und hörte, wie falsch es klang, wie feige.

Und sie konnte spüren, wie Nuan sich innerlich zurückzog, wie fern er von einem Moment auf den anderen wieder war. Er nickte nur kurz und eine Weile herrschte Schweigen zwischen ihnen. Dann sagte er: »Ich gehe jetzt Devi suchen. Sie wird unruhig sein.«

Er verschwand und Ricarda atmete tief durch. Was war, wenn er jetzt floh, wenn sie ihn gerade zum letzten Mal gesehen hatte? Und sie hatte diesen kostbaren Moment eben verschwendet.

Sie holte ihr Notizbuch, fast wie von selbst bewegte sich ihr Stift über die Seiten.

Nuan hatte Angst, dass Ricarda etwas geschehen könnte. Er musste sie in Sicherheit bringen. Er kleidete sich in eine Bettlerkluft und schlich unerkannt aus dem Palast, um Ricarda zu holen. Diesmal zu Fuß, denn mit der Elefantin zusammen hätte er zu viel Aufsehen erregt. Nur einige treue Männer seiner Leibgarde nahm er mit. Er traf Ricarda in ihrem Dorf, wo sie gerade am Brunnen Wasser schöpfte. Fragend sah sie ihn an, als er sie begrüßte.

»Ich kenne dich«, sagte sie und runzelte die Stirn. »Wer bist du?«

»Der Prinz des Mondes«, erwiderte Nuan und wartete voller Furcht darauf, was sie tun würde. Erinnerte sie sich überhaupt noch an ihre Träume? Doch an ihrem Lächeln, der Art, wie sie ihn ansah, merkte er, dass sie ihn wirklich liebte, und war dankbar dafür. »Du musst mitkommen«, sagte er zu ihr. »Das Heer König Arakhars wird bald hier einmarschieren und alles in Schutt und Asche legen.«

Ihre Mutter kam hinzu und sah, dass sie sich unterhielten. »Scher dich weg, Bettler!«, rief sie empört. »Was hast du mit meiner Tochter zu schaffen?«

»Nein, Mutter«, protestierte Ricarda. »So ist es nicht, er will uns helfen ...«

Es war zu spät. Die Soldaten von König Arakhar waren schneller marschiert als gedacht, jetzt strömten sie in das Dorf, in dem Ricarda und ihre Eltern wohnten. Sie zündeten die Gebäude an und töteten Mensch und Tier. Nuan zog das einfache Armeeschwert, das er unter seiner Bettlerkluft trug, und gemeinsam mit seiner Leibgarde schaffte er es, wenigstens Ricarda und ihrer Familie das Leben zu retten. Doch schließlich überwältigte die Übermacht sie und alle wurden gefangen genommen.

Der Nachmittag verging und Nuan tauchte nicht auf. Halbherzig absolvierte Ricarda ihr Training mit Daeng, Sofia setzte sich unter Chanidas Anleitung kurz auf Mae

Jai Di. Aber es war zu viel geschehen an diesem Tag, sie konnten sich nicht auf die Elefanten konzentrieren und die Tiere spürten es. Als Ricarda Daeng bat vorwärtszugehen, blieb sie bockig stehen, da konnte Ricarda die Rückseite ihrer Ohren mit den Zehen durchkneten, so viel sie wollte.

»Was mache ich falsch?«, fragte sie Kaeo verzweifelt, doch der lächelte nur und seufzte. »Schluss für heute. Deine Gedanken sind anderswo.«

Stattdessen halfen Ricarda und Sofia beim Ausmisten. Chanida war rechtzeitig im Haupthaus verschwunden, angeblich um ihre Aufgaben für morgen zu machen.

»Unglaublich, welche Mengen an Mist – oder wie heißt das richtig? *Dung* – Elefanten von sich geben«, stöhnte Sofia, während sie mit der Schaufel ein paar Riesenhaufen hochstemmte. »Aber eigentlich kein Wunder, sie fressen ja auch eine Menge.«

Mit Schwung warf Ricarda ihre Schaufelladung Dung auf die Schubkarre. »Ich habe das Gefühl, sie verdauen das meiste davon gar nicht richtig. Schau mal, hier kann man sogar noch die Grasstängel und Blätter erkennen.«

Gut gelaunt kam Gulap mit zwei Eimern in den Händen auf sie zu. Sie bückte sich und wählte sorgfältig Dungkugeln aus, die sie in den Eimer legte. *Für den Garten?*, fragte Ricarda mit ein paar Gesten, doch Gulap schüttelte den Kopf und lächelte breit.

»Hoffentlich verwendet sie das nicht irgendwie in der Küche.« Sofia blickte besorgt drein.

Zum Glück kam gerade Kaeo vorbei, er übersetzte: »Sie

macht Papier. Schönes Papier! Aber Dung muss erst gekocht werden fünf Stunden und … wie sagt man? Heller gemacht?«

»Gebleicht«, ergänzte Ricarda mechanisch. Hab mich geirrt, ging es ihr durch den Kopf. Gulap ist keine gerissene Geschäftsfrau … sondern eine *sehr* gerissene. Wahrscheinlich verkauft sie den Elefantenmist auch noch als Gartendünger, Baumaterial und Glücksbringer. »He, Sofia, ich glaube, dieses Papier ist ein tolles Geschenk für Lilly.«

Sofia kicherte. »Absolut. Solche schrägen Sachen liebt die ja. Ob ich selber auf den Resten von Elefantenhäufchen schreiben will, weiß ich noch nicht. Vielleicht besser, man benutzt es gleich als Klopapier.« Sie warf eine weitere Ladung auf die Schubkarre. »Sag mal, was hältst du eigentlich von der Sache mit Nuan? Meine Theorie ist ja, dass er ein Schmuggler ist und die Polizei deswegen etwas von ihm will. Er hat so was Verschwiegenes, Heimliches an sich. Gewaltverbrechen traue ich ihm eher nicht zu, er hat keine brutale Ausstrahlung.«

Ricarda zuckte zusammen. *Die Sache mit Nuan.* Was Sofia wohl sagen würde, wenn sie wüsste, dass Ricarda ihm bei der Flucht geholfen hatte? »Ja, vielleicht ist er ein Schmuggler«, sagte sie halbherzig. »Vielleicht hat er auch gar nichts gemacht. Ich habe mal gelesen, dass die Polizei in Thailand ziemlich korrupt und gefährlich ist.«

»Dann war es wahrscheinlich besser, dass er rechtzeitig abgehauen ist.« Sofia stützte sich auf ihre Schaufel, um zu verschnaufen.

»Ach, wieso? Ich dachte, du kannst ihn nicht leiden?« Ricarda arbeitete weiter, ohne Sofia anzusehen; sie versuchte, sich nicht anmerken zu lassen, wie wichtig die Antwort für sie war.

»Geht so.« Sofia wischte sich den Schweiß von der Stirn und schlug eine Mücke tot, die sich in unlauterer Absicht auf ihr Handgelenk gesetzt hatte. »Ich fand es cool, wie er dir geholfen hat, auf den Baum zu klettern. Seven ist da gerade erst aufgewacht.«

Gulap tauchte wieder auf und bat sie um Hilfe für die weitere Papierherstellung. Kurz darauf steckten Sofias Arme bis zum Ellenbogen in einer Pampe, die aus Elefantendung bestand. Zum Glück war es der von gestern, er war schon gebleicht und gewaschen. Gut gelaunt zeigte ihnen Gulap, wie sie das Ganze zu basketballgroßen Kugeln formen sollten, die dann weiterverarbeitet werden sollten. Noi schaute neugierig zu und schnupperte mit der Rüsselspitze.

Die Arbeit war so hirnlos, dass man dabei wunderbar nachdenken konnte. Cool, hatte Sofia gesagt. Hm. Ja, das passte zu Nuan. Er war cool – und wusste es wahrscheinlich nicht mal. Oder es interessierte ihn nicht, weil er gerade ganz andere Probleme hatte.

»Eins ist klar, Mist zu verarbeiten, ist nicht besonders cool«, murmelte Ricarda und zog eine triefende Handvoll Pflanzenfasern aus dem Bottich. Sie war froh, dass Nuan sie dabei nicht sehen konnte. Kein Wunder, dass Chanida sich weigerte, beim Papiermachen zu helfen.

»Cool? Wie kommst du denn jetzt darauf?« Sofia lachte.

Als Nächstes wurde der Dung mit Wasser, Kleister und Farben vermischt und dünn auf Trockenrahmen gestrichen. Jetzt sah es schon aus wie Papier. Und es war ein hübscher Anblick, wie überall um das Haupthaus herum große, pastellfarbene Bogen in der Sonne leuchteten. Zum Glück ließ Noi die Bogen in Ruhe, anscheinend gefiel ihr der Geruch nicht. Stattdessen schlich sie um den Gemüsegarten herum, kniete sich auf den Boden und versuchte, mit dem Rüssel unter dem Elektrozaun durchzuangeln. Nur eine mickrige Karotte war ihre Beute.

»Ach, übrigens habe ich herausgefunden, warum Chanida später nicht mehr mit den Elefanten arbeiten will«, meinte Sofia und warf einen Blick auf Noi. »Vor zwei Jahren hat sie mal ein krankes Elefantenkind mit der Flasche aufgezogen, aber es ist nach ein paar Wochen gestorben. Das hat ihr wohl das Herz gebrochen und danach wollte sie sich nicht wieder mit Haut und Haaren in die Arbeit hier stürzen.«

Betroffen wollte Ricarda etwas erwidern, doch das dumpfe Brummen eines Motors unterbrach sie – aha, endlich kam Ruang mit dem Landrover zurück. Sofort eilte Kaeo auf ihn zu, berichtete wahrscheinlich, was in seiner Abwesenheit alles passiert war. Ruang nickte ein paarmal, ließ sich aber nicht anmerken, was er dachte, und ging erst einmal zu Khanom und Laona. Später am Tag sah Ricarda ihn noch im Gespräch mit den *Mahouts*.

Das tägliche Leben im Refuge ging weiter wie gewohnt und doch war etwas anders als sonst. Es fühlte sich an wie die letzten Minuten vor einem Gewitter, ging es Ricarda durch den Kopf. Der Himmel ist schwarzgrau, der Wind fegt Blätter vor sich her und alle warten darauf, dass es losgeht …

Am frühen Abend, noch vor Sonnenuntergang, entstand eine plötzliche Unruhe im Camp, sie hörten die Elefanten schnauben, einer trompetete sogar. Ricarda und Sofia waren gerade in ihrer Hütte, sofort schauten sie aus dem Fenster und sahen, wie Devi und Mae Jai Di sich mit verschlungenen Rüsseln begrüßten. Aufgeregt hielt Ricarda nach Nuan Ausschau und ja, da war er, ernst und konzentriert saß er auf dem Rücken seiner Elefantin. Als er Ruang sah, kletterte er leichtfüßig und geschickt auf den Boden.

Es war klar, was das alles bedeutete. Nuan war bereit, seine Geschichte zu erzählen.

Er ist nicht geflohen, dachte Ricarda, und auf einmal fühlte sie sich leicht wie eine Daune, die in einem warmen Luftstrom nach oben schwebt. Einen Wimpernschlag lang. Dann kehrte die Angst zurück. Vor dem, was er zu gestehen hatte und was dann folgen würde.

Ruang ging Nuan entgegen, berührte ihn leicht am Arm und forderte ihn auf, ihm zu folgen. Sie gingen zum Haupthaus, neben dem der breite, verschlungene Stamm des Feigenbaums aufragte. Ricarda und Sofia folgten ihnen in respektvollem Abstand.

Wenige Minuten später waren alle *Mahouts*, insgesamt fünfzehn, am Treffpunkt und warteten scheinbar unbeteiligt; manche unterhielten sich leise. Ein älterer

Mahout mit wettergegerbtem Gesicht rauchte genüsslich eine Zigarre und grinste Ricarda mit gelben Zahnstummeln an, als er ihren Blick bemerkte. Ruang, Kaeo und ein paar Männer, die besonderen Respekt genossen, beanspruchten die angerosteten Gartenstühle, die anderen *Mahouts* hockten auf dem staubigen hellen Lehmboden, der hier unter dem Stelzenhaus immer trocken war. Da und dort waren ein paar dürre Grasbüschel zu sehen. Ricarda und Sofia ließen sich ebenfalls auf dem Boden nieder und warteten schweigend darauf, dass das Tribunal beginnen würde.

Nuan verbeugte sich vor Ruang und Kaeo und setzte sich im Schneidersitz auf den Boden.

Dann begann er zu sprechen.

ZEIT DER WAHRHEIT

Erst sprach Nuan in Thai, doch nach einem kurzen Seitenblick auf Ricarda begann er, seine Worte auf Englisch zu wiederholen. »Devi ist Teil meiner Familie, so lange ich mich erinnern kann«, erzählte Nuan und Ricarda war ihm dankbar dafür, dass er sich die Mühe mit dem Übersetzen machte. »Ich saß schon auf ihrem Rücken, als ich keine zwei Jahre alt war. Sie und mein Vater gehörten zusammen, ein Leben lang, so ist es in Surin zwischen *Mahout* und seinem Elefanten. Zusammen arbeiteten wir im Wald und ich lernte von *Por* alles, was ein *Mahout* wissen muss. Ebenso mein jüngerer Bruder. Doch als das Holzfällen verboten wurde, gab es keine Aufträge mehr. Wir hatten nicht genug Futter für Devi.«

Ruang nickte geduldig, all das wussten er und die anderen *Mahouts* schon.

»Mein Vater liebt das Glücksspiel bei Beerdigungen. Auf diese Weise hat er viel Geld verloren. Auch das war ein Grund, warum wir Devi schließlich verkaufen mussten.« Obwohl Nuan sich nichts anmerken ließ, spürte Ricarda die Wut in ihm, sie sprach aus jeder Linie seines Körpers. »Wir dachten, der Käufer sei ein guter *Mahout*.

An Wissen war er selbst meinem Vater ebenbürtig. Erst als es zu spät war, merkten wir, dass er trank. Jedes Mal, wenn ich sie besuchte, sah Devi schlechter aus. Sie war sehr nervös und eingeschüchtert. Ich entdeckte Wunden von einem *Ankush* an ihr. Außerdem waren ihre Füße völlig vernachlässigt und entzündet.«

Ein Murmeln der Empörung unter den *Mahouts*. Auch Sofia stieß einen entsetzten Laut aus.

»Mein Vater versuchte, sie zurückzubekommen«, fuhr Nuan fort. »Vergebens. Da entschied ich mich. Ich fragte im Tempel nach Rat, welcher Tag glückverheißend für ein Vorhaben sei, und in dieser Nacht holte ich Devi, um mit ihr fortzugehen. Mein Vater hatte sicher viel Ärger deswegen, ich habe es an Respekt fehlen lassen und eines Tages will ich ihn um Verzeihung bitten. Bitte verzeiht auch ihr mir, dass ich euch getäuscht habe.«

Nuan hatte den Kopf gesenkt. Seine Entschuldigung kam gut an, das merkte Ricarda. Jetzt waren die Sympathien auf seiner Seite. Und am wichtigsten war, dass Ruang wieder lächelte.

»Wir verzeihen dir«, sagte er feierlich.

»Ich danke euch, *Khun* Ruang.« Nuan zögerte kurz, fuhr dann fort: »Seit drei Monaten sind wir schon unterwegs. Ich habe versucht, sie im Khao-Yai-Nationalpark freizulassen, aber es hat nicht funktioniert, die wilden Elefanten haben sie nicht akzeptiert. Also sind wir weiter nach Norden gezogen. Ich dachte, ich könnte mit Devi Arbeit finden im Trekking. Aber das war ziemlich naiv; die Leute wollten mich nicht mit ihr zusammen anstellen, sondern

Devi einfach kaufen. Schließlich sind wir zu euch gekommen, weil ihr eine Zuflucht seid.«

Ja, eine Zuflucht. Ricarda war beruhigt. Einen Elefanten zurückzustehlen, war kein schweres Verbrechen. Hier würde er Schutz finden und vielleicht fiel ihnen ein Weg ein, wie sie Devi retten konnten. Sie konnten Geld sammeln, um sie zurückzukaufen, ja, das war es!

»Wieso hast du nicht gleich die Wahrheit gesagt uns?«, fragte Kaeo, er schien nicht gerade begeistert von der neuesten Wendung der Dinge.

Stolz begegnete Nuan seinem Blick. »Vertrauen ist ein Geschenk, das Zeit braucht.«

»Ich kann mir gar nicht vorstellen, wie du geschafft hast, der Polizei auf dem Weg nach Norden zu entkommen.« Chanida klang neugierig.

Nuan zögerte, sprach dann doch weiter. »Ich habe mir falsche Papiere für Devi beschafft, aber am wichtigsten war, sie aus allem Ärger rauszuhalten. Wir sind durch Gegenden gewandert, in denen nicht viele Menschen leben. Fern der großen Straßen. Auf den Dörfern sind die Menschen freundlich, manche verehren *Chang* wie in den alten Zeiten. Oft haben sie uns Obst und Wasser gegeben.«

Die anderen *Mahouts* stellten Fragen in Thai und Nuan antwortete geduldig. Und doch wartete jeder nur darauf, dass Ruang das Wort ergriff. Er war derjenige, der entscheiden würde. Nach scheinbar endlos langer Zeit räusperte er sich und sofort wandten sich alle Gesichter ihm zu. Ricarda beobachtete sein Gesicht und sah besorgt, wie ernst es war.

»Wir sind eine Zuflucht«, sagte Ruang. »Aber wir können uns Ärger mit dem Gesetz nicht erlauben, sonst müssen alle unsere Elefanten es büßen. Schon manchmal hatten wir mit Polizei zu tun und mussten *tea money* bezahlen, aber diesmal werden sie sicher keine Gnade haben. Wir können uns nicht leisten, gestohlene Tiere hier zu haben.«

Moment mal, was hieß das denn? Würde er Nuan an die Polizei ausliefern? Aber er hatte ihm doch verziehen! Ricarda fühlte, wie ihr das Blut ins Gesicht stieg.

Reglos saß Nuan da, mit gesenktem Kopf.

Nein, das durfte nicht sein, das durfte Ruang nicht machen! Bevor Ricarda nachdenken konnte, war sie schon auf den Füßen. »Ruang, bitte, du kannst ihn nicht im Stich lassen. Nuan hat alles gewagt. Wenn jemand eine Zuflucht verdient hat, dann er.«

»*Jai yen*, bewahre ein ruhiges Herz!«, flüsterte Chanida ihr nervös zu, doch Ricarda war viel zu sehr in Fahrt, um auf sie zu achten. »Es ist nicht fair, ihn jetzt fortzuschicken! Wir können gemeinsam Wege finden, ihm zu helfen. Ich könnte in Deutschland Geld sammeln, um Devi ganz offiziell zurückzukaufen. Bitte!«

Steinernes Schweigen um sie herum. Niemand blickte sie an, niemand sprach. Selbst Chanida sah nun verlegen zu Boden und tat, als hätte sie nichts gehört. Es war, als hätte Ricarda niemals gesprochen. Nur Sofia starrte sie entgeistert an, staunte wahrscheinlich darüber, was mit der schüchternen Ricarda passiert war. Ricarda wusste es selbst nicht genau.

Noch immer sagte Ruang kein Wort. Und auch Nuan sah nicht zu ihr hinüber.

Langsam ließ sich Ricarda auf den Boden zurücksinken. Ein eisiges Kribbeln durchlief sie, als ihr klar wurde, was sie getan hatte. Sie war wütend geworden, hatte mit lauter Stimme gesprochen, hatte Kritik geäußert. Das alles war in Thailand nicht üblich, durfte nicht sein.

Ich habe das Gesicht verloren, vor der ganzen Familie. Wahrscheinlich bin ich jetzt im Refuge unten durch. Noch schlimmer – wahrscheinlich habe ich Nuan nicht mal geholfen. Im Gegenteil. Jetzt kann Ruang seine Entscheidung nicht mehr ändern, ohne selbst das Gesicht verlieren.

Endlich sprach jemand, brach das Schweigen. »Ich werde gehen«, sagte Nuan mit ruhiger Würde. »Danke für die Gastfreundschaft, die ihr mir erwiesen habt.«

Er verbeugte sich noch einmal vor Ruang und stand auf. Alle *Mahouts* beobachteten, wie er aufstieg und Devi das Kommando gab, zu wenden und davonzugehen. Dann zerstreuten sich die Angestellten des Elephant Refuge, in kleinen Grüppchen flüsternd, und Ricarda ahnte, dass sie erleichtert waren, dieser konfliktgeladenen Atmosphäre zu entkommen.

Sie sind froh, dass er gehen wird, dachte Ricarda wütend. Hauptsache Harmonie, ist das alles, was in Thailand zählt? Wie soll denn auf diese Art irgendetwas geschehen, wie soll sich etwas zum Guten ändern?

Schweigend gingen sie und Sofia zu ihrer Hütte zurück. Sie warfen sich zusammen auf Sofias Bett und starrten durch die Schleier des Moskitonetzes nach oben. »Cooler

Auftritt«, meinte Sofia, sie klang noch ein bisschen eingeschüchtert. »Hast du jetzt das Gesicht verloren?«

»Ich fürchte, ja.« Ricarda fühlte, wie ihre Augen feucht wurden. Nuan. Nuan würde gehen! Und was würde ihr jetzt hier blühen, nachdem sie so aufgebraust war?

Sofia seufzte tief. »Trotzdem toll, wie du dich für ihn eingesetzt hast. Ich hätte das nicht so gekonnt wie du. Obwohl ich seine Geschichte auch ganz schrecklich fand. Du hattest absolut recht mit dem, was du Ruang alles gesagt hast.« Sie stützte sich auf einen Ellenbogen und blickte Ricarda forschend an. »Korrigier mich, wenn ich falschliege … aber kann es sein, dass du Nuan ganz schön magst?«

»Es stimmt.« Ricarda hatte nicht mehr die Kraft, es zu verschweigen. »Ich hab mich in ihn verliebt.«

Sofia schlug sich gegen die Stirn. »Und ich dumme Ameise habe dauernd blöde Bemerkungen über ihn gemacht. Mann! Warum hast du mir nicht einfach gesagt, dass ich die Klappe halten soll?«

Trotz allem musste Ricarda grinsen. »Hätte das was genutzt?«

»Hm, vielleicht.« Sofia grinste zurück. »Im Grunde ist er gar kein übler Kerl. Zwar ein bisschen arrogant und schwierig und zurückgezogen, aber er hat was. Ja, irgendwie kann ich dich verstehen. Jedenfalls hat es mich beeindruckt, wie er heute reagiert hat, als Ruang ihn praktisch rauswarf. Das hatte Stil.«

»Und was tun wir jetzt? Wir müssen ihm helfen.«

»Moment mal, stopp.« Sofia setzte sich auf, wischte mit

dem Arm das Moskitonetz zur Seite. »Warum fragst du mich das, was wir jetzt tun sollen? Die ganze Zeit geht das schon so. *Was jetzt, Sofia?* Langsam habe ich das satt, wie unselbstständig du manchmal bist. Du hättest alleine fahren sollen, das hätte dir mehr gebracht, weil du endlich gelernt hättest, dein Leben zu organisieren!«

Das hätte ihr zweites, inneres Ich nicht besser formulieren können. Doch diesmal war Ricarda nicht in der Stimmung zurückzustecken. »Erstens war das nicht so gemeint, es war eine rhetorische Frage. Ich habe ja schon einen Vorschlag gemacht. Zweitens, dass ich dir alles überlassen habe, war eigentlich nur am Anfang, im Refuge war es nicht mehr so schlimm. Und drittens, manchmal habe ich deine Art, mich zu bemuttern und alles zu organisieren, auch ziemlich satt.« Ricarda suchte in Sofias Gesicht nach Zeichen, ob sie verstand. Fand keine. Bemühte sich verzweifelt zu erklären, was sie fühlte. »Es ist so … ab und zu hätte ich vielleicht selbst gerne was ausprobiert, aber sofort preschst du wieder vor und reißt es an dich und auf einmal ist alles erledigt und ich fühle mich irgendwie hilflos und traue es mich das nächste Mal erst recht nicht …«

Sofias Augen loderten vor Wut. »Ach, ich hab dich bemuttert? Nur, weil ich mich dafür interessiere, wie es dir geht?«

»Du interessierst dich dafür, wie es mir geht?«, fragte Ricarda und die giftige Suppe aus Bitterkeit und Enttäuschung, die sich schon seit Tagen in ihr zusammenbraute, kochte über. »Davon merke ich aber nicht viel! Ich meine, dass du nicht kapiert hast, wie verliebt ich bin, ist okay, aber du hast mich auch noch links liegen lassen, das hat ziemlich wehgetan. Eigentlich hast du mich doch schon abgeschrieben, stimmt's?«

»Wieso abgeschrieben? Nur weil ich ab und zu mit Chanida geplaudert habe? Hey, komm auf den Boden. Du bist nicht der Mittelpunkt des Universums. Nur weil ich mal mit jemand anders gut klarkomme, brauchst du nicht gleich vor Eifersucht zu kochen.«

Ricarda atmete schwer, sie spürte die Tränen in ihren Augen prickeln. Nein, ich glaube nicht, dass ich der Mittelpunkt des Universums bin, schrie es in ihr. Im Gegenteil.

Aber schon war es wieder schwer, all das auszusprechen; die Wut, die die Sätze aus ihr herausgeschleudert hatte, war fast verpufft und die Worte blieben in ihr stecken wie das giftige Apfelstück in Schneewittchens Kehle.

»Hey, es tut mir leid.« Betroffen blickte Sofia sie an und einen Moment lang sah es so aus, als wolle sie ihr wieder mal den Arm um die Schultern legen. Aber dann ließ sie es doch. »Ich wollte das alles nicht sagen.«

»Schon okay.« Ricarda rang sich die Worte ab. »Ich fürchte nur, ich kann nichts dafür, dass ich schüchtern bin. Es ist für mich selber schwer, weißt du.«

»Das weiß ich und ich finde eigentlich auch nicht schlimm, dass du schüchtern bist – mich stört, dass du nichts dagegen unternimmst! Man kann sich zum Beispiel überwinden und lernen, aus sich herauszugehen!« Sofia war schon wieder voll in Fahrt. »Mach das doch mal! Lerne endlich zu handeln.«

»Was heißt hier *endlich?*«, feuerte Ricarda empört zurück. »Ich habe längst damit angefangen. Was glaubst du denn, wo ich war, als ihr die Polizisten angestaunt habt?«

»Äh, ich weiß nicht, wo denn?«

»Ich habe Nuan versteckt. Hier in der Hütte, falls es dich interessiert.«

Jetzt war es raus. Verdammt.

»Ach du Scheiße.« Sofias Augen waren ganz groß geworden. »So sehr vertraust du ihm? Warum?«

»Ich weiß nicht. Nenn es Bauchgefühl.«

»Du hast Glück gehabt. Er hätte dir die Kehle durchschneiden können.«

»Möglich. Findest du mich naiv?«

Müde hob Sofia die Schultern. »Manchmal schon. Und manchmal weiß ich nicht, ob du nicht auf irgendeine seltsame Art mehr spürst, mehr siehst als ich.«

Schweigend saßen sie nebeneinander auf dem Bett und starrten hinaus. Draußen hatte die Dämmerung begonnen und Ricarda wurde klar, dass sie wahrscheinlich das Abendessen verpasst hatten. Egal. Sie wünschte sich so sehr, dass Sofia sie in die Arme nahm, sagte, dass alles okay war und sie immer noch Freundinnen sein konnten. Nein, diesmal war sie – Ricarda – es, die den ersten Schritt tun musste! Zögernd, vorsichtig, drehte sich Ricarda zur Seite und legte die Arme um Sofia. Und Sofia stieß einen tiefen Seufzer aus, umarmte sie zurück und strich ihr die Tränen aus dem Augenwinkel. »Mensch, Rica, sag in Zukunft gleich, wenn dich was stört, okay?«

»Ich versuch's«, murmelte Ricarda.

In Sofias Stimme war ein Lächeln. »Und wenn du noch irgendwelche düsteren Geheimnisse hast – du kannst sie mir jederzeit anvertrauen.«

Wenn du wüsstest. Ricarda dachte an den Kasten mit dem Fernglas, der noch immer hinten im Schrank versteckt war, keine zwei Meter von ihnen entfernt. Und sie schwieg.

UM MITTERNACHT

Ricarda schlug die Augen auf. Einen Moment lang schwebte sie noch im Niemandsland zwischen Traum und Wachen, doch dann stellte sich ihr Geist scharf wie eine Kamera, war auf einmal ganz da. Ein Geräusch! Draußen. Sehr leise nur, eine Art Scharren. Nuan?

Ricarda schälte sich aus den Decken, glitt zum Fenster.

Wie üblich hatte Sofia nichts gehört und schlief friedlich weiter. Zum Glück! *Ich habe Nuan versteckt. – Ach du Scheiße.* Nein, wenn das Nuan war dort draußen, dann war es besser, wenn Sofia noch ein bisschen weiterträumte.

Auf den ersten Blick sah Ricarda nichts. Aber nach einigen Sekunden erkannte sie, dass gerade ein Elefant ganz nah an ihrer Hütte vorbeigegangen war. Im Licht des verblassenden Vollmonds war die ganze Landschaft silbergrau überhaucht, ohne Farben, doch die flappenden Ohren verrieten den grauen Riesen und dann sah Ricarda auch einen großen gewölbten Rücken zwischen den Bäumen und Büschen. Ricarda stutzte. Es war nichts Besonderes, dass ein Elefant sich hier herumtrieb – an ihrem zweiten Tag im Refuge hatte ein junger Bulle namens Francis direkt vor ihrem Fenster von dem Mangobaum genascht –, aber ungewöhnlich fand sie, dass dieser Elefant allein das Refuge durchquerte. Die meisten Elefanten des Refuge waren am glücklichsten, wenn sie mit Freunden und Verwandten zusammen sein konnten. Seltsam war auch, wie zielstrebig dieser Elefant ging. Er wanderte nicht einfach so herum, sondern er wollte irgendwohin. Und zwar zum Tor, wenn er seine Richtung beibehielt.

War es Devi? Doch warum saß dann niemand auf ihrem Rücken? Außerdem hätte Nuan sich bestimmt verabschiedet, wenn er vorhatte, das Refuge heute Nacht zu verlassen, er wäre nicht einfach so an ihrer Hütte vorbeigeritten.

Ricarda behielt ihr Schlaf-T-Shirt an, streifte schnell eine kurze Hose, einen Pullover und Sandalen über. Dann schloss sie die Tür der Hütte leise hinter sich. Und ging dem Elefanten hinterher. Ihre Schuhe machten kaum ein Geräusch auf dem kurzen, stacheligen Gras und den Wegen aus festgestampfter Erde. Die Luft war kühl und es war sehr still, bis auf ein gelegentliches Blätterrascheln in den Baumkronen, wenn ein Vogel sich dort bewegte. Der Boden war noch durchtränkt vom letzten Regen, es roch nach feuchter Erde und nassen Blättern. Ricarda sog den Geruch ein und genoss die Stille. Das fühlte sich so gut an nach dem heftigen Tag gestern.

Gerade war der Elefant außer Sicht, aber nach ein paar Minuten fand Ricarda ihn wieder. Er war jetzt fast am Haupttor angelangt, wo die Rückseite des Eingangsschilds wuchtig aufragte. Der Elefant stand dort und betastete das Tor mit dem Rüssel. Ricarda blieb stehen und wartete gespannt, was der Elefant tun würde. Weiter würde er jedenfalls nicht kommen, denn die Außengrenze des Refuge war nicht nur mit einem massiven Holzzaun gesichert, dessen Tor nachts verriegelt wurde, sondern auch mit einem Elektrozaun.

Sie war immer noch nicht sicher, mit welchem Tier sie diese Mitternachtsstunde teilte, aber Devi war es nicht, dieser Elefant war kleiner und damit wahrscheinlich auch jünger. Stoßzähne hatte er keine, damit schieden viele der Bullen aus. Vielleicht war es die zurückhaltende Rewadee, die von einem *Mahout* namens Tum betreut wurde. Ricarda hatte Rewadee bisher nur von Weitem gesehen, da sie keine Übungen zu machen brauchte, sondern einfach den ganzen Tag mit Tum durch den Wald wanderte, von den anderen Elefanten aus irgendeinem Grund gemieden. Nein, Rewadee konnte es nicht sein, das war doch die mit dem verletzten Bein, weil sie in Laos auf eine Landmine getreten war. Wahrscheinlich hinkte sie und dieser Elefant hier tat es nicht.

Der Elefant am Tor tat jetzt etwas sehr Seltsames. Er schien in der Umgebung des Zauns herumzustöbern, nahm einen Ast und trug ihn im Rüssel zum Außentor. Staunend beobachtete Ricarda, wie das riesige Tier den Ast geschickt so über den Elektrozaun legte, dass die beiden oberen Drähte zusammengedrückt wurden. Das gab einen Kurzschluss, einen absichtlichen! Damit war der Elektrozaun außer Gefecht. Auch der schwere Innenriegel des Holztors war für den Elefanten kein Problem, nach ein paar Minuten hatte er ihn offen.

Ricarda wusste selbst nicht, warum sie jetzt nicht laut nach Verstärkung schrie, Ruang und seine ganze Familie weckte, die kaum hundert Meter entfernt im Haupthaus schliefen. Sie schaute einfach nur zu und ging dem Elefanten nach, der lautlos, fast geisterhaft durch das offene Haupttor schritt.

Ricarda zögerte, ließ die Hand kurz über die rauen Holzbalken des Tors gleiten. Was tun? Wieder zurück ins Bett? Nein. Sie war neugierig geworden, interessierte, wohin dieser Elefant wollte. Und wer es war. Aber dafür musste sie näher herankommen und das wagte sie nach der Sache mit Khanom nicht.

Mit raschen, raumgreifenden Schritten wanderte der Elefant neben der Straße entlang und Ricarda ging einfach hinter ihm her. Es war ein komisches Gefühl, jetzt draußen zu sein, sie fühlte sich verletzlicher außerhalb der kleinen Welt des Refuge. Auch wohin sie überhaupt gingen, konnte Ricarda nicht sicher sagen. Lag in dieser Richtung Lampang? Dicht und regenschwer neigten sich von beiden Seiten die Bäume über die Straße. Gut, dass der Mond noch so groß am Himmel stand, denn Straßenlaternen gab es hier keine, ebenso wenig wie reflektierende Pfosten am Straßenrand. Die Straße war ein geisterhaftes, glattes Band im Halbdunkel. Ricarda hoffte, dass kein Auto vorbeiraste, sie übersah und umnietete. Sicherheitshalber ging sie so weit außen wie nur möglich, das tat der Elefant ebenfalls.

Ihre Sandalen machten ein reibendes Geräusch auf dem Asphalt, das konnte der Elefant sicher hören. Ricarda ahnte, dass er seine Verfolgerin längst bemerkt hatte. Sie hatte inzwischen erlebt, wie gut die Sinne der grauen Riesen waren, sie verließen sich viel stärker auf ihren Geruchssinn und ihr Gehör als auf ihre nicht besonders scharfen Augen. Doch ihr riesiger, stummer Führer hatte sich noch kein einziges Mal umgewandt, anscheinend war es ihm egal, dass Ricarda da war. Solange sie nicht versuchte, ihn aufzuhalten.

Seltsam, Angst hatte Ricarda keine. Vielleicht, weil ihr alles so unwirklich vorkam. Sie war im Nirgendwo. Außerhalb der Zeit. Als einziger Mensch in einer Welt, die Geistern und Göttern gehörte. In der Elefanten noch die mächtigen Herren der Wälder waren, niemandem untertan.

Eigentlich war es ihr egal, wie lange sie gingen. Es fühlte sich gut an, hier zu sein. Wieso war sie noch nicht müde? War es nur ein Traum? Nein, kurz darauf rutschte ein kleiner Stein in Ricardas Sandalen, sie musste das pikende Ding hinausschütteln. Es holte sie wieder in die Wirklichkeit zurück und seltsamerweise brachte es ein nagendes, schlechtes Gefühl mit sich. Warum nur hatte sie nicht Alarm geschlagen? Sie konnte diesen Elefanten doch nicht einfach hier herumwandern lassen, wo er womöglich in Schwierigkeiten geriet – sie würde irgendwie versuchen müssen, ihn zurückzubringen. Aber das würde nicht gehen, solange er sein Ziel verfolgte.

Und dann, schließlich, wurde der Elefant langsamer. Ricarda blickte hoch, sah, dass der Wald in gepflegten

Rasen mit einigen Zierbäumchen überging, und staunte. Dort erhoben sich Mauern, so wuchtig, dass sogar der Elefant vor ihnen klein wirkte.

Welche Art Gebäude konnte das sein? Ricarda erkannte eine riesige Treppe aus hellem Stein, die von mythischen Wächtern beschützt wurde – welche Wesen waren das? Hunde, Drachen, *Nagas?* Streng und reglos erwiderten sie Ricardas Blick.

Anscheinend waren sie vor einem Tempel angekommen, einem Tempel weitab der Stadt, mitten im Wald. Hinter einer wuchtigen Ziegelmauer sah Ricarda einen runden goldenen Turm, einen *chedi*, und ein dreifach ineinandergeschachteltes Tempeldach mit seinen typischen gebogenen Spitzen am First, die Ricarda an Klauen erinnerten. An der Seite des Geländes reckte ein riesiger Baum die Äste in alle Richtungen. Da, drei kleine Schatten, standen da Menschen? Nein, es waren Zierpalmen. Menschenleer und verlassen lag der Tempel da. Ricarda hatte keine Ahnung, wie der Tempel hieß; sie sah zwar ein großes Schild, doch es war viel zu dunkel, um die Aufschrift lesen zu können.

Der Elefant stand bewegungslos auf der breiten Straße vor dem Tempel, sein Rüssel hing herunter. Er hatte sein Ziel erreicht. Mehrere Minuten lang verharrte das gewaltige Tier, so, als erweise es dem Tempel Ehre. Doch es versuchte nicht, die Treppe hinaufzusteigen oder ins Innere zu gelangen. Vielmehr schien ihm zu genügen, einfach dazustehen, fast nachdenklich sah das aus. Oder ehrfürchtig.

Ricarda war fasziniert. Welches Geheimnis barg der Tempel für diesen Elefanten? Welchem Ruf war er gefolgt? Was suchte er hier?

Wie auf ein geheimes Signal schwenkte der Elefant den Kopf herum in ihre Richtung und sah sie an. Plötzlich erkannte Ricarda, wen sie vor sich hatte – an der Form der Ohren, den langen Beinen, der Haltung. Es war Laona.

Laona?! Der schwierige, misshandelte Neuankömmling? Ruangs Worte fielen Ricarda wieder ein. *Ihr geht nicht in ihre Nähe, okay? Zu gefährlich.* In den letzten Tagen war Laona etwas ruhiger geworden, trotzdem wurde sie noch getrennt von den anderen gehalten und bis auf Ruang wagte niemand, sie zu berühren oder zu füttern. Ricarda war froh, dass sie bei ihrem nächtlichen Marsch einen Abstand zu der Elefantin gehalten hatte. Doch waren die knapp zehn Meter, die sie trennten, nicht viel zu wenig? Kein Zaun zwischen ihnen. Sie waren einander ausgeliefert.

Noch immer stand die Elefantin ihr zugewandt. Ricarda versuchte, sich zu entspannen, ihren rasenden Puls zu beruhigen. *Ich bin nicht deine Feindin,* schickte sie der Elefantin entgegen, versuchte, alle Wärme in diese Gedanken zu legen, die sie in sich hatte. *Ich will dich nicht fangen. Ich will nur sehen, wohin du gehst.*

Und ob es daran lag oder nicht, jedenfalls drehte die Elefantin sich um. Das leise Flappen ihrer Ohren war das einzige Geräusch in der Dunkelheit. Jetzt bewegte sie sich wieder so zielgerichtet wie vorher, nur diesmal in die andere Richtung. Sie wollte zurück. Zum Refuge. Ob es für sie schon »Zuhause« war?

Ricarda folgte ihr. Es kam ihr nicht in den Sinn, Laona um einen Ritt zu bitten. Was auch immer sie hier beim Tempel gesucht hatte, es gehörte ganz ihr und hatte nichts mit Menschen zu tun. Für diese Reise brauchte und wünschte sie niemanden, der auf ihrem Nacken saß und ihr sagte, wohin sie zu laufen hatte.

Ein paar Autos kamen mit grellen Scheinwerfern an ihnen vorbei, doch Laona hörte sie schon sehr früh und verzog sich ins Unterholz, sodass sie von der Straße aus vermutlich nicht zu sehen war. Ricarda tat es ihr nach, sie hatte kein Interesse an besorgten oder aufdringlichen Fragen.

Laona trottete gemächlich ins Refuge zurück, so als sei es ganz selbstverständlich, dass sie mal eben einen kleinen Ausflug unternommen hatte. Und ebenso selbstverständlich verriegelte Ricarda das Tor wieder hinter ihr und pflückte den Ast vom Elektrozaun. Wie Laona aus ihrem Gehege entkommen war, wusste sie immer noch nicht. Klar war nur, dass sie freiwillig das Refuge als ihre neue Heimat gewählt hatte. Es wäre ihr ein Leichtes gewesen, sich in den Wald davonzumachen.

Zwei Uhr nachts. Lustig – daheim musste sie immer schon um zehn Uhr dreißig im Bett sein, da kannten ihre Eltern kein Pardon. Erschöpft und mit wunden Füßen glitt Ricarda wieder in ihr Bett.

Trotzdem war sie in einer eigenartigen Hochstimmung. Und sie wusste, dass die Frage ihr keine Ruhe lassen würde. Die Frage, was Laona zu diesem Tempel hingezogen hatte.

»Aufwachen, die Sonne steht schon am Himmel!« Chanida hangelte sich über den Balkon nach oben, ohne die Treppe zu benutzen. »Na, gut geschlafen?«

»Bestens.« Sofia gähnte, reckte sich und drückte ihr Plüschschwein einmal, bevor sie es auf den Nachttisch zurückstellte. Dann warf sie die Decken weg und sprang hochdynamisch aus dem Bett.

Ricarda blieb noch einen Moment mit unter dem Kopf verschränkten Armen liegen. »Ich hab auch gut geschlafen«, sagte sie und staunte, wie leicht die Lüge ihr fiel. Wieso hatte sie das überhaupt gesagt? Erzähl Chanida davon und vor allem Ruang, drängte etwas in ihrem Inneren. Sag ihnen, was Laona getan hat. Vielleicht ist es wichtig. Außerdem geht es nicht, dass ein Elefant einfach so nachts auf der Straße herumwandert.

Doch ein anderer Teil von Ricarda stellte sich stur. Und warnte sie davor, Sofia einzuweihen, denn in diesem Fall wusste Chanida in ungefähr fünf Sekunden, was geschehen war.

»Komm, wir gehen kurz bei Laona vorbei«, schlug Ricarda auf dem Weg zum Frühstück vor. Sofia schaute zwar ein wenig erstaunt, machte aber mit.

Sie fanden Laona in ihrem Gehege; sie schubberte sich gerade die Haut an der Rinde eines in der Mitte stehenden Baumes, der so aussah, als hätten ihn schon ziemlich viele Rüsseltiere zum Kratzen missbraucht. Die Elefantin schaute Ricarda mit einem Blick an, den sie bei einem Menschen vorsichtig und nichtssagend genannt hätte.

»He, das Gatter ist ja offen«, staunte Sofia. »Sie hat Freigang.«

Und ob, dachte Ricarda. Jetzt wusste sie also, wieso Laona es überhaupt bis zum Eingangstor geschafft hatte. »Vielleicht darf sie probeweise zu den anderen Elefanten, wenn sie Lust hat. Damit sie sich eingliedert in die Herde.«

Sofia nickte. »Sieht aber so aus, als bliebe sie lieber drinnen. Sicher ist sicher.«

Ricarda sah Nuan bei den anderen *Mahouts,* er hockte auf dem Boden und löffelte Reissuppe. Ihr Herz machte einen Sprung, sie hob grüßend die Hand und er nickte ihr zu. Noch ist er da, dachte Ricarda. Beim Gedanken daran, dass er sehr bald – wann wohl? – das Refuge verlassen würde, fühlten sich ihre Augen an, als habe jemand Pfefferstaub hineingeblasen.

Während des Frühstücks versuchte sie, die Familie noch ein wenig auszuquetschen. Vielleicht konnte sie so das Rätsel von Laonas Ausflug lösen. Sie überwand sich und fragte in die Runde: »Sagt mal, was haben thailändische Elefanten eigentlich mit Tempeln zu tun?« Gott, klang die Frage blöd, hoffentlich machten sie sich nicht lustig über sie. Und hoffentlich antwortete überhaupt jemand.

Ruang tat es nicht, er ignorierte sie einfach. Als hätte er sie nicht gehört. Und Kaeo folgte seinem Beispiel, wie er das immer tat – so wie Ricarda ihn einschätzte, war er seinem Vater nie ungehorsam.

Auf diese Weise geht man also mit jemandem um, der

das Gesicht verloren hat, dachte Ricarda und tauschte einen Blick mit Sofia. Plötzlich fühlte sie sich sehr müde und mutlos.

Bis sie eine Stimme hörte. Chanidas Stimme. »Viel, oh, sehr viel haben sie mit Tempeln zu tun«, sagte sie. So als sei gestern nichts geschehen, als sei Ricarda immer noch ein geschätzter Gast im Refuge. »Elefanten sind Wesen mit starker Magie, sie haben ihren Ursprung in der Götterwelt. Als das Universum erschaffen wurde, sind ihre Vorfahren von vier Göttern aus den Knospen eines goldenen Lotus erschaffen worden. Hast du schon mal Lotus gesehen, Ricarda?«

Ricarda nickte und blickte Chanida an, versuchte, in ihren Augen zu lesen. Und sah die eiserne Entschlossenheit darin. Ja, Chanida wusste genau, was sie tat. Ricarda war ihr dankbar dafür. Warum schaffte sie es trotzdem nicht, Chanida zu vertrauen?

»Sogar heute noch beurteilen wir Elefanten danach, welcher der vier Götter seinen Vorfahren geformt hat und welcher Kaste der Elefant dadurch angehört«, erzählte Chanida weiter. »Zum Beispiel wurde der von Phra Phrom verwandelte Lotus zu der edelsten Kaste von Elefanten, wer ein solches Tier besitzt, dem sind Weisheit und Langlebigkeit sicher.«

»Und wie unterscheidet man die Kasten?«, hakte Sofia nach.

»Man sieht das von außen, an ihrer Größe, der Form und Farbe ihres Körpers, an ihrer Haut und ihren Stoßzähnen«, erklärte Chanida. »Mae Suchada gehört zur höchsten Kaste, Ruang ist sehr stolz auf sie. Ihre Haut hat die Farbe von regenschweren Wolken und schimmert wie fließendes Wasser! Ihre Schwanzquaste hat die Form eines *Bodhi*-Blattes und ihr Rücken hat die edle Form eines Bogens.«

»Und Khanom ist Krieger, einer aus der Kaste, die Phra Issuan hat geschaffen«, mischte sich Kaeo nicht minder stolz ein. Sieh an, wenn es um seinen Elefanten ging, wurde er plötzlich doch wieder gesprächig. Vermutlich half es auch, dass Ruang sein Frühstück beendet hatte und nach draußen gegangen war. »Außerdem hat Khanom besondere Macht, weil er ein *ekathant* ist, ein Elefant mit nur einem Stoßzahn. Wie der Elefant in Legende, der eine Kraft von tausend Männern hatte.«

Wie schön, dass sie von einem Elefanten mit ganz besonderen Kräften einen Baum hochgejagt worden war. Im Moment interessierte Ricarda allerdings etwas anderes viel mehr. »Können Elefanten auch die Diener von Göttern sein? Sieht man deswegen so oft Bilder von ihnen in Tempeln?« Im gleichen Moment, in dem sie es aussprach, kam ihr die Frage auch schon lächerlich vor. Laona war ein ganz normales Tier und keineswegs ein Fabelwesen. Aber irgendwie kam es Ricarda in Thailand vor, als sei hier alles möglich, hier waren Götter und Geister so eng mit dem Leben der Menschen verwoben. Vielleicht auch mit dem Leben der Elefanten.

»Ja, ja, Elefanten haben viel mit Göttern zu tun.« Chanida nickte. »Aber die Statuen haben eine andere Bedeutung. Die sind meistens Abbilder der weißen Elefanten, die früheren Königen gehört haben. Jeder König muss weiße Elefanten finden und an den Hof holen, das zeigt, dass er würdig ist, das Land zu regieren.« Sie aß noch ein paar Löffel Curry. »Hast du auch gesehen die Statuen eines dreiköpfigen Elefanten? Das ist Erawan, Reittier von Indra, dem mächtigen Gott. Indra wohnt in einem Palast in der Mitte des Universums und Erawan hilft ihm mit seiner Kraft.«

»Muss schwierig sein, mit drei Köpfen«, raunte Sofia ihr zu. »Was ist, wenn jeder in eine andere Richtung will?«

»Dann gibt's so 'ne Art Gedankenstau«, flüsterte Ricarda zurück.

»Kennt ihr eigentlich den hier?« Chanida holte ein Amulett hervor, das sie an einer langen Kette um den Hals trug. Sofia und Ricarda beugten sich neugierig zu ihr. Auf dem Amulett war ein dickes elefantenköpfiges Wesen abgebildet, das ebenfalls nur einen Stoßzahn besaß. Es hockte da wie ein Mensch und sah ausgesprochen gut gelaunt aus.

»He, Moment mal, den haben wir auch in Chiang Mai ständig in den Läden gesehen«, hakte Sofia ein. »Außerdem kenne ich ihn aus meinen Bollywoodfilmen. Das ist Ganesha.«

»Stimmt, mir kam er auch bekannt vor.« Ricarda nickte. Ab und zu machten sie und Sofia sich einen gemütlichen Filmabend mit einem Bollywoodfilm, frisch aus Indien, das war immer lustig, romantisch und schön bunt. Leider hatten sie es bisher nicht geschafft, Lilly oder einen der Jungs dafür zu begeistern. Fabian hatte sich einmal dazugesellt, doch nach einer halben Stunde voller bissiger Lästereien hatten sie ihn rauswerfen müssen.

»Ganesha«, sagte Chanida – ehrfürchtig, aber auch mit großer Zuneigung, als spräche sie nicht von einem Gott, sondern ihrem Lieblingsonkel. »Er ist der Gott der Weisheit und außerdem hilft er dabei, Hindernisse aus dem Weg zu räumen und Probleme zu bewältigen. Deshalb habe ich mir das Amulett besorgt. Wir haben nämlich demnächst Prüfungen!«

Das war für Gulap das Stichwort, wortreich loszuschimpfen. Hastig stand Chanida auf, verbeugte sich vor ihrer Mutter und eilte in Richtung ihres Motorrads. »Muss zur Schule, bye-bye!«, rief sie. Der Motor erwachte stotternd zum Leben … und erstarb wieder.

Neugierig ging Ricarda zum Fenster, um zu sehen, was los war – und rannte zum Ausgang. Fahrig, mit zitternden Fingern, schlüpfte sie in ihre Sandalen und polterte die Treppe hinunter. Sofia war ihr dicht auf den Fersen.

Nuan und Devi standen wartend auf dem freien Platz vor dem Haupthaus. Nuan trug die gleichen Sachen, mit denen er im Refuge eingetroffen war, ein helles Hemd und eine weite braune Hose, die von einem Ledergürtel zusammengehalten wurde. Immerhin, jetzt war alles frisch gewaschen und geflickt. Seine Tasche sowie Bündel mit Ausrüstung und Proviant hatte er auf Devis Rücken befestigt. Auch Devi schien die Bedeutung des Moments zu spüren, denn sie wartete geduldig, die Spitze ihres Rüssels ruhte auf dem staubigen Boden.

Inzwischen hatte jeder mitbekommen, dass Nuan gehen würde, und die meisten *Mahouts* riefen Grüße, die Nuan erwiderte. Er sprach kurz mit Ruang und verbeugte sich, danach verabschiedete er sich von den anderen Mitgliedern des Haushalts. Auch von Gai, die geschmeichelt ein zahnlos rotes Lächeln zurücksandte. Dann stand er auf einmal vor Ricarda, keine zwei Schritte entfernt, und Ricarda pochte das Herz bis zum Hals. Nuans tiefschwarze Haare schienen das Licht zu schlucken.

»Ricarda«, sagte er und es klang fremdartig, aber auch schön.

Zum ersten Mal sagte er ihren Namen. Zum letzten Mal.

Die Trauer verkrampfte Ricardas ganzen Körper. »Wohin wirst du jetzt gehen?«, fragte sie hilflos und spürte, wie ihr Tränen in die Augen traten. Sein Bild verschwamm, sie sah ihn wie durch einen Zerrspiegel. Dabei hatte sie sich noch einmal die Linien seines Gesichts einprägen wollen, den Schwung seiner Brauen, die Art, wie das Licht auf seiner Haut schimmerte.

Verschwommen merkte sie, dass Nuan ihr in die Augen blickte – und dass er zögerte.

Jetzt sieht er es, jetzt weiß er es, was er mir bedeutet, schwirrte es durch Ricardas Kopf. Nicht nötig, es zu gestehen. Augen können nicht lügen.

Vergessen war ihre Frage, auf die es sowieso keine Antwort gab. Halb blind streichelte Ricarda Devis Stirn, fühlte den Luftzug ihrer fächelnden Ohren. *Pass auf ihn auf, Devi, okay? Sieh zu, dass er nicht in Schwierigkeiten kommt. Und führ ihn an einen Ort, der für euch beide der richtige ist.*

Sie versuchte, eine heitere Erinnerung in sich heraufzubeschwören, die Tränen aus ihren Augen zu verbannen, um Nuan nicht vor all diesen Leuten in Verlegenheit zu bringen. Doch es klappte nicht.

»Ricarda«, sagte er wieder, leise diesmal, und sie wusste, was er meinte. *Sieh mich an* hieß das – und Ricarda wagte es. Lieferte sich ihm aus. Ihre Blicke trafen sich und sie sah, dass auch er sich nicht mehr verschloss, dass er sich öffnete für sie. Noch immer standen sie zwei Schritte voneinander entfernt, doch diesen Moment lang waren sie sich so nah, als hätten sich ihre Hände, ihre Lippen berührt.

Erst seine Stimme brach den Bann. »Ich will dir etwas geben.«

Nuan griff in die Brusttasche seines Hemdes und nahm etwas heraus, ein kleines Objekt. Ein Amulett! Erstaunt sahen Sofia und Chanida, die neben Ricarda standen, zu, wie Nuan es ihr überreichte. Ernst und mit beiden Händen. Ricarda betrachtete das Geschenk und ein Staunen breitete sich in ihrem Herzen aus wie Wellen auf einem See. Das Amulett sah dem, das er selbst trug, ähnlich, es war aus Metall und zeigte einen sitzenden Buddha. Sein Lächeln kündete von einer großen Ruhe, einem unendlichen Frieden.

»*Khoop-khun khaa*«, flüsterte Ricarda. »Danke. Aber … darf ich das überhaupt haben? Ich bin doch *Farang*, Ausländerin.«

Plötzlich war seine Stimme leise, fast verlegen. »Du bist ein Mädchen, das mit den Augen spricht. Das die Stille spüren kann. Was zählt es da, dass du *Farang* bist?«

Schnell verbeugte sich Nuan mit gefalteten Händen vor ihr, dann ging er weiter, verabschiedete sich auch von den anderen. Niemand anderem gab er ein Geschenk und mit langem Hals und neidischem Blick starrte Chanida auf das Amulett, das Ricarda sich um den Hals gelegt hatte. Ein schimmernder Kreis auf ihrer Haut.

Irgendwie schaffte Ricarda es zu lächeln, während Nuan und Devi sich bereit machten, auf ihren Weg zurückzukehren. Während sie das Eingangstor passierten, das Ruang mit strengem Blick offen hielt. Während Ricarda zurückging zu ihrer Hütte, die sich an den Mangobaum klammerte. Doch dann war es aus, ihr Lächeln zersplitterte und Tränen brachen aus ihr hervor. Durch den Stoff ihres T-Shirts fühlte sie, wie Sofia schweigend ihren Rücken streichelte.

Diesen Abend verbrachten sie gemeinsam, in ihrer Hütte, die vom Schein einer Kerze erhellt wurde. Das warme gelbe Licht breitete sich über die Bretterwände der Hütte, über ihre Betten, den zartfingrigen Gecko, der mit aufmerksam erhobenem Kopf an der Decke hockte. Nebeneinander lagen sie auf Ricardas Bett. Ricarda war noch immer elend zumute, doch sie war dankbar, dass Sofia bei ihr war, sich nicht an der fröhlichen Runde im Haupthaus beteiligte wie sonst.

»Es ist eine Schande, dass ihr nicht mehr Zeit hattet«, seufzte Sofia und spielte mit dem Moskitonetz, wand es sich um die Hand und ließ wieder los. »Zeig noch mal das Amulett. Hach, schön. Billig war das bestimmt nicht.

Hoffentlich hat er dafür nicht sein letztes Geld lockergemacht.«

Verdammt, wie weh es tat, an Nuan zu denken. Aber nicht nur – denn er hatte ihr zum Abschied gleich zwei Geschenke gemacht. Das erste ruhte um ihren Hals, das zweite in ihrer Seele. *Du bist ein Mädchen, das mit den Augen spricht. Das die Stille spüren kann.* Jedes Mal, wenn sie daran dachte, fühlte sie sich einen Moment lang stark und schön, heil und ganz. Wie konnte es sein, dass er das an ihr mochte, was sie manchmal so hasste? War es denn nicht ein Makel? Konnte es etwas sein, das sie verband?

»Das mit Fabian hat sich jetzt erledigt, oder?« Sofias Stimme durchbrach ihre Gedanken.

»Ich sage ihm gleich, wenn wir zurück sind, dass es mit uns nichts wird«, sagte Ricarda. »Es wäre unfair, wenn er weiterhin glaubt, es könnte noch was werden. Ich glaube … wenn man weiß, wie Liebe sich anfühlen kann, dann ist man nie mehr zufrieden mit halben Sachen.«

»Okay.« Sofia klang friedfertig. »Du hast recht. Aber sag's ihm behutsam.«

»Wie war es eigentlich bei dir und Marco? Hast du es gleich gespürt, was er für dich einmal sein würde?«

»Ich wusste schon im ersten Moment, dass ich ihn sympathisch finde. Seine verstrubbelten Haare, sein trockener Humor, sein konzentrierter Blick, wenn er seine Kunststücke mit dem Einrad macht.« Da war so viel Wärme in Sofias Stimme. »Allerdings findet ihn jeder nett, es war also nichts Besonderes, dass er mir auch gefallen hat.«

Sofias Blick war in die Ferne gewandt. Jetzt ist sie gerade bei ihm, über zwei Ozeane hinweg, dachte Ricarda mit einem Anflug von Neid.

»So richtig gefunkt hat es aber erst im Zirkuscamp«, fuhr Sofia fort. »Da waren wir ständig zusammen und fühlten uns so wohl miteinander. Wir waren wie zwei Hälften, bei denen es Klick machte und die auf einmal verbunden waren. Er ist der beste Mensch, den ich kenne. Ach, verdammt, ich vermisse ihn.« Jetzt schimmerten auch ihre Augen feucht.

Ricarda dachte an Nuan. Daran, was für ein besonderer Junge er war und wie gern sie mehr über ihn herausgefunden hätte. Jetzt würde sie nie erfahren, wieso er so gut Englisch sprach, wie er aufgewachsen war, wie er wirklich dachte und fühlte. Vielleicht war er in Wirklichkeit ja ganz schrecklich, ein Macho der übelsten Art. Aber sie konnte selbst nicht recht daran glauben, hätte sie das nicht spüren müssen?

Auf einmal hatte Ricarda das Bedürfnis, in ihrer Legende zu lesen, vielleicht noch ein Stück weiterzuschreiben. Doch Sofia würde todsicher wissen wollen, was sie da in ihr Buch kritzelte. Vielleicht war es an der Zeit, sie einzuweihen.

Ricarda entschied sich. »Ich habe da etwas geschrieben«, sagte sie. »Etwas, zu dem Nuan mich inspiriert hat ... willst du es hören?«

»Ein Gedicht?«

»Nein, eine Geschichte. So was wie ein Märchen.«

Ricarda holte das Notizbuch hervor, begann mit leiser

Stimme zu lesen. Erst den Anfang, dann die neueste Passage. Und ihre Worte reihten sich aneinander zu einer Melodie, verfingen sich in der Rinde des Mangobaums, schwebten aus dem Fenster davon in die samtige Dunkelheit.

Schon bald merkten die Soldaten, dass sie den Sohn des Fürsten selbst in ihrer Gewalt hatten, und nahmen ihn mit in den Palast von Surin, den König Arakhar bereits erobert hatte. Nuans Vater und all seine Vertrauten waren tot und auch Nuan sollte hingerichtet werden, damit kein anderer mehr Anspruch auf den Thron Surins erheben konnte.
Davon ahnte Ricarda nichts. König Arakhar hatte sie als Braut für einen seiner treuen Verbündeten ausgewählt. Traurig wartete sie in ihren neuen Räumen darauf, was nun mit ihr geschehen würde, und sorgte sich um ihren Prinzen des Mondes. Doch sie ahnte nicht, wer Nuan wirklich war und was ihm bevorstand. Sie erfuhr es erst, als sie durch die Gärten wanderte und dabei auf Devi traf, die an einem riesigen Feigenbaum angekettet war.
»Ich weiß, nach wem du dich sehnst«, sagte Devi. »Nuan, der Sohn des Fürsten, ist dein Prinz des Mondes. Er ist in ernster Gefahr. Willst du ihm helfen?«
Ricarda war überrascht, dass der Elefant zu ihr sprach, und erschrocken darüber, wer Nuan wirklich war. Aber sie überwand ihre Verwunderung schnell.

»Ja, natürlich will ich ihm helfen. Von ganzem Herzen.«

»Er soll bei Sonnenaufgang hingerichtet werden. Drei von Arakhars Dämonen bewachen ihn. Doch wenn ein Mädchen zu ihnen kommt und ihnen etwas vorspielt, werden sie besänftigt und ich kann sie vielleicht besiegen, solange sie abgelenkt sind. Aber überlege dir gut, ob du es wirklich tun willst, denn du musst dein Leben riskieren. Und gelingen kann der Plan nur, wenn du deine Furcht beherrschst.«

»Ich will es tun«, entschied sich Ricarda und versuchte vergeblich, Devis Kette zu lösen. »Kannst du dich denn befreien?«

»Ja. Heute Nacht werde ich meine Kette zerreißen. Der Schmerz vergeht wieder.«

In dieser Nacht verbarg Ricarda die Flöte in ihrem Gewand und kletterte aus dem Fenster. Sie schlich zu dem Kerker, in dem Nuan gefangen gehalten wurde. Die drei Dämonen sahen scheußlich aus, wie riesige Schlangen mit Pferdemähnen und Schweineschnauzen, aus denen dolchartige Zähne ragten. Am liebsten wäre Ricarda geflohen, doch sie dachte an Nuan, holte ihre Flöte hervor und begann zu spielen. Es schien den Dämonen zu gefallen, entspannt lagen sie Ricarda zu Füßen und schnurrten vor Wohlbehagen.

»Sie gefällt mir, deine Legende«, sagte Sofia leise. »Weißt du schon, wie sie ausgehen wird?«

Ricarda dachte darüber nach. Ein Happy End? Wieso nicht, vielleicht war das ein Trost, ein trotziger Ausgleich dafür, wie es in Wirklichkeit zu Ende gegangen war. Doch zugleich spürte Ricarda, dass die Geschichte das nicht dulden würde. »Ich fürchte, einer der beiden Liebenden wird sterben.«

Sofia schauderte. »Das willst du tun? Bitte, mach das nicht. Bringt bestimmt Unglück.«

Als Sofia längst schlief, holte Ricarda das Buch noch einmal hervor, setzte den Stift an und ließ ihn über die Seiten gleiten. Schrieb den Schluss, den die Geschichte forderte.

Nuan konnte kaum glauben, was er sah. Das Glück, Ricarda unversehrt wiederzusehen, überwältigte ihn fast. »Ricarda«, flüsterte er und suchte ihren Blick. Einen Moment lang trafen sich ihre Augen, sprachen ihre Blicke von der Liebe, die sie verband. Doch genau das lenkte Ricarda ab. Ihre Finger griffen daneben, die Melodie entglitt ihr und irritiert hoben die Dämonen mit gebleckten Fangzähnen den Kopf. Vor Angst packte Ricarda die Flöte zu fest und das dünne Holz zerbrach.

Die Dämonen fielen über sie her und zerrissen sie.

Nur Momente später brach Devi die Tür des Kerkers nieder, stürzte sich auf die bösartigen Wesen und schaffte es nach einem harten Kampf, sie zu zertrampeln. Aber es war zu spät. Ricarda war tot.

Voller Schmerz und Schuldgefühle kletterte Nuan

auf Devis Rücken und bat sie, ihn zu König Arakhar zu bringen. Er holte das Schwert seines Großvaters aus dem geheimen Versteck, besiegte König Arakhar im Zweikampf und tötete ihn. Voller Wut und Trauer scharte er die Reste seiner einstigen Armee um sich und trieb Arakhars nun führerlose Truppen aus dem Land. Wenig später wurde er der neue König von Surin.

Doch die Schwermut verließ ihn nie, und obwohl er ein mächtiger Herrscher wurde, blieb es seine einzige Freude im Leben, bei Sonnenaufgang auf Devi zu reiten und sich gemeinsam mit ihr an seine Liebe zu erinnern.

DER TEMPEL

Ricarda schlief schlecht in dieser Nacht, vielleicht hörte sie es deshalb. Das leise *Wush* eines Zweigs, der zur Seite gebogen wird und wieder zurückschnellt. Ihre Augen öffneten sich in der Dunkelheit, ihr Herz legte einen Sprintstart hin und bevor Ricarda richtig begriffen hatte, wo sie war und was gerade geschah, war sie auch schon aus dem Bett und am Fenster.

Es schien ihr dunkler als in der letzten Nacht, der Mond war nicht mehr ganz voll und es sah aus, als versuche jemand, ihn mit einem Tafelschwamm vom Himmel zu wischen. Angestrengt starrte Ricarda in die Dunkelheit und erkannte Laonas sich bewegende Gestalt. Sie war wieder unterwegs! Diesmal um zwei Uhr nachts, hatte sie gewartet, bis im Haupthaus alle schliefen?

Hastig zog sich Ricarda an. Sie streifte sich ihre festen Schuhe über, damit war sie auch für einen weiten Weg gerüstet. Dann tastete sie in Sofias Koffer umher, wo war denn die Taschenlampe, die Sofia mitgeschleppt hatte? Ach da. Und jetzt nichts wie los, sonst war die Elefantin über alle Berge.

Jemand hatte das Holzstück weggeräumt, das Laona

das letzte Mal benutzt hatte, um den Elektrozaun kurzzuschließen. Nachdem die Elefantin eine Weile unschlüssig vor dem Tor gestanden hatte, brach sie mit dem Rüssel einen neuen Ast vom nächstbesten Baum ab. Es gab ein scharfes Krachen und Ricarda zuckte zusammen, schaute zum Haupthaus hinüber. Sie schüttelte den Kopf über sich, als ihr klar wurde, was sie dabei gedacht hatte. *Hoffentlich hat das niemanden aufgeweckt.* War sie jetzt Laonas Verbündete? Ja, irgendwie schon. Sie wünschte sich, dass Laona ihr Ziel erreichen konnte. Würde sie heute wieder zum Tempel gehen?

Ja, die Elefantin schlug wieder den Weg nach Lampang, zum Tempel, ein. Warum sie das tat, war Ricarda noch immer rätselhaft. Das Gespräch mit Chanida hatte ihr keinen Anhaltspunkt gebracht. Irgendetwas verband die Elefantin mit diesem Tempel, aber was? Hatte sie einmal dort gelebt, war sie dort glücklich gewesen? Nein, auf dem Gelände wurden sicher keine Tiere gehalten, außer vielleicht Hunde – von denen hatte sie bei Taos Mönchsweihe ein paar gesehen, die schienen zur üblichen Grundausstattung eines thailändischen Tempels zu gehören. Ricarda fand es sehr sympathisch, dass der Buddhismus ein so entspanntes Verhältnis zu Tieren hatte. In der christlichen Religion galt ja alles, was mehr als zwei Beine hatte, als dem Menschen untertan und damit basta.

Es war beruhigend, diesmal eine Taschenlampe dabeizuhaben, aber schon bald schaltete Ricarda sie aus, damit ihre Augen sich besser an die Dunkelheit gewöhnen konnten. Als sie sich dem Tempel näherte, erkannte sie die wuchtige Silhouette der äußeren Mauer. Ricarda überquerte den sorgfältig gepflegten Rasen, der die Außenseite des Tempels umgab, und beobachtete Laona genau. Vielleicht gelang es ihr ja heute, das Rätsel zu lösen!

Das tiefe Schnaufen eines Elefanten. Ricarda reagierte erst nicht, doch dann kroch eine kalte Furcht ihren Nacken hoch. Das Schnaufen kam aus der falschen Richtung. Es war nicht Laona gewesen, die es ausgestoßen hatte. Ein anderer Elefant war hier! Traf sich Laona an diesem Ort mit wilden Artgenossen aus den Wäldern der Umgebung? Nervös versuchte Ricarda auszumachen, wo der andere Elefant sich befand. Und stellte fest, dass er sich im tiefen Schatten eines Baumriesen verbarg. Und dass es keineswegs ein wildes Tier war, denn auf seinem Rücken war irgendetwas befestigt, große, verschnürte Säcke oder so in der Art. He, Moment mal, das alles kam ihr vertraut vor.

Das war ... Devi!

Ricarda vergaß, warum sie hier war; Freude durchrieselte sie vom Kopf bis zu den Zehenspitzen. Wo Devi war, da musste auch Nuan sein. Ihn noch einmal sehen, nur noch einmal, das war schöner als jeder Traum.

Vorsichtig ging sie näher ... und sah jemanden unter dem Baum sitzen, einen Schatten in Menschenform. Bewegungslos. Die kleinen Härchen auf Ricardas Armen sträubten sich, doch sie ging noch näher heran. »Nuan, bist du das?« Sie richtete die Taschenlampe auf den Boden vor dem Menschen – ein Lichtstrahl ins Gesicht war eher eine Methode der Polizei – und versuchte, im Widerschein etwas zu erkennen.

Ja, es war Nuan. Er öffnete gerade die Augen, hatte er etwa im Sitzen geschlafen? Verdutzt blickte er sie an und im ersten Moment war sie nicht sicher, ob er sie in der Dunkelheit erkannt hatte. Schließlich hatte er ebenso wenig mit ihr gerechnet wie sie mit ihm. »*Pai nai?*«, fragte er leise. *Wohin gehst du?*

»*Pai thiau*«, flüsterte Ricarda zurück. *Ich gehe spazieren.* Das war eine übliche Antwort auf die rituelle Frage und diesmal stimmte sie sogar.

»Spazieren mit einem Elefanten. Wenn alle schlafen.« Jetzt klang seine Stimme amüsiert.

»Ja, ich ... äh, einer unserer Elefanten ist aus dem Gelände entkommen, Laona ... sie geht zum Tempel, ich weiß auch nicht warum. Und ich bin ihr gefolgt.« Oje, das klang schon sehr seltsam. Vor allem, weil Ricarda keinerlei Erklärung dafür bot, warum sie keinen Alarm geschlagen hatte, sondern Laona allein hinterhergegangen war. Hastig fuhr sie fort: »Und du, was machst du hier?«

»Ich wollte noch einmal hier meditieren. Der Tempel ist ... ein Ort voller Kraft. Kannst du sie spüren?«

Ricarda blickte hinauf zu den wuchtigen Tempelmauern, zu den fremdartigen Wesen, die die Außentreppe bewachten. Sie schloss kurz die Augen und versuchte, sich zu konzentrieren. Doch sie war zu aufgewühlt von dem Wiedersehen, um irgendetwas zu spüren, was der Tempel vielleicht ausstrahlte oder vielleicht auch nicht. Mist. Würde Nuan enttäuscht sein? Bestimmt.

Ricarda zögerte, entschied sich dann, ihm trotzdem die Wahrheit zu sagen. Einfach die Wahrheit. »Ja, ich spüre etwas«, sagte Ricarda leise. »Aber ich glaube, es ist nicht die Kraft des Tempels. Ich fühle mich … durchflutet von Freude.«

Nuan schwieg, einen endlosen Moment lang. Dann sagte er: »Willst du dich setzen?«

»Ja«, antwortete Ricarda und hockte sich neben ihn auf den Boden, zwischen die wulstigen Wurzelstränge des Baumes. Hinter ihr kaute Devi zufrieden auf ein paar Blättern, Ricarda konnte sie atmen hören. Es fühlte sich herrlich an, neben Nuan zu sitzen, hier in der Dunkelheit, die sie vor der Welt verbarg. Ja, jetzt spürte sie etwas. Sie spürte seine Nähe und in diesem Moment brauchte sie nichts anderes, um vollkommen glücklich zu sein. Hier. Jetzt.

Ricarda ließ sich in die Stille hineinsinken und fühlte, wie sie langsam zur Ruhe kam.

Von hier aus konnte man den prachtvollen goldenen Turm, der über die Tempelmauern hinausragte, nicht sehen. Dafür hatte sie einen guten Blick auf Laona, die fast bewegungslos neben dem Eingang des Tempels stand. Was ihr wohl durch den Kopf ging?

»Glaubst du, dass Elefanten auch meditieren?«, fragte Ricarda Nuan. Sie warf einen Seitenblick auf ihn und sah, dass auch er Laona beobachtete.

»Du meinst, vielleicht ist es das, was eure Elefantin hierherführt?«, fragte er zurück. »Ich weiß nicht. Hat sie die Wanderung schon einmal gemacht?«

»Gestern«, sagte Ricarda und wartete halb darauf, dass

jetzt die Vorwürfe kommen würden, warum sie Laona allein gefolgt war, oder wenigstens die Frage, was Ruang dazu meinte. Doch auf eine seltsame Art schien er sie zu verstehen. Vielleicht konnte Nuan ihr sogar dabei helfen, das Rätsel zu lösen. Er verstand schließlich eine Menge von Elefanten, hatte sein Leben lang mit ihnen gearbeitet.

»Hast du eine Ahnung, warum Laona das tut?«, fragte sie ihn. »Was dahinterstecken könnte?«

»Manches, vieles«, erwiderte er nachdenklich. »Möglich, dass wir es herausfinden können.«

Wir hatte er gesagt. Ricarda bekam eine Gänsehaut vor Freude. »Aber ... haben wir denn die Zeit? Musst du denn nicht weiter ... nach Norden oder wohin auch immer? Weg von hier?«

»Ja. Aber vielleicht noch nicht jetzt.« Er zögerte; fast wirkte es, als warte er auf etwas.

»Das wäre schön«, sagte Ricarda, versuchte, das Zittern in ihrer Stimme zu unterdrücken.

So fühlte sich also eine ganze Wagenladung Glück an. Gestern war ihre Liebe ein Ding der Vergangenheit gewesen, schon bald nur noch eine kleine wehmütige Erinnerung und ein paar kostbare Schnappschüsse. Jetzt hatte sie auf einmal Zukunft, auch wenn es vielleicht nur ein paar Tage waren. Jeder Tag, nein, jede Stunde, jede Minute, zählte. Und jetzt wollte sie vor allem eins, mehr über Nuan erfahren. »Warst du mal Mönch in so einem Tempel?«

»Ja, ich war elf Jahre alt«, berichtete er. »Mein Onkel war todkrank und ich sollte in den Tempel, um ihm zu helfen. Verstorbene können sich an der Robe von Mönchen festhalten, um ins Jenseits zu gelangen, weißt du. Ich war schrecklich aufgeregt bei der *buat phra*, der Weihe. Aber im Tempel war es dann eher langweilig, weil es dort keinen Unterricht gab.«

Ricarda war erstaunt über den auf einmal so gesprächigen Nuan; im Refuge war er so schweigsam gewesen, so verschlossen. Er vertraut mir und mir allein, ging es ihr durch den Kopf, und das war ein atemberaubender Gedanke. Außerdem berührte es Ricarda, sich den sonst so beherrschten Nuan als aufgeregtes Kind vorzustellen. Sie musste an Tao denken, der sicher gerade tief und fest schlief. »Es gab keinen Unterricht? Das ist schade. Bestimmt hätten dir die Mönche viel beibringen können.«

»In manchen Tempeln gibt es Unterricht, nur leider nicht in diesem. Machte nichts, ich habe trotzdem von ihnen gelernt.« Seine Stimme verwob sich mit dem Rascheln der Blätter und den Geräuschen der Nacht. »Aber ich habe Devi sehr vermisst und ich hatte oft Hunger, das war nicht so gut. Nach zwölf Uhr mittags darf man als Mönch ja nichts mehr essen. Zum Glück durfte ich wenigstens Milch trinken.«

War es wirklich erst einen Tag her, dass sie Abschied genommen hatten, dass er zum ersten Mal ihren Namen genannt hatte? Und jetzt redeten sie. Redeten wirklich. Es war aufregend neu und doch fühlte es sich vertraut und richtig an, mit ihm zusammen zu sein. Und das war gut so, denn sonst hätte sie bestimmt keine der zwei Dutzend Fragen herausbekommen, die danach drängten, endlich ausgesprochen zu werden.

»Was macht eigentlich deine Mutter, kümmert sie sich auch um Elefanten wie dein Vater?«

»Nein, das ist bei uns Sache der Männer. Meine Mutter ist Seidenweberin. Sie macht noch alles selbst und ist stolz darauf, dass die Stoffe viel schöner werden als die aus der Fabrik. Und das Geld, das sie damit verdient, ist wichtig für uns.«

Ricarda spürte, wie sie unsicher wurde. Sie strich sich eine Haarsträhne aus dem Gesicht, die sie an der Wange kitzelte. »Im Refuge arbeiten aber auch Mädchen und Frauen mit den Elefanten … zum Beispiel Chanida … oder, äh, ich. Findest du das komisch?«

»Ja«, sagte er. »Ein bisschen schon. Chanida … na ja … sie ist kein richtiger *Mahout*. Für sie ist es nur ein Spiel und sie hat zu viele andere Dinge im Kopf. Ziemlich oft vergisst sie, Mae Jai Dis Füße zu kontrollieren.«

Oh, dachte Ricarda. In solchen Momenten war es, als erhelle ein Blitzlicht einen dunklen Raum, in dem seltsame, fremdartige Dinge standen, in dem sich Gestalten bewegten, die sie nicht kannte. Und ihr wurde bewusst, wie fremd ihr die Welt war, in der Nuan lebte. »Für mich ist es auch nur ein Spiel«, meinte sie verlegen. »Eins, das nur zwei Wochen dauert.«

Ricarda erschrak über den Klang ihrer Worte. Nein, das war nicht die Wahrheit! Es war mehr geworden als das. Etwas, das in ihr noch lange nachhallen würde. Durch Nuan, aber nicht nur.

»Das tut mir leid«, antwortete Nuan steif und Ricarda rätselte, was er damit meinte. Tat es ihm leid, dass sie die

Dinge so sah? Oder dass sie nur zwei Wochen blieb? Und wieso hatte sie überhaupt so etwas Dämliches von sich gegeben? Wieso hatte sie nicht gesagt, was es ihr in Wirklichkeit bedeutete, hier in Thailand, bei den Elefanten zu sein? Vielleicht, weil sie hatte beweisen wollen, dass sie selbstkritisch war – im Gegensatz zu Chanida.

Nuan schwieg. Und auf einmal wusste Ricarda, dass sie es sagen musste, jetzt, bevor es zu spät war. Es reichte nicht, die Stille spüren zu können. Jetzt mussten Worte her, auch wenn es ihr schwerfiel.

»Aber ich bin mit ganzer Seele hier und mit ganzem Herzen«, sagte sie leise. »Und danach wird nichts mehr sein wie zuvor.«

Ein Flüstern in der Dunkelheit. »Und, wirst du das verfluchen?«

»Nein. Nein, das werde ich nicht. Und du? Wünschst du dir, du wärst nicht geflohen? Glaubst du … deine Eltern vermissen dich?«

Es dauerte eine Weile, bis eine Antwort kam. Und als er sprach, klang seine Stimme verzerrt. »Wie kann man jemanden vermissen, der getan hat, was ich getan habe?«

Ricarda war schockiert. »Du meinst … sie wollen nicht, dass du zurückkommst?«

»Ich glaube nicht. Vielleicht meine Schwester Nok. Sie kann verzeihen. Als Kind habe ich einmal versehentlich ihre Haare in Brand gesetzt und sie hat mich nicht mal geschlagen. Außerdem ist ihre Wut auf *Por* fast so groß wie meine, weil ihre Chancen auf eine gute Heirat jetzt viel schlechter sind als zuvor.«

Als Ricarda sah, dass Laona sich rührte, wieder in Bewegung setzte, war sie fast wütend auf die Elefantin. Hätte sie nicht noch ein kleines bisschen länger meditieren können oder was auch immer sie hier tat?

»Verzeih mir, ich muss gehen«, sagte sie traurig. Sie war für Laona verantwortlich, und sie nach Hause zu begleiten, war ihre Pflicht. Zwar konnte sie nicht ganz klar sagen, wer hier wen nach Hause brachte, aber einer musste ja das Tor hinter Laona wieder schließen.

»Ich verstehe.« Er hatte sich schon wieder gefangen, seine Stimme war gleichmäßig, von ruhiger Würde.

Sie musste es wagen, den Anfang machen. »Wann sehen wir uns wieder?«, flüsterte Ricarda und spürte, wie sie die Farbe wechselte vor Verlegenheit. Gott, war das lästig, dieses ständige Rotwerden. Gut, dass er das nicht sehen konnte.

»Morgen. Hier. Um zehn Uhr abends? Wirst du da sein?«

»Ja«, sagte Ricarda schlicht.

»Und frag jemanden, ob Laona schon mal hier war, in Lampang. Bevor sie zu euch gekommen ist.«

»Mach ich«, sagte Ricarda und zögerte, wusste nicht, wie sie sich verabschieden sollten, konnten. Nein, es war noch zu früh, um sich zu berühren, auch wenn sie sich so sehr danach sehnte, seine Umarmung zu spüren, seine Lippen auf ihren.

»*Sawatdii khrap*«, sagte er einfach. Auf Wiedersehen.

»*Sawatdii khaa*«, erwiderte Ricarda, drehte sich um und ging mit schnellen Schritten davon.

GOTT DES MONDES

Bleiern und kraftlos lag Ricarda im Bett und bekam ihre Augenlider einfach nicht hoch.

»Soll ich dir eine Kanne kaltes Wasser über den Kopf schütten?« Sofias Stimme. »Ich hab schon geduscht, und du? So lebendig wie ein Stück Tofu.«

Ricarda stöhnte und rollte sich unter der Decke zusammen wie ein junges Eichhörnchen in seinem Nest. Es geschah ihr ganz recht, das war die Quittung für die Nächte, die wegen Laona so kurz ausgefallen waren. Eigentlich brauchte sie nicht viel Schlaf, aber in letzter Zeit war es selbst für sie zu wenig gewesen. Und trotzdem. Wenn sie daran dachte, wen sie dort am Tempel getroffen hatte, schlich sich ein Lächeln auf ihr Gesicht. Schon flutete die Erinnerung hoch und sie kostete noch einmal jedes Wort aus, das sie mit Nuan gewechselt hatte. *Tausend Dank, Laona!*

»Na, das muss ja ein schöner Traum gewesen sein.« Sofia klang neugierig. »Kannst du dich noch daran erinnern?«

»Leider nicht«, krächzte Ricarda schnell. Immerhin, jetzt war sie wach, es war Zeit, ihre verklebten Augenlider auseinanderzuzerren. Sie blinzelte ein paarmal ins Licht – und sah sofort, dass etwas nicht stimmte. Sofia wandte ihr den Rücken zu und die Bewegungen, mit denen sie sich das T-Shirt überstreifte, waren steif und eckig.

»Komisch, aus irgendeinem Grund glaube ich dir das nicht.« Auf einmal klang Sofia kühl. »Falls es dir lästig ist, dass ich dich so viel frage, dann sag es doch einfach.«

Ricarda richtete sich im Bett auf, strich sich die wirren dunkelbraunen Haare aus der Stirn. Sie hatte ein furchtbar schlechtes Gewissen. Sofia war ihre beste Freundin – wieso hatte sie ihr eigentlich verschwiegen, was Laona tat? Wohin Ricarda ihr nachts folgte?

»Vielleicht fällt es mir wieder ein, was ich geträumt habe«, meinte Ricarda verlegen, doch Sofia schleuderte ihr nur ein »Bis nachher« entgegen, dann knallte die Holztür ins Schloss.

Ricarda vergrub den Kopf im Kissen. Mist! *Vielleicht fällt es mir wieder ein, was ich geträumt habe.* Was für eine dumme, heuchlerische Antwort. Sofia war nicht blöd, sie spürte, dass etwas nicht stimmte. Sie mit so einer Antwort abzuspeisen war schlimmer, als gar nichts zu sagen. Der Riss zwischen ihnen war noch nicht verheilt, trotz ihrer Versöhnung. Und all diese Geheimnisse ... sie zernagten ihre Freundschaft wie Rost eine Skulptur aus Eisen.

Es gab nur einen Weg, sie musste Sofia baldmöglichst erzählen, was in den letzten beiden Nächten geschehen war. Ihre Wut darüber ertragen, dass sie es nicht gleich berichtet hatte. Aber durfte sie es überhaupt wagen? Jetzt ging es nicht mehr um Laona, sondern um Nuan. Würde Sofia es schaffen, gegenüber Chanida dichtzuhalten?

Ich tu's, dachte Ricarda entschlossen und kroch aus dem Bett. Auf einmal hatte sie es eilig. Hoffentlich erwischte sie Sofia überhaupt noch beim Frühstück. Vielleicht heute auf die Dusche verzichten? Nein, die brauchte sie dringend zum Wachwerden.

Lauwarm prasselte das Wasser auf ihre Haut und auf dem gekachelten Fußboden krabbelten ein paar Ameisen eilig aus dem Weg. Eine davon schaffte es nicht mehr rechtzeitig die Wand hoch und zappelte auf den Abfluss zu. Ricarda hatte sich gerade die Haare eingeschäumt, aber sie bemerkte das Drama aus dem Augenwinkel. Sie bückte sich – verdammt, dieses Shampoo brannte höllisch in den Augen! – und versuchte, die Ameise auf ihren Finger kriechen zu lassen. Zu spät, sie war gerade in den Abfluss gestrudelt. Mist, wahrscheinlich bedeutete das Ertrinkenlassen von hilflosen Tieren jede Menge mieses Karma. Wahrscheinlich würde die Seele, die einmal Ricarda Wittenberg gehört hatte, in einer Kakerlake wiedergeboren werden. Und die landete dann geröstet auf dem Markt. Oder so.

Ricarda schloss die Augen, damit nicht noch mehr Shampoo reinlief, und tastete blind nach dem Schlauch der Dusche. Zack, das Ding fiel runter und der Duschkopf prallte voll auf ihren großen Zeh. »Kruzifixhöllennochmal!«, fauchte Ricarda und fragte sich, wo sie das denn herhatte.

Immerhin, jetzt war sie *richtig* wach.

Viel nützte das nicht, denn auf halbem Weg zum Haupthaus fing Ruang sie ab. Er belud gerade die offene Ladefläche des Geländewagens, einer der *Mahouts* half ihm. »Ich fahre gleich mit Dejan in ein Dorf, dort ist ein Elefant krank geworden und der Besitzer kann sich keine Behandlung leisten. Wir helfen ihm kostenlos. Möchtest du mitkommen?« Dejan, der Tierarzt mit dem zerfurchten Gesicht, nickte ihr freundlich zu.

Es dauerte einen Moment, bis die Botschaft in Ricardas Kopf ankam und dort Platz fand zwischen der Sorge um Sofia, den Schuldgefühlen, den herrlichen Gedanken an Nuan.

»Ja ... sehr gerne!«, stammelte Ricarda überrascht. Sie ahnte, dass es ein Friedensangebot war, dass Ruang ihr verziehen hatte, dass sie sich bei Nuans Geständnis neulich aus seiner Sicht danebenbenommen hatte. Was hatte sie getan, um sich wieder reinzuwaschen? Vielleicht hatte Kaeo ein gutes Wort für sie eingelegt; er wusste, wie viel ihr die Arbeit mit den Elefanten bedeutete, wie sehr sie sich engagierte. Egal. Jedenfalls war eine Fahrt mit Ruang eine erstklassige Gelegenheit, ihn zum Thema Laona auszufragen.

Aber ein paar Minuten konnte das bestimmt warten. »Ich frühstücke schnell noch, ist das in Ordnung?« Ricarda ging ein paar Schritte ... doch Ruang ließ schon den Motor des Landrovers an und redete in Thai mit Dejan, der ebenfalls eingestiegen war.

Hastig drehte sich Ricarda um und kletterte ins Führerhaus des Geländewagens; dort saßen sie auf der einzigen Sitzbank zu dritt nebeneinander. Und schon waren sie unterwegs, brausten durch das offene Haupttor und bogen auf die Straße ein, die Ricarda nun schon zweimal im Mondlicht gesehen hatte und die bei Tag so schlicht aussah, ein ganz gewöhnliches Band aus Asphalt und Teer.

Mit einem unangenehmen Gefühl in der Magengrube wurde Ricarda klar, was sie gerade getan hatte. Sie hätte sich dringend mit Sofia aussprechen müssen … und jetzt fuhr sie weg. Einfach weg! Was Sofia sich denken würde, konnte sie sich vorstellen. *Soso. Wieder einmal weicht sie aus. Ist zu feige, sich zu stellen. Hat doch nichts gelernt. Nichts ist anders geworden!*

Auf einmal war Ricarda elend zumute. Wie immer waren beide Fenster fast ganz heruntergekurbelt und der Fahrtwind fegte ihr dunkles Haar nach hinten, trieb ihr die Tränen in die Augen. Es gab nicht mal eine Chance, mit Ruang zu reden, weil sie nicht neben ihm saß, sondern neben Dejan. Außerdem war ihre Stimme nicht so kräftig, dass sie das drängende Röhren des Motors und den Sog des Fahrtwinds überwinden konnte. Stattdessen fragte Dejan irgendwas und nach einer Weile begriff sie, dass er sie gefragt hatte, ob sie schon einmal einen Kickbox-Wettkampf gesehen hatte. »Äh, nein«, stammelte Ricarda.

»Musst machen! Ist großer Thaisport!«, ermutigte sie Dejan und es stellte sich heraus, dass er in jungen Jahren selbst Kickboxer gewesen und sogar in großen Arenen aufgetreten war. »Aber dann wurde zu alt und Medizin studieren neues großes Ziel von mir.«

Sie fuhren lange, an Chiang Mai vorbei, dann weiter nach Norden, in ein smaragdgrünes Tal, durch das sich ein Fluss wälzte. Schroffe Gipfel rechts und links, Ricarda war nicht klar gewesen, dass Thailand so hohe Berge hatte.

Sie holperten über steile Feldwege, die vom Wasser ausgewaschen und so buckelig waren, dass der Landrover sich beim Darüberholpern beunruhigend zur Seite neigte. Dichter Laubwald links und rechts, waren das Teakbäume? Ein paar Motorräder kamen ihnen entgegen, auf eines war neben jeder Menge Gepäck ein Holzkäfig gebunden, der fast so groß war wie das ganze Gefährt. Hektisch flatternd rutschten ein paar Hühner darin herum.

Schließlich waren sie im Dorf angekommen, einer Ansammlung von wenigen einfachen Holzhäusern, die mit dem gleichen grauen strohartigen Zeug gedeckt waren wie die im Refuge. Ein paar Hühner mit ihren Küken liefen aus dem Weg, als der Landrover sich näherte. Frauen, die in bunte Röcke gekleidet waren, warfen ihnen neugierige Blicke zu und setzten dann wieder ihre Arbeit fort.

Drei oder vier große, umgestülpte Rattankörbe standen um die Häuser herum – erst als Ricarda durch die Lücken im Geflecht den Schatten von Hähnen erkannte, begriff sie, dass das Käfige waren. Aber nur für die kleinen Tiere ... den größten vierbeinigen Bewohner des Dorfs fanden sie auf einem freien Platz hinter einer Hütte, am Waldrand.

Der Elefant war ein junger Bulle; apathisch, bewegungslos stand er da. Sein Vorderbein war mit einer Kette gesichert, die ihm schon die Haut wund gescheuert hatte. Seine Stoßzähne, die wohl einmal prächtig gewesen waren, endeten in kantigen Stümpfen, es sah aus, als hätte sie jemand in der Mitte abgesägt. Ein umgekippter Plastikeimer und ein kleiner Haufen mit Reisstroh lagen in seiner Nähe und hinter ihm ein paar stinkende Lachen flüssigen Kots.

Es war ein furchtbarer Anblick und Ricarda hatte nur einen Wunsch: dieses kranke Tier zu trösten, es nicht allein zu lassen in seiner Qual. Seltsam, sie hatte keinen Moment lang Angst vor ihm. Sie näherte sich ihm ohne Scheu, streichelte seinen Kopf, über dem die graue, faltige Haut eingesunken war, sodass man die Schädelknochen deutlich sah. Strich ihm über das Bein und die Kante der Ohren, sprach leise mit ihm. Und einen Moment lang verloren die großen bernsteinfarbenen Augen des Elefanten ihre Teilnahmslosigkeit. Tat es ihm gut, dass jemand bei ihm war, sich für sein Schicksal interessierte?

Dejan begrüßte den Elefanten kurz und mitleidig, dann begann er, ihn zu untersuchen und Proben zu nehmen. Seine Miene war ernst, der schalkhafte Ausdruck war aus seinen Augen gewichen.

Anscheinend hatte Ruang es inzwischen geschafft, den Besitzer des Tieres aufzutreiben, einen alten Mann in einem blauen ärmellosen Hemd, kurzen Hosen und bunten Flip-Flops. Er hatte die zierliche Statur der meisten Thais, wirkte aber durch seine mageren Beine noch dünner. Neugierig und ein wenig eingeschüchtert hielt sich Ricarda an Ruangs und Dejans Seite und lauschte, obwohl sie kein Wort verstand. Zum Glück nahm sich Ruang die Zeit, für sie zu übersetzen.

»Der Elefant heißt Phra Chan, das bedeutet Gott des Mondes. Er ist seit zwei Wochen krank und er hat diese ganze Woche nicht gefressen und auch nicht geschlafen.« Ruang blickte grimmig drein. »Ich wünschte, der Mann hätte früher einen Tierarzt gerufen. Ein Glück, dass wir da sind. Aber ich weiß nicht, ob es jetzt noch etwas nützt.«

Gott des Mondes. Das erinnerte sie an Nuan. Doch was Ruang erzählt hatte, erschreckte sie. Eine Woche ohne Schlaf! Ricarda dachte daran, wie schlecht es ihr schon nach zwei halb durchwachten Nächten ging. »Wie lange schlafen Elefanten denn normalerweise? Und wieso kann er es nicht, wenn er krank ist?« Bei ihrer letzten Grippe war es ihr genau umgekehrt gegangen, sie hatte den ganzen Tag gedöst oder geschlafen.

»Eigentlich brauchen Elefanten so etwa drei Stunden Ruhe pro Nacht und manchmal legen sie sich dabei hin. Aber nicht, wenn sie krank sind. Dann wissen sie instinktiv, dass sie wahrscheinlich zu schwach sind, um wieder hochzukommen. Also lehnen sie sich nur gegen einen Baum und versuchen, ab und zu ein Nickerchen zu machen.«

Dass Ruang so ausführlich auf ihre Fragen antwortete, machte Ricarda Mut. Er reichte für eine weitere Frage. »Was ist eigentlich mit seinen Stoßzähnen passiert?«

Ruang strich mit der Hand über einen der oberarmdicken Stoßzähne; an manchen Stellen war er braun verfärbt, vielleicht einfach nur dreckig. »Tipping. Sein Besitzer hat die vordere Hälfte abgetrennt und das Elfenbein verkauft.«

»Oh. Tut das weh?«

»Nein, wenn der Nerv nicht verletzt wird. Es hat nichts damit zu tun, dass er krank ist.«

Das mochte sein. Und wahrscheinlich war Tipping besser, als Elefanten wegen ihrer Stoßzähne umzubringen, so wie es in Afrika geschah. Doch Ricarda fühlte sich trotzdem abgestoßen davon, was die Gier der Menschen mit diesem jungen Elefanten gemacht hatte.

Er war so schwach, dass er nicht mal zuckte, als der Tierarzt ihm aus einer Vene am Ohr Blut abnahm und ihm nach einer ausgiebigen Untersuchung mehrere Medikamente verabreichte. Auch die wund gescheuerte Haut an seinem Bein desinfizierte und verband Dejan. Ricarda holte ein paar Eimer Wasser, damit der Elefant trinken konnte.

»Eigentlich müssten wir ihn bei uns weiterbehandeln, aber der Besitzer will ihn nicht weglassen, er hat Angst, dass er ihn nicht mehr zurückbekommt.« Ruang ließ sich seinen Ärger kaum anmerken, aber seine Nasenflügel bebten. »Wir holen Futter für ihn aus dem Wald, bleibst du bei ihm?«

Es war kein besonders schöner Gedanke, allein hierzubleiben, in diesem fremden Dorf, in dem kein Mensch ihre Sprache verstand. Ach was, ich bin nicht allein, dachte Ricarda trotzig und nickte als Antwort auf Ruangs Frage. Ihre Hand ruhte auf der flachen Schulter des Elefanten und langsam und vorsichtig, mit einem Seufzer, streckte der junge Bulle sich und verlagerte sein Gewicht auf einen anderen säulendicken Vorderfuß. Seine Augen blickten wieder ins Leere. Ob er sich wohl nach seiner Herde sehnte, seiner Mutter, der Tante, die geholfen hatte, ihn aufzuziehen, seinen Geschwistern? Über Afrikanische Elefanten hatte sie gelesen, dass ihnen Blutsbande sehr wichtig waren, eine Herde blieb das ganze Leben lang zusammen. Das war nicht einmal bei menschlichen Familien so. Sofias Eltern zum Beispiel waren längst geschieden und Sofias großer Bruder studierte in Frankfurt.

Der Landrover brauste davon, Ricarda blieb zurück. Der Besitzer des Elefanten verschwand mit einem skeptisch-gleichgültigen Blick auf das *Farang*-Mädchen hinter seiner Hütte, um Holz zu hacken. Ricarda setzte sich auf den staubigen Boden, so nah, dass sie Phra Chans Rüssel berühren konnte. Es war ein sonniger Tag, ein gewaltiger Himmel spannte sich über dem Dorf und blitzte blau durch das Blätterdach, unter dem Ricarda hockte. Es roch nach Staub, dem Dung des Elefanten und dem süßlich schweren Duft des Büschels Bananen neben ihr. Von fern hörte Ricarda einen Hund kläffen, Kinder lachen. Ab und zu das Geräusch der Axt und ein trockenes Splittern, wenn das Holz barst. Eine alte Frau ging mit zwei Eimern vorbei. Fliegen hockten auf der runzeligen Haut des Elefanten, hoben dann und wann ab, zogen ein paar Kreise, setzten sich wieder.

»Du musst etwas essen. Sonst hast du noch weniger Kraft. Probier das mal.« Ricarda reichte Phra Chan eine

Banane, hoffte, dass er sie nehmen würde. Doch er beschnupperte sie nur kurz mit der Rüsselspitze und wenn sie ihm die Banane ins Maul schob, ließ er sie wieder herausfallen. Geduldig hob Ricarda sie auf, wusch in einem Wassereimer den Dreck ab, gab sie dem Elefanten noch einmal. Ohne Erfolg.

Der junge Elefant stand bewegungslos wie ein Fels, ohne eine Regung ertrug er die Fliegen. Wartete, wartete. Auf den Tod oder darauf, dass die Schmerzen nachließen.

Ricarda ahnte, dass es ungewiss war, ob Phra Chan überleben konnte. Wenn er nichts fraß, würde er es nicht schaffen.

Ihre Gedanken schweiften ab, zu Sofia. An sie zu denken, war ein dumpfer Schmerz. Die Fahrt mit Ruang bedeutete ein tolles Erlebnis, aber war sie es wert, dass ihre Freundschaft mit Sofia darunter litt? Nein, verdammt, war sie nicht! Warum hatte sie sich nur so voreilig mit in den Geländewagen gesetzt? Es war mehr ein Reflex gewesen, aber hätte sie nicht einen Moment lang *nachdenken* können? Oder hatte sie es unterbewusst nur Ruang recht machen wollen? Wieso hatte sie ihm nicht ganz klar gesagt, dass sie jetzt etwas anderes tun musste?

Mist, wenn sie doch wenigstens ihr Handy hier hätte und dazu noch Netzempfang. Wenn sie wenigstens mit Sofia reden, sich entschuldigen, alles erklären könnte! Was Sofia wohl jetzt tat? Was ihr durch den Kopf ging? Wusste sie überhaupt, dass Ricarda mitgefahren war zu einem kranken Elefanten? Wahrscheinlich nicht, denn wer sollte es ihr gesagt haben?

Und der Landrover ließ auf sich warten. Ungeduld begann in Ricarda zu nagen und ihre stille Wache bei Phra Chan aus dem Gleichgewicht zu bringen. Hoffentlich kam Ruang bald mit dem Geländewagen zurück, hoffentlich waren sie bald wieder im Refuge! Im Stillen entschuldigte sich Ricarda bei Phra Chan für diese Gedanken. Aber sie musste zu Sofia, und zwar so bald wie möglich.

Ricarda aß selbst eine Banane, um ihren leeren, aufgewühlten Magen zu beruhigen. Phra Chan beobachtete sie, doch ihr Vorbild wirkte leider nicht inspirierend auf ihn. Ricardas Gedanken machten sich wieder auf den Weg, zu Nuan diesmal. Sie erzählte ihm stumm von seinem Fast-Namensvetter, der hier litt, diskutierte mit ihm über Sofia, gestand, wie sehr sie sich darauf freute, ihn wiederzusehen.

Diesmal werdet ihr euch nicht unsichtbar machen wie vor dem Ausflug nach Chiang Mai, oder?

Wir werden da sein. Dich erwarten.

Zum ersten Mal. Wie schön das ist.

Ein paarmal hörte sie Motorgeräusch auf der nahen Dorfstraße und Ricarda spitzte die Ohren, hoffte – doch jedes Mal verklang es schon bald in der Ferne.

Sie pflückte noch eine Banane von der Staude, dann ein paar Blätter, saftiges Gras, versuchte weiter, Phra Chan zum Fressen zu überreden. Und bemerkte schließlich, dass jemand sie beobachtete. Der dürre alte Mann, dem der Elefant gehörte. Bewegungslos, auf eine einfach geschnitzte Hacke gestützt, stand er im Schatten seiner

Hütte. Doch nicht auf sie war sein Blick gerichtet, sondern auf die Bananen. Auf einen Schlag wurde Ricarda klar, dass der Mann womöglich Hunger hatte. Dass er die Bananen vielleicht gerne selbst gegessen hätte. Dass er wahrscheinlich keine Wahl gehabt hatte, als er sich entschied, Phra Chans Stoßzähne zu kappen und zu verkaufen. Dass er sicher sofort einen Tierarzt gerufen hätte, wenn er es sich irgendwie hätte leisten können. Dass er sicher nicht der Einzige in diesem Dorf und dieser Gegend war, für den Armut ein vertrauter, ungebetener Gast war.

Und es gab nichts, absolut nichts, was Ricarda gegen all das tun konnte.

Einen Moment lang wünschte sie sich sehnlicher denn je, in den Landrover zu klettern und von hier zu verschwinden, zurück in die vertraute Welt der Zuflucht. Dann riss sie sich zusammen. *Benimm dich wie eine Erwachsene, verdammt noch mal.* Sie stand auf, nahm die Hälfte des Bananenbüschels und ging mit einem Lächeln auf den alten Mann zu, bedeutete ihm, die Früchte zu nehmen, wenn er wollte. Doch er blickte sie mit einem seltsamen Gesichtsausdruck an, schüttelte den Kopf und verschwand wieder.

Na ja. So viel zu diesem blödsinnigen Versuch, etwas Gutes zu tun. Keiner wollte hier ihre milden Gaben, weder die Vier- noch die Zweibeiner.

Es dauerte eine ganze Stunde, bis Ruang und Dejan mit dem Landrover wieder auftauchten. Die Ladefläche war randvoll mit grünen Zweigen. Sah aus wie Bambus. Erleichtert sprang Ricarda auf und winkte. Ruang parkte schwungvoll ein und Ricarda half dabei, das Futter abzuladen. Dann war es Zeit, sich zu verabschieden. Lautlos versprach Ricarda dem jungen Elefanten, dass sie wiederkommen würden. Obwohl die anderen schon zum Wagen gingen, zögerte Ricarda noch, ihren Schützling allein zu lassen. Instinktiv versuchte sie ein letztes Mal, ihm die Banane zu geben. »Komm, nimm schon. Das tut dir gut, glaub mir. Bitte.«

Schwach betastete der Rüssel die gelbbraune Frucht, ergriff sie dann und führte sie zum Maul. Und weg war sie.

»Gut gemacht«, sagte Ricarda und klopfte ihm erleichtert den Rüssel. Vielleicht gab es ja doch Hoffnung, dass Phra Chan überlebte und tatsächlich Appetit auf den Bambus entwickelte.

Es war herrlich, wieder im Landrover zu sitzen. In ein paar Stunden würde sie zurück im Refuge sein und konnte Sofia alles erklären. Es würde scheußlich werden, aber hoffentlich würde Sofia sie verstehen und dann konnte Ricarda sich in Ruhe auf das Treffen mit Nuan freuen …

Ein gutes Omen war, dass sie bei der Rückfahrt auf dem Vordersitz neben Ruang saß, endlich konnte sie sich mit ihm unterhalten. Allerdings wäre das noch leichter gewesen, wenn Ruang nicht am Radio herumgedreht hätte, lautes Geplapper in Thai quoll heraus. Ricarda musste fast schreien, um sich verständlich zu machen. »Es geht Laona schon viel besser, oder? Ich habe gesehen, dass sie zu den anderen Elefanten darf.«

Ruang hatte im Radio endlich etwas gefunden, das ihm zusagte. Klang ziemlich schräg. Vielleicht klassische thailändische Musik. Er war der Einzige, der zuhörte – Dejan hatte den Kopf zurückgelehnt und war eingeschlafen. Zum Glück schnarchte er nicht allzu laut.

»Ja, sie darf«, sagte Ruang schließlich. »Sie interessiert sich ein wenig für die Kälber, vielleicht bietet sie sich bei der nächsten Geburt als Tante an. Aber es kann noch Monate dauern, bis sie in der Herde Anschluss findet. Vielleicht übernachtet sie dann auch draußen im Wald wie die anderen.«

Sie ist längst nachts im Wald. An einem ganz besonderen Ort. Die unausgesprochenen Worte versengten Ricardas Lippen, doch sie schaffte es, den Mund geschlossen zu lassen. Nein, sie konnte und würde es ihm nicht sagen. Das Rätsel des Elefantentempels gehörte ihr, ihr und Nuan. War das egoistisch? Völlig. War es dumm? Wahrscheinlich auch.

Jetzt fand sie erst einmal wichtig, mehr zu erfahren. »War Laona schon einmal hier in Lampang? Früher?«

»Ja«, sagte Ruang sofort. »Sie ist hier in der Nähe ausgebildet worden. Und ich glaube, später war sie noch mal ein halbes Jahr in der Gegend. Aber damals gab es das Refuge noch nicht, deshalb weiß ich nichts Genaueres darüber, okay?«

Laona war also tatsächlich schon mal hier gewesen! Wie hatte Nuan das wissen können? Was vermutete er? Sie sehnte sich so danach, ihn zu treffen. Bald schon. Heute Nacht …

Ricarda schrak auf. Das Motorgeräusch des Landrovers klang irgendwie komisch und die Fahrt war nicht mehr glatt, sondern ein klein bisschen ruckelnd, als ob dem Motor zwischendurch immer wieder die Puste ausging. Ruang drückte versuchsweise das Gaspedal durch. Dejan wachte auf, sein Gesicht sah zerknittert aus vom Schlaf. Er murmelte etwas und klopfte mit den Fingerknöcheln aufs Armaturenbrett. Vielleicht ein Segensspruch oder so was, eine Bitte an die Geister.

Jetzt war es ganz deutlich zu spüren, dass der Motor stockte. Ricarda verkrampfte sich. Immerhin, sie waren jetzt nicht mehr mitten im Wald, sondern schon auf einer richtigen Straße, wenn auch auf einer ziemlich kleinen.

Ruang hielt am Straßenrand. Er und Dejan verschwanden hinter der offenen Motorhaube. Ricarda kletterte aus dem Auto, streckte sich und wartete, bis die ausführliche Diskussion beendet war und die Herumschraubereien Wirkung zeigten. Dejan knallte die Motorhaube zu und verzog das Gesicht, wahrscheinlich weil er sich an dem heißen Metall die Finger verbrannt hatte. Vorsichtig ließ Ruang den Landrover an und als Dejan wieder eingestiegen war, gab er Gas. Doch sehr weit kamen sie nicht. Schon ein paar Minuten später hustete der Motor und erstarb.

»*Kie-Nok!*«, brummte Ruang, was Ricarda trotz ihrer bescheidenen Thaikenntnisse als »Vogelscheiße« übersetzen konnte. »Ich fürchte, das war's erst mal. Es war unser Fehler. An einem Mittwoch sollte man keine größeren Unternehmungen beginnen, es ist ein schlechter Tag.«

»Aber … wir müssen doch heute noch ins Refuge zurück!«, stammelte Ricarda.

»Very sorry!«, sagte Ruang und Dejan lächelte sie entschuldigend an. Dann holte Ruang sein Handy raus, um Kaeo Bescheid zu geben.

ODYSSEE

Alle zusammen marschierten sie ein Stück die Straße entlang, bis sie zu einer Art Gasthaus kamen. Eigentlich war es eher ein aufgemotzter Kiosk mit seinen bunten Werbeschildern, einem chipstütenbestückten Regal, der einfachen Holztheke und einem halben Dutzend Plastikstühlen. Sein Dach war mit Solarzellen gepflastert, wahrscheinlich gab es hier keinen Stromanschluss.

Ruang bestellte zwei Singha-Bier und eine Cola für Ricarda, dann ließen er und der Tierarzt sich bequem nieder, um auf den Abschleppwagen zu warten. Nur Ricarda blieb stehen. Sie hatte keinerlei Lust, es sich hier gemütlich zu machen. Es war schon fast fünf Uhr nachmittags und sie wollte endlich zurück.

»Wann kommt denn der Abschleppwagen?«

»Bestimmt bald«, sagte Ruang gut gelaunt. »Der bringt unseren Landrover in die Werkstatt. Ah, ihr habt viel bessere Autos in Deutschland. Mercedes S-Klasse! BMW!« Er klackte mit der Zunge und seine Augen bekamen einen träumerischen Ausdruck.

Ricarda ließ nicht locker. »Und dann? Wenn unser Wagen in der Werkstatt ist?«

Dejan wirkte nicht so, als interessiere ihn das besonders. Er stellte sein Bier ab und reckte neugierig den Hals. Wahrscheinlich deshalb, weil irgendwo im Kiosk ein Fernseher lief und die Geräuschkulisse eines Thaibox-Events nach draußen wabern ließ.

»Wir übernachten irgendwo in der Nähe und morgen können wir zurückfahren.«

Panik stieg in Ricarda auf. Morgen?! Das geht nicht! Heute um zehn wartet Nuan auf mich. Und was dann? Ich bin nicht da. Weil ich gerade an irgendeinem blödsinnigen Dschungelkiosk festsitze. Und Sofia macht sich bestimmt Sorgen, die weiß ja auch nicht, was los ist.

»Ich muss zurück«, sagte Ricarda tonlos. Niemand hörte es. Oder jedenfalls reagierte keiner.

Jetzt setzte sich Ricarda doch noch. Sie fühlte sich hilflos und in ihrem Kopf liefen die Gedanken Amok. Ihre Cola blieb unbeachtet auf dem Plastiktischchen stehen. Ruang und Dejan unterhielten sich eine Weile in einem Gemisch aus Thai und Englisch, dann stand Dejan auf und ging, vermutlich nachschauen, ob er das Kickboxen mitgucken konnte.

Ein kleiner silberfarbener Mietwagen bog auf den Parkplatz des Gasthauses ein. Ricarda beobachtete das Touristenpärchen, das daraus zum Vorschein kam. Er – graue Schläfen, sportliche Figur, weiß-grün gemustertes Freizeithemd – versuchte mit säuerlicher Miene, auf dem Fahrersitz eine riesige Landkarte auseinanderzufalten. Sie – munter, etwas rundlich, graublonde Kringellocken – machte sich mit gezücktem Portemonnaie auf den Weg zur Süßigkeiten-und-Chips-Front. »Magst du auch was, Schatz?«

»Frag mal, ob wir hier richtig sind auf dem Weg nach Doi Suithep!«

»Vielleicht haben sie sogar Kaffee. Aber ich weiß nicht, ob der so gut ist. Der in Bangkok schmeckte ja wie schwarzes Wasser! Was meinst du, soll ich noch einen Liter Sprudel kaufen für die Fahrt?«

»Ich glaube, wir hätten vorhin anders abbiegen müssen. Diese Karte ist völlig veraltet, da steht ja nicht mal ein Datum drauf. Die werden schon wissen, warum sie das nicht draufgeschrieben haben, so ein Mist!«

Doi Suithep. Irgendwie kam der Name Ricarda bekannt vor. »Ist das nicht in der Nähe von Chiang Mai?«, fragte sie Ruang und der nickte: »Ja, das ist ein Berg dort. Man kann über eine gepflasterte Straße oder mit einer Seilbahn hoch zum Tempel …«

Vielleicht konnte sie mitfahren! Bei diesen Leuten. Von Chiang Mai aus würde sie schon irgendwie nach Lampang kommen. Und von dort aus zum Tempel. Neue Hoffnung durchflutete Ricarda. Sie stand auf, wand sich zwischen den blauen Plastikstühlen hindurch und stellte sich neben die Frau an die Theke. Oje. Und was jetzt? Ihre Zunge lag in ihrem Mund wie festgenäht. Die Frau beachtete sie gar nicht, bezahlte ihre fettige Beute und machte sich daran, sie zum Auto zurückzutragen. Ricarda riss sich zusammen.

»Äh, ich habe gehört, Sie fahren Richtung Chiang Mai«, sagte sie in Richtung des sich entfernenden Rückens.

Viel zu spät. Viel zu leise. O Mann, wie peinlich. Ricarda fühlte, wie ihr Gesicht heiß wurde.

Verwirrt wandte sich die Frau um, erblickte Ricarda. »Hast du etwas gesagt?«

»Fahren Sie in Richtung Chiang Mai?« Ricarda sah sich selbst wie auf einem Foto, gnadenlos mit Blitzlicht ausgeleuchtet. Ein Mädchen mit langem dunklem Haar, verschwitzt von der Fahrt. Das Gesicht die Farbe einer Erdbeere. Auf dem T-Shirt und den Jeans Dreckspuren, Elefantenspucke und Reste von Bananenmatsch. Wahrscheinlich roch sie auch ein bisschen eigenartig. Nur die Götter allein wussten, ob diese Leute eine solche Gestalt wie sie überhaupt in ihrem Auto haben wollten.

»Äh, ja …« Die Frau zögerte. »Ach, du bist ja auch aus Deutschland. Wo ist denn euer Wagen?«

»Wir hatten eine Panne.« Ricarda schöpfte Hoffnung. Das Gespräch lief besser, als sie erwartet hatte. Gleich konnte sie dazu überleiten, dass sie eine Mitfahrgelegenheit brauchte. Jetzt war ganz klar, es handelte sich um einen Notfall, da mussten sie doch eigentlich helfen. Der Mann rief etwas aus dem Auto, was mit »Schatzi« endete, und zack, hatte Ricarda die Aufmerksamkeit der Frau wieder verloren. Zum zweiten Mal sprach sie gegen einen Rücken an. »Ich wollte fragen, ob Sie … äh, ich müsste dringend nach Chiang Mai … vielleicht könnten Sie …? Könnte ich mitfahren, meine ich.«

Unglaublich, aber die Frau hatte es gehört. Sie zögerte und warf einen Blick auf den Mietwagen, einen VW Polo. »Na ja, ich weiß nicht, ob wir noch Platz im Auto haben.« Tatsächlich, der Rücksitz war vollgemüllt mit bunten thailändischen Liegematten aus besticktem Stoff, Holzschnitzereien und einem bunt bemalten Schirm aus Seide, der selbst eingeklappt ziemlich sperrig wirkte. Die meinten es wirklich ernst, was Souvenirs anging!

Mit großem Geraschel schaffte es der Mann, seine Straßenkarte wieder zusammenzufalten. »Na also, wir sind richtig«, schnaufte er. »Nur viel zu spät dran. Was will denn das Mädel?«

Ricarda dachte an Nuan. Sie setzte ihr bestes Lächeln auf, das Gleich-wird-ein-Porträtfoto-von-mir-geschossen-Lächeln. »Bei Ihnen mitfahren«, rief sie in Richtung des Autos. »Wenn das ginge.«

»Na, warum nicht. Schatzi, räum doch mal den Krempel von der Rückbank und stopf ihn in den Kofferraum. Ich verstehe immer noch nicht, was du mit dem ganzen Zeug willst.«

Als Ricarda ihrem Chef eröffnete, dass sie sich allein zum Refuge durchschlagen würde, sah er völlig verdutzt aus. »Du willst …?«, fragte er verwirrt.

»Zurück. Jetzt. Ich fahre mit den Leuten da mit.« Ricarda musste lächeln. »*Mai mii panhaa.* Kein Problem. Ich schaffe das schon.«

Jetzt sah Ruang erst recht erstaunt aus, aber er nickte und hob die Hand zum Abschied. »*Chook dii na khrap!* Viel Glück! Pass auf dich auf. Wenn irgendwas schiefläuft, ruf im Refuge an und Kaeo holt dich.«

Ricarda fand es angenehm, dass Ruang ihr vertraute. Am Anfang war es ihr so vorgekommen, als sei er ein Mann vom Typ ihres Vaters, aber das war Blödsinn. Und jetzt gerade ein ganz schönes Glück. Ihr Vater hätte in dieser Situation einen schweren Tobsuchtsanfall bekommen. Stärke 10 auf der Richter-Skala. Per Anhalter zu fahren, war ja auch gefährlich. Aber diese Leute wirkten nicht gerade wie blutdurstige Psychopathen.

Es war ein komisches Gefühl, plötzlich ganz auf sich gestellt zu sein. Aber auch gut, ja, richtig gut. War es das, was Sofia gemeint hatte? Sie hatte sich überwunden, die Dinge in die Hand genommen – und jetzt fühlte Ricarda sich ... anders. Ein ganz klein wenig stärker. Und am allerwichtigsten: Sie hatte wieder eine Chance, rechtzeitig beim Tempel und bei Nuan zu sein!

Der Preis dafür war, den Urlaubserlebnissen und Verwandtschaftsanekdoten von Thomas und Heike Niederegger aus Mönchengladbach zu lauschen. Aber zuhören, das konnte Ricarda. Auch wenn die Gallenoperation von Tante Katharina selbst für ihre Geduld eine harte Prüfung war.

Zum Glück fragte Heike auch irgendwann, was denn das für eine Autopanne gewesen war und was Ricarda überhaupt in Thailand machte. Jetzt war Ricarda dran. Pflichtschuldig wurden ihre Elefantengeschichten mit »Ja, tatsächlich!«, »Das gibt's?« und »Na, so was!« kommentiert.

Ab Doi Suthep war Ricarda dann wieder auf sich gestellt. Leider war niemand in Sicht, bei dem sie eine Mitfahrgelegenheit schnorren konnte, und schließlich musste sie ein paar Baht für ein *Songthaew* opfern, eine

Art Sammeltaxi, das sie in die Innenstadt von Chiang Mai brachte. Besorgt warf Ricarda einen Blick in ihr Portemonnaie. Da war ja nicht mehr gerade viel drin. Genauer gesagt, nur eine Handvoll Baht. Wie hätte sie ahnen sollen, welche Tour ihr bevorstand? Ob das da überhaupt für die Fahrt nach Lampang reichte?

Nein, tat es nicht, wie Ricarda eine halbe Stunde später feststellen musste. Das beruhigende Gefühl voranzukommen verdunstete. Was jetzt? Im Refuge anrufen? Aber bis Kaeo hier war, konnte es eine Ewigkeit dauern. Sollte sie noch einmal per Anhalter fahren? Lieber nicht. Schon jetzt wurde sie ständig angequatscht, wahrscheinlich war ein allein reisendes Mädchen hier genauso auffällig wie ein lila Elefant.

Und Freiwild für thailändische Machos. Da kam schon wieder ein freundlich lächelnder Mann auf sie zu und wurde seinen Standard-Anmachsatz für Ausländer los: »Hi! Where do you come from?«

Reflexartig antwortete Ricarda »Germany«, doch als der Typ sie in ein Gespräch verwickelt hatte und versuchte, sie in irgendeine Bar abzuschleppen, rettete sie sich in ein T-Shirt-Geschäft. Es roch nach Räucherstäbchen und ein bisschen chemisch nach neuen Klamotten. Sofia hätte sich sofort zu Hause gefühlt; sie jobbte ab und zu in einem Secondhandklamottenladen, der von einer Hobbyastrologin geführt wurde. Dort duftete es auch jeden Tag anders und manchmal richtig widerlich nach künstlicher Orangenblüte oder Patchouli.

Entmutigt setzte Ricarda sich auf einen bunt bestickten

Hocker und versuchte, irgendeinen Plan zu entwickeln. Nur machte sie den Fehler, zuvor auf die Uhr zu schauen, und danach betätigte ihr Gehirn den Not-Aus-Schalter. Schon acht Uhr! Das durfte doch nicht wahr sein! Um es jetzt noch zu schaffen, musste alles klappen wie geschmiert – und im Moment war das einzig Schmierige ein Stück gekochtes Gemüse, das an ihrem Schuh klebte.

»Oh, let me help you!« Eine junge Thai mit mandelförmigem, edel geschminktem Gesicht kam auf sie zu, sie zog eine Schleppe aus Klopapier hinter sich her. Kurzer Wisch, weg war das Gemüse an Ricardas Schuh. Sie würde nie mehr erfahren, ob es sich um Thaiaubergine oder -zucchini gehandelt hatte.

»Danke«, sagte Ricarda und strich sich erschöpft eine Haarsträhne aus der Stirn. Wie erfrischend, ausnahmsweise mal nicht dumm angemacht zu werden. Sie schaute auf – und stutzte. Irgendetwas an dieser Frau war ungewöhnlich. Und die andere Bedienung des Ladens, hm, die hatte einen ziemlich großen Adamsapfel. Und ihre Stimme … eigentlich zu tief für eine Frau.

Ricarda lächelte. Aha, anscheinend war das ein Laden speziell für Kathoeys, *Ladyboys*, wie sie in Thailand genannt wurden. Eigentlich wollte sich Ricarda noch ein bisschen umsehen, doch dann verwickelte sich ihr Fuß in der Klopapierschlange, sie stolperte, versuchte, sich irgendwie abzustützen … und riss einen Kleiderständer mit zwei Dutzend nagelneuen T-Shirts zu Boden. O nein, wie peinlich!

»Alle dreckig! Verdorben!«, sagte einer der Ladyboys

vorwurfsvoll. »Bezahlen! *Farang* T-Shirts Reinigung bezahlen!«

Diesmal wurde Ricarda nicht rot, sondern blass. Sie wühlte sich aus dem Stoffstapel hervor und machte sich bereit, einen olympiareifen Sprint aus dem Laden hinzulegen. Doch dann begannen die Verkäuferinnen zu lachen, tief und herzlich die eine, gackernd die andere.

»Nix passiert«, sagte eine von ihnen in Deutsch und stellte den Kleiderständer mit einem kräftigen Ruck ihres muskulösen Arms wieder an seinen Platz. Dann fügte sie hinzu: »You okay?«

»No«, antwortete Ricarda spontan und erntete bestürzte Blicke. Worauf sie erst mal erzählte, was los war. Als sie erklärte, dass sie schwer verliebt war und kurz davor, ihr nächstes Date zu verpassen, seufzten die beiden Verkäuferinnen. Noch lauter wurden die Seufzer, als Ricarda erwähnte, dass sie bei diesem Date vielleicht endlich erfahren hätte, ob der Junge sie ebenfalls liebte.

»Sure he loves you!«, versicherte eine ihrer neuen Freundinnen und tätschelte Ricardas Schulter. »You are *suay maak maak,* very beautiful. So schöne Haare!«

»Thank you.« Verlegen wandte Ricarda den Blick auf den Boden. Natürlich hatte sie sich Gedanken gemacht, ob sie Nuan gefallen konnte. Zum Glück war sie schmal und zierlich gebaut und für eine Deutsche klein, also genau richtig, um Nuan nicht zu überragen. Und ihre langen, seidig glänzenden dunklen Haare wurden auch in Deutschland regelmäßig bewundert.

»So you have to go? To Lampang?«, fragte die eine noch

einmal nach und dann beratschlagten sie sich in schnellem, melodischem Thai. Sie ignorierten sogar einen Kunden, der sich durch quietschbunte Hemden wühlte und sicher ein williges Opfer für modische Verirrungen gewesen wäre. Doch so wanderte er unbehelligt wieder zur Straße hinaus, während die eine Verkäuferin Ricarda mit ihren korallenrot geschminkten Lippen anlächelte und ihr eröffnete, dass ihr Cousin heute noch nach Lampang fahren müsse und vielleicht einen Platz im Auto frei habe.

Ricarda strahlte über das ganze Gesicht. Sah fast so aus, als wären die Götter auf ihrer Seite! »Tatsächlich? Das ist toll. Tausend Dank!«

Eine der Verkäuferinnen stöckelte los, um ein Telefon zu holen.

Kurz darauf saß Ricarda auf den Ledersitzen eines schwarzen BMW, der geschmeidig durch die Nacht fuhr, neben sich einen jungen Mann in schneeweißem Hemd und grauer Businesshose. Sehr begeistert schien er nicht zu sein von dem Auftrag, den seine Verwandten ihm eingebrockt hatten. Und sein Englisch war grauenhaft. Ricarda verstand erst beim dritten Anlauf, dass er wissen wollte, wo sie wohne. »Elephant Refuge«, erklärte sie und fügte gleich hinzu, dass sie aber nicht dorthin wollte, sondern zum Tempel Wat Phra That Lampang Luang. Der junge Mann nickte und beschäftigte sich dann den Rest der Fahrt halb mit dem Steuer des BMW und halb mit seinem Handy. Völlig okay, fand Ricarda. Besser, als sich zu sehr für sie zu interessieren.

Um kurz nach zehn Uhr näherten sie sich Lampang.

Ein warmes Wohlgefühl durchströmte Ricarda. Kaum zu glauben. Fast pünktlich. Nuan würde staunen, wenn sie ihm von ihrer Odyssee erzählte.

Doch dann sah Ricarda alarmiert, welche Straße der Mann nahm. He, Moment, war das nicht die falsche? Ja, war es. Ein paar Minuten später bog der BMW in die Auffahrt des Elephant Refuge ein. »No! Not here!«, protestierte Ricarda. »To Wat Phra That Lampang Luang, please!«

»Wat is closed now«, sagte der Mann kurz angebunden und deutete auf die Autotür. Ganz klar, was das hieß: ab hier keine weiteren Taxidienste mehr! Ricarda hatte keine Wahl und musste aussteigen.

Verzweifelt blickte sie den Rücklichtern des BMW nach, die in der Ferne verschwanden. Was jetzt? Zu Fuß? Sollte sie Daeng suchen und sie um einen Ritt bitten? Oder – Moment mal! Chanidas kleines Motorrad! Vielleicht würde Chanida oder Sofia sie zum Tempel fahren, das ging ja schnell. Am besten zuerst in die Hütte, sie musste Sofia finden; die machte sich bestimmt schon Sorgen.

Natürlich war Sofia noch wach, lag mit einem Buch von Rebecca Yarros auf dem Bett. Sie hatte ihre dunklen Locken mit einem Haargummi zurückgebunden und trug noch keine Schlafsachen, sondern ihr neues lilafarbenes Top und Shorts. Ohne ein Lächeln blickte sie Ricarda an, als sie hereinstürmte. »Na, gibt's dich auch noch? Wo warst du eigentlich?«

»Das ist eine lange Geschichte – ich habe einen kranken Elefanten betreut und bin dann per Anhalter zurückgefahren«, keuchte Ricarda.

»Per Anhalter? Das ist dumm und gefährlich.« Kein Zweifel, Sofia war richtig mies drauf. Soweit sich Ricarda erinnern konnte, war sie nämlich selbst schon mal getrampt. Wenn auch nur von Darmstadt nach Michelstadt. »Und, was ist? Hast du wenigstens jetzt ein bisschen Zeit? Wir müssen mal reden.«

»Ich weiß! Aber vielleicht nicht gerade jetzt … ich muss dringend zu diesem Tempel, äh, und könntest du mich mit dem Motorrad hinfahren?« Ricarda wusste, dass das bescheuert klang.

Sofia schaute Ricarda an, als hätte sie gerade gestanden, in Wirklichkeit eine russische Spionin zu sein. »Du hast sie ja nicht mehr alle! Kannst du mir bitte mal erklären, was das alles soll?«

Nein, Ricarda wollte jetzt nichts erklären, die Minuten zerrannen ihr zwischen den Fingern. Minuten, in denen Nuan vergeblich auf sie wartete. Sie hatte es doch fast geschafft, warum ging so kurz vor dem Ziel alles schief? Die Verzweiflung in ihr schwappte über, verzerrte ihre Stimme. »Dann laufe ich eben zu Fuß. Ich muss gehen, verstehst du, ich muss!«

Jetzt endlich begriff Sofia, dass etwas nicht in Ordnung war. Sie glitt vom Bett, umfasste Ricardas Schultern, schaute ihr forschend ins Gesicht. »Okay, okay. Ich hab zwar nur den Mopedführerschein, aber ich bin neulich mit Chanidas Motorrad ganz gut klargekommen. Gehen wir das Ding holen. Und auf dem Weg erklärst du mir, was los ist, ja?«

»Ja«, sagte Ricarda, holte mit zitternden Fingern ein

paar Geldscheine aus ihrem Versteck, steckte sie ein, drehte auf halbem Weg zur Tür noch einmal um, griff sich die Taschenlampe und rannte dann nach draußen. Im Laufschritt marschierten sie zum Haupthaus und in diesen paar Minuten stieß Ricarda außer Atem hervor, was sie Sofia so lange verschwiegen hatte. Dass Laona nachts zum Tempel wanderte, dass sie ihr gefolgt war, dass sie dort Nuan getroffen hatte. Dass sie sich für heute Nacht dort verabredet hatten.

»Wow«, sagte Sofia und schwieg dann eine Minute lang. Vielleicht brauchte sie die Zeit, um zu verarbeiten, was sie gerade gehört hatte. »Ich fasse es nicht – du hast Nuan noch einmal getroffen.« Sie schüttelte den Kopf. »Ehrlich gesagt, ich glaube nicht, dass er nur zufällig in der Gegend geblieben ist. Schon beim Abschied neulich hat man ja ziemlich deutlich gesehen, dass er dich mag.«

»Meinst du?« Ricardas Herz machte einen Satz.

»Ja, immerhin ist es für ihn ein Risiko, in Lampang zu bleiben. Das könnte jemanden auf ihn und Devi aufmerksam machen. Mann, und das hast du alles für dich behalten? Wieso? Dachtest du etwa, ich *petze*?«

»Vielleicht hättest du es Chanida erzählt …«

»Ach, Quatsch.« Sofia schnaubte. »Wir brauchen Chanida auch jetzt nicht viel zu sagen, es geht sie ja nichts an, warum du unbedingt zu diesem Tempel musst.«

Es tat gut, dass Sofia sich so deutlich auf ihre Seite stellte, obwohl Ricarda sie in letzter Zeit so schlecht behandelt hatte. Ricarda hielt kurz inne, umarmte Sofia fest und ihre Freundin drückte sie genauso fest zurück.

»Hey, alles wird gut, okay?«, murmelte Sofia und Ricarda wusste, dass sie recht hatte, dass ihre Freundschaft diese Zeit in Thailand überleben würde und vielleicht sogar stärker sein würde als zuvor. Sofia ließ sie nicht im Stich – wenn es darauf ankam, hielten sie immer noch zusammen! Ihre Eifersucht kam Ricarda auf einmal albern vor.

Chanida war überrascht, dass ihr Motorrad plötzlich so gefragt war. Aber sie war gerne bereit, es auszuleihen, und kam mit runter, um Sofia kurz zu erklären, was beim Fahren zu beachten war. »Oder noch besser, ich fahre dich gleich selbst, Ricarda«, meinte sie. »Wenn man das Linksfahren nicht gewohnt ist, ist das bestimmt ganz schön schwierig.«

Ricarda nickte dankbar und wartete ungeduldig darauf, dass Chanida aufstieg und den Motor anließ. Schon fast elf Uhr … verdammt! Besser, sie dachte nicht so genau darüber nach.

Nebenbei bemerkte sie, dass ein Vogel lautlos vor ihnen durch die Dunkelheit glitt. Eine Sekunde lang durchquerte er den Lichtschein des Haupthauses und Ricarda erkannte braun geflecktes Gefieder. Ein Käuzchen.

»He, schau mal, eine Eule!«, meinte Sofia.

Chanida zuckte zusammen und blickte hoch. Auf einmal wirkte ihr Gesicht starr, verzerrt vor Furcht. »Eine Eule? Das ist ein schlechtes Omen. Eulen sind *nok phii*, Geistervögel!« Sie nahm die Hand vom Zündschlüssel, stieg hastig wieder ab. »Und dann ist heute Mittwoch. Ich bleibe hier!«

Auch das noch. Ricarda stöhnte. Wäre sie doch besser gelaufen! »Ist es denn okay, wenn Sofia fährt?«

Widerstrebend nickte Chanida. »Aber seid vorsichtig …«

Ricarda hielt sich an Sofia fest, spürte die Wärme ihres Körpers. Ein kühler Fahrtwind zerrte an ihrem Haar und das Röhren des Motors dröhnte in ihren Ohren. Das Licht des kleinen Scheinwerfers bohrte einen Lichtfinger in die Dunkelheit. Einmal driftete Sofia in einer Kurve auf die rechte Seite, doch Ricarda rief »Links bleiben!« und Sofia sagte »Ups« und korrigierte sich.

Gleich da. Gleich da! Endlich, endlich!

»Hier ist es«, rief Ricarda schließlich, Sofia bremste schwungvoll und Ricarda kletterte hastig vom Beifahrersitz. »Mach dir keine Sorgen, ich kann zurücklaufen, so weit ist es nicht …«

»Okay, dann viel Glück«, meinte Sofia und winkte noch einmal. Dann gab sie Gas. Schon bald verklang das Geknatter von Chanidas Motorrad in der Entfernung.

DIE TRAUER DER ELEFANTEN

In Ricarda hatte nur ein Gedanke Platz: Wo war Nuan? War er noch hier?

Die Vorstellung, dass er schon so lange vergeblich wartete, schmerzte. Eine Stunde lang hatte er wahrscheinlich gedacht, dass sie ein Mädchen war, das seine Versprechen nicht einhielt. Eine Stunde lang hatte er bestimmt gedacht, dass sie kein Interesse mehr daran hatte, ihn zu treffen. Vielleicht war er schon weitergezogen nach Norden; hatten er und Devi sich enttäuscht wieder auf ihre endlose Pilgerreise begeben?

Nichts. Tiefe Dunkelheit. Schweigen. Im Tempel waren alle Lichter aus. Die Mönche schliefen bereits. Wie ein dunkler Wall schirmte die Außenmauer sie vom Rest der Welt ab. Das Licht von Ricardas Taschenlampe huschte über den kurzen Rasen, über den Stamm des Baumes, unter dem sie zusammengesessen hatten. Doch diesmal: kein Elefant, nirgends. Weder Laona noch Devi. Und auch von Nuan keine Spur. Ricarda umrundete die ganze Tempelmauer, mit gehetzten Schritten, mit hämmerndem Herzen.

Sie waren nicht da.

Nein, nein, das durfte nicht sein! Nicht nach diesem langen Weg, nicht nach alldem, was sie riskiert hatte, um hierherzukommen. Zu spät. Zu spät! Wieso nur war sie in Ruangs Landrover gestiegen, was hatte sie sich dabei gedacht? Eine Sekunde bloß und alles kaputt, das durfte nicht sein! Wieso hatte sie nicht einfach »Nein, danke« gesagt und war frühstücken gegangen? Doch tief in sich wusste sie, dass das auch nicht richtig gewesen wäre. Dass es auf eigenartige Weise ihre Aufgabe – und ganz allein ihre – gewesen war, dort in diesem Hügeldorf den todkranken jungen Elefanten zu trösten ...

Ein furchtbarer Gedanke stieg in ihr auf. War Nuan irgendetwas passiert, hatte die Polizei ihn erwischt, war etwas schiefgegangen mit Devi? Ricarda musste an den Schatten der Eule denken, an das schlechte Omen, das Chanida so gefürchtet hatte. Wenn Nuan verhaftet worden war, würde sie es womöglich nie erfahren – dies war ein fremdes Land, schrecklich fremd und feindselig auf einmal. Abweisend und hochmütig blickten die steinernen *Nagas,* die den Tempel bewachten, zu ihr herüber. Der Rest der Umgebung verbarg sich in der Dunkelheit. Auf einmal kam es Ricarda entsetzlich finster vor; der Mond war noch ein bisschen schmaler geworden, spendete immer weniger Licht. Auch der gelbe Schein der Taschenlampe wirkte blass und kraftlos, schaffte es kaum noch, einen hellen Fleck auf den Boden zu malen. Die Batterien waren bald am Ende.

Erschöpft setzte sich Ricarda auf die Steintreppe, genau zwischen die beiden Schlangendämonen, legte den

Kopf auf die Knie und ließ die Tränen einfach fließen. Würde sie damit die Geister dieses Ortes stören? Und wenn schon. Was war, wenn sie Nuan nie wiedersah? Wie lange würde es dauern, bis sie vergessen konnte, dass sie ihn durch ihre Schuld verpasst hatte? Ihre Hand umfasste das Buddhaamulett an ihrem Hals. Noch vor Kurzem hatte die Zukunft sich angefühlt wie ein Sonnenaufgang, warm und strahlend. Und jetzt? War es das schon gewesen?

Ein Motorbrummen, das immer lauter wurde, das Licht von Scheinwerfern strich über die Straße, die am Tempel vorbeiführte. Ein kurzes Aufblitzen von lackiertem Metall, dann war das Auto auch schon wieder verschwunden. Kurz darauf fuhr noch eins vorbei. Um diese Uhrzeit war mehr los als zu Laonas üblicher Zeit nach Mitternacht. Ricarda bewegte sich nicht, versuchte, mit den Schatten zu verschmelzen, und keins der Autos hielt an. Niemand bemerkte sie.

Es waren nicht diese lauten Geräusche, die sie aufschreckten, sondern ein winziges. Was war das eben gewesen? Ein Fuß, der Grashalme bog, ein Vogel in den Ästen, ein Mönch, der im nachtstillen Tempel nach dem Rechten sah? Ricarda richtete sich auf und lauschte mit allen Sinnen, versuchte, die Dunkelheit um sich herum zu enträtseln.

Dann merkte sie, dass jemand an der Steintreppe lehnte. Ein Mensch. Ricarda schrak zusammen, stieß unwillkürlich den Atem aus.

»Ich bin hier.« Nuans Stimme, leise und vertraut.

Wilde Freude durchzuckte Ricarda. Am liebsten wäre sie ihm um den Hals gefallen. Doch er stand so ruhig da, wirkte so selbstsicher und gelassen. Nein, ihn zu umarmen, ging noch nicht. Ricarda fuhr sich über das Gesicht, wischte die Tränen ab. »Ich habe dich nicht kommen hören. Wieso bist du überhaupt noch da?«

Sie lachte, schrill und hysterisch klang es, einfach grässlich. Und zu allem Überfluss quollen wieder Tränen aus ihren Augen. Unmöglich, sie zu stoppen. O Mann, er musste ja denken, dass *Farang*-Mädchen bei jeder Gelegenheit halb zerflossen. Aber es war einfach zu viel gewesen in den letzten Tagen: der Streit mit Sofia … der junge Elefant, der nur noch auf den Tod wartete … der verzweifelte Versuch, noch rechtzeitig am Treffpunkt zu sein … wie komisch, dass jetzt alles aus ihr herausbrach, ausgerechnet, als sie es geschafft hatte.

Er setzte sich neben sie auf die Treppe und plötzlich fühlte sie seine Hand auf ihrem Arm. Seine Berührung war so leicht wie ein fallendes Blatt. »Ich bin da. Weil ich hier sein wollte.«

»Aber … ich …«

»Ich bin gegangen und noch einmal umgekehrt. Devi hatte deine Witterung aufgenommen.«

Ricarda beschloss, Devi bei nächster Gelegenheit eine große Kiste Obst auszugeben. »Wo ist sie jetzt?«

»Steht wieder unter dem großen Baum. Das ist ihr Lieblingsplatz.«

Nuan ließ seine Hand auf ihrem Arm ruhen, schützend, tröstend und Ricarda merkte, wie sie sich langsam wieder beruhigte. Sie war hier. Nuan war hier. Alles war in Ordnung. Die Eule war kein Geist gewesen, sondern nur ein ganz normaler Raubvogel, der nach Mäusen Ausschau hielt.

»Dein Abend war lang? Du hattest viel zu tun?«, fragte Nuan und Ricarda hätte fast gelacht, so höflich klang das, was ihre Freunde in Deutschland eher mit »Wo zum Teufel warst du?« ausgedrückt hätten. Sie stieß einen tiefen Seufzer aus und erzählte ihm in Kurzform, was geschehen war.

»Eine weite Reise«, sagte Nuan, er klang beeindruckt. Ricarda meinte ein *Nur wegen mir?* darin mitklingen zu hören. Ganz sicher war sie nicht. In der Dunkelheit fiel es ihr schwer, die Sprache seines Körpers und seiner Augen zu lesen. Nein, wahrscheinlich machte sie sich etwas vor und Sofia täuschte sich. Er war geblieben, weil ihn Laonas seltsames Verhalten interessierte. Zeit, ihm zu geben, worauf er wartete.

»Ich habe etwas über Laona herausgefunden.«

Tatsächlich, er klang neugierig. »Eure geheimnisvolle Elefantin.«

»Ja. Sie ist als Jungtier hier trainiert worden und später war sie noch mal in Lampang. Meinst du, sie war in dieser Zeit mal im Tempel, vielleicht zu einer Prozession oder so?«

»Hm. Ich weiß nicht. Vielleicht hatte sie einen *Mahout*, der als Mönch in den Tempel gegangen ist. Manchmal weiht jemand sein ganzes Leben Buddha.«

Die Theorie klang plausibel. War das schon die Lösung

des Rätsels? »Vielleicht ist ihr das Gleiche passiert wie Devi«, spekulierte Ricarda. »Sie hat einen neuen *Mahout* bekommen, der sie schlecht behandelt hat. Und jetzt hofft sie, ihren alten Freund wiederzufinden. Aber warum kommt sie dann nachts, wenn alle Mönche schlafen und er sie garantiert nicht bemerken wird?«

»Wahrscheinlich aus ganz praktischen Gründen. Vielleicht weiß sie, dass sie tagsüber keine Chance hat, hierherzugelangen. Sie würde sofort eingefangen werden. Außerdem muss das mit dem Mönch nicht stimmen, es gibt noch eine andere Möglichkeit.« Auf einmal klang Nuan sehr ernst. »Weißt du, wie Elefanten mit dem Tod umgehen?«

»Mit dem Tod?« Ricarda fröstelte; plötzlich wurde ihr bewusst, wie kalt es in den Nächten hier im Hügelland wurde. Und sie trug nur ein T-Shirt.

»Wenn zum Beispiel ein Mitglied der Herde gestorben ist, dann werfen die Elefanten der Reihe nach ein wenig Erde über den Körper. Manchmal bedecken sie ihren toten Verwandten auch mit Zweigen, wie um ihn zu schützen.«

Ricarda konnte nicht antworten, auf einmal war ihre Kehle eng vor Trauer. Kaum mehr als ein halbes Jahr war es her, dass ihre Oma Hélène gestorben war, als Letzte ihrer Großeltern. Ein nieseliger Tag im November, ein kleines Grüppchen Menschen auf dem Friedhof, schwarz wie ein Schwarm Krähen. Ihre Eltern hatten ein Schäufelchen Erde auf den Sarg geworfen, dann Ricarda, dann Severin – selbst er, der sonst gerne cool wirkte, mit tränenfeuchtem Gesicht –, danach die anderen Gäste.

Und später, als alles vorbei war, hatten sie das Grab mit Tannenzweigen bedeckt, darüber die Trauerkränze.

»Elefanten trauern fast wie Menschen?« Ricardas Stimme war nur ein Flüstern.

»Ja.« Auch Nuan sprach leise, wie um die Ruhe des Tempels nicht zu stören. »Wenn sie später den Knochen eines Verwandten auf der Erde finden, berühren sie ihn mit dem Rüssel. Andächtig. Fast schon zärtlich. Als wüssten sie genau, wem der Knochen einmal gehörte.«

»Und wenn kein Knochen da ist?«

»Dann legen sie an dem Ort, an dem ihr Verwandter gestorben ist, eine Art von Schweigeminute ein. Noch nach vielen Jahren. Jedes Mal, wenn sie dort vorbeikommen.«

Eine Schweigeminute. Ja, das passte. Nur auf den ersten Blick hatte es wie Meditieren ausgesehen, was Laona tat.

»Glaubst du ... dass das der Grund ist, warum Laona immer wieder hierherkommt? Sie hat hier jemanden verloren, den sie liebte?« Das klang seltsam. Aber nur ein bisschen. Wieso sollten Elefanten nicht lieben können? Oder Freundschaft empfinden? Sie hatten eine lange Kindheit, wuchsen in der Gruppe auf, wurden so alt wie Menschen. Freude, Trauer, Wut sah man ihnen deutlich an. Liebe ... tja, die sah man nicht so deutlich. Meistens. Konnte man sie spüren? Spürte Nuan, dass sie ihn liebte? Sie wusste, dass er sie mochte, aber war da noch mehr?

»Vielleicht war es ein naher Verwandter, der gestorben ist. Das kann sein. Wir finden es heraus. Glaubst du, sie kommt in dieser Nacht wieder hierher?«

»Ich bin gespannt.«

»Ich auch.«

Aber noch war Laona nicht da. Sie hatten Zeit, miteinander zu reden. Dass sie Nuan fast nie wieder gesehen hätte, machte diese Momente mit ihm so kostbar. Doch der Druck seiner Hand auf ihrem Arm war nur noch eine Erinnerung und die Frage, warum er überhaupt hier war, füllte ihre Seele aus. *Ich bin da. Weil ich hier sein wollte.* Nein, das reichte nicht – nicht mehr! Ricarda war von ihrer Entschlossenheit überrascht, von ihren Ansprüchen. Das kannte sie von sich selbst nicht. Aber es fühlte sich richtig an.

Ricarda zwang sich zum Schweigen, zwang sich, ihn zu testen. Wollte er auch etwas über sie wissen, über ihr Leben? Oder interessierte ihn das gar nicht? War es Laona, die ihn faszinierte?

Kaum zu glauben, wie lang Sekunden sein konnten. Ricarda zählte sie nicht, doch sie fühlte, wie sie verstrichen, eine nach der anderen. Bis zu dem befreienden Moment, als sie seine Stimme hörte. »Wo lebst du eigentlich in Deutschland? Ihr habt keine Tempel dort, oder?«

Ich. Ich bin ihm wichtig. Ich! Was für ein Geschenk eine Frage sein konnte. Ricarda lächelte in die Dunkelheit. »Wir haben Kirchen. In Michelstadt, wo ich wohne, gibt es auch ein paar. Es ist nur eine kleine Stadt. Im Odenwald, von dem hast du bestimmt noch nicht gehört.«

»Nein, aber immerhin habe ich schon von Deutschland gehört.« Auch er lächelte, sie hörte es an seiner Stimme. »Es kommen nämlich ziemlich viele deutsche Touristen zum Elefantenfestival in Surin, dem Round-up. Gehst du noch zur Schule?«

»Ja, noch etwas mehr als zwei Jahre.« Ricarda erzählte ihm von Nachmittagen im Freibad und in der Bibliothek, wo es nach Büchern roch und so herrlich ruhig war, dass man die Wörter flüstern hören konnte, wenn man ganz genau hinhörte.

»Du liest auch gerne, Nuan, oder? Die Bücher in deiner Tasche ...«

»Jemand hat sie mir geschenkt. Jemand, der mir viel bedeutet. Ich kann nicht mehr zählen, wie oft ich sie gelesen habe. Das ›Dschungelbuch‹ hat mir richtig gut gefallen, ich mag Mogli und Baghira. ›Peter Pan‹ mochte ich weniger, Peter Pan ist so ein seltsamer Mensch, ihm ist völlig egal, wie es anderen geht. Aber ich habe das Buch trotzdem behalten.«

Jemand, der mir viel bedeutet. Ricarda spürte einen Anflug von Eifersucht, bändigte ihn aber sofort. *Als ob ich einen Anspruch auf ihn und all seine Gefühle hätte!* »War das in Thailand?«

»Nein, in Amerika. Mein Vater war zwei Jahre dort als Tiertrainer, weil einer der Mitarbeiter ausgefallen war. Später sollte er noch mal hin, für eine Filmgesellschaft, aber er wollte Devi nicht allein lassen. Also flog ich an seiner Stelle nach Kalifornien. Es war ... ziemlich verwirrend. Aber aufregend. Dort war ich zum ersten Mal im Kino. Zum ersten Mal in einem Buchladen und im Schwimmbad.«

Ricarda konnte es vor ihrem inneren Auge sehen und

genoss nachträglich sein Staunen. »Jetzt weiß ich endlich, wieso du so gut Englisch kannst.«

»Ja. Manchmal habe ich mir gewünscht, es wäre nicht so. Die Veranstalter des Round-ups in Surin wollten, dass ich beim Festival wichtige *Farang*-Gäste betreue, statt mit den Elefanten aufzutreten. Aber ich habe ihnen gesagt, das mache ich nicht. Und irgendwann haben sie nachgegeben.«

Ricarda grinste. Sofia hatte recht, er war ein Sturkopf; ihn zu etwas zwingen zu wollen, war aussichtslos. Hartnäckigkeit und Stolz. Gerade das mochte und bewunderte sie an ihm. Vielleicht, weil es genau das war, was ihr fehlte.

Jetzt war er wieder dran. »Was ist es für ein Buch, in das du ab und zu schreibst, dieses goldene? Ein Tagebuch?«

»Nein – ich schreibe gerade so eine Art Geschichte … ein Märchen. Interessiert es dich?«

»So was kannst du.« Er klang erstaunt. »Ich kenne niemanden, der eine Geschichte schreiben kann.«

Es ist nur eine kurze Geschichte. Und vielleicht nicht mal gut. Doch Ricarda sprach es nicht aus. Sie konnte sich in letzter Sekunde bremsen. Woher kam eigentlich dieser widerliche Drang, schlecht über sich selbst zu reden? Ricarda hatte ihn satt. In Zukunft würde sie gegen ihn ankämpfen, so gut es ging. »In meiner Schublade daheim liegen noch einige Geschichten«, erzählte sie stattdessen. »Ich schreibe sie spät in der Nacht, nicht viele Menschen wissen davon.«

Nuan antwortete nicht und auf einmal lag eine eigenartige Spannung in der Luft. Ricarda spürte sie beinahe körperlich. Sie brauchte nicht zu fragen, was los war, sie ahnte es. Vorsichtig stand sie auf, sah sich um und versuchte, im schwachen Mondlicht etwas zu erkennen. Sie erschrak. Laona hatte sich ihnen lautlos genähert. Die Elefantin war längst da, sie stand keine sieben Meter entfernt. Für die Menschen, die vor ihr auf der Treppe saßen, hatte sie keinen Blick übrig, sie schien versunken in ihren eigenen Traum.

»Sie wirkt so einsam«, flüsterte Nuan. »Sie hat nicht mal Devi begrüßt, obwohl sich die beiden bestimmt in Surin schon mal begegnet sind.«

»Ich glaube, du hast recht mit deiner Theorie«, gab Ricarda leise zurück. »Sie trauert.«

Laona blieb nicht lange. Schon nach fünf Minuten drehte sie sich um und trat den Rückweg an. Ricarda sandte ihr einen lautlosen Gruß nach, wünschte ihr Glück. Diesmal würde sie nicht mitkommen. Sondern hierbleiben, bei Nuan.

Doch Glück hatte Laona keins. Ein Auto brauste heran, preschte mit gleißenden Scheinwerfern aus der Dunkelheit und direkt auf Laona zu, die gerade mitten auf der Straße stand. Es beleuchtete ihre Säulenbeine, den schweren Körper, der hoch über dem Auto aufragte. Einen Moment lang sah Ricarda die Elefantin als Silhouette im Gegenlicht. Alarmiert wölbte Laona den Rüssel hoch, breitete die Ohren aus. Mit jaulenden Bremsen kam das Auto eine Menschenlänge von ihr zum Stehen, das Geblöke einer Hupe dröhnte durch die Nacht.

Ricardas Herz trommelte wie wild. Hatte der Typ denn keinen Funken von Verstand? Laona konnte sein Auto zu einem Blechklumpen zerquetschen, wenn ihr danach war. Khanom hätte damit keine Sekunde gezögert.

Aber Laona reagierte anders. Sie trompetete schrill und quiekend. Mit wild flappenden Ohren und weit aufgerissenen Augen, in denen man das Weiße sah, drehte sie um und ergriff die Flucht. Ricarda spürte den Boden vibrieren, als das gewaltige Tier davonstürmte.

Nicht zum Refuge hin, sondern in Richtung Lampang.

WILDE JAGD

»Schnell! Vielleicht können wir sie noch abfangen!«, rief Nuan und Ricarda hastete hinter ihm her durch die Dunkelheit. Da war schon Devi, beladen mit Nuans ganzem Gepäck. Nervös verlagerte sie ihr Gewicht von einem Fuß auf den anderen – sie hatte den Aufruhr natürlich mitbekommen. Es war erstaunlich, dass sie nicht gleich mit durchgegangen war.

Nuan sagte einen kurzen Befehl und Devi hob das Vorderbein, damit ihr *Mahout* aufsteigen konnte. Flink hangelte Nuan sich nach oben und setzte sich hinter ihren Kopf. Ricarda war so nervös, dass sie erst gar nicht hochkam. Sie stellte sich sehr ungeschickt an, als habe sie noch nie auf einem Elefanten gesessen. Unglaublich, wie riesig Devi war und wie unendlich hoch es zu einem Platz auf ihrem Rücken schien. Auf ein Pferd zu kommen, ohne Steigbügel? Pah, eine Kleinigkeit im Vergleich zu dem hier. Vielleicht konnte sie von der Seite der Treppe aus aufsteigen, da kam sie bestimmt leichter hoch …

»Zieh die Schuhe aus und dann halt dich an Devis Ohr fest!«, brüllte Nuan. Hastig fummelte Ricarda die Laschen auf und riss sich den Schuh vom Fuß, aber wohin jetzt mit dem Ding? Aber Nuan hatte mitgedacht, ein kurzes Kommando und Devi packte den Schuh mit dem Rüssel, hob ihn über ihren Kopf hinweg und reichte ihn Nuan. Der zweite folgte ein paar Sekunden später. Barfuß ging es tatsächlich besser und außerdem schob Devi sie mit dem Rüssel von hinten an, was ein klein bisschen entwürdigend, aber auch sehr hilfreich war.

Auf Devis Rücken war nicht mehr viel Platz, weil Nuan dort die Säcke mit Futter und Ausrüstung befestigt hatte, doch Ricarda fand ein freies Eckchen hinter ihm, auf dem sie zwar nicht gerade bequem saß, sich aber halbwegs sicher fühlte. Immerhin, an den dicken Seilen, mit dem das Gepäck befestigt war, konnte sie sich gut festhalten. Und das war auch nötig, denn jetzt stürmte Devi los, mit einem Tempo, bei dem Ricarda schwindelig wurde. Verzweifelt klammerte sie sich fest, denn hier oben fühlte es sich ein bisschen an wie auf einem schwankenden Schiff. Bloß nicht runterfallen! Der Boden war schrecklich weit entfernt.

Sie überlegte, ob sie die Arme um Nuan schlingen sollte, so wie man sich auf einem Motorrad am Fahrer festhielt, aber nein, sie hatte so was bei einem Elefantenritt noch nie gesehen und wollte auch nicht riskieren, dass es Nuan ablenkte. Er feuerte Devi mit lautem »*Pai! Pai!*« an und spähte voraus, um Laona im Blick zu behalten. Ricarda tat es ihm gleich, versuchte, Laona in der Dunkelheit zu erkennen. Die Scheinwerfer eines Autos halfen dabei, beleuchteten ihre graue Rückseite, die beunruhigend weit entfernt war. Die Elefantin hatte einfach zu viel Vorsprung.

»Meinst du, wir schaffen es noch, sie einzuholen?«,

keuchte Ricarda. Beinahe wäre ihr ein niedrig über der Straße hängender Ast ins Gesicht gepeitscht, sie konnte sich gerade noch rechtzeitig ducken.

»Ich hoffe es – aber sie hat längere Beine als Devi«, gab Nuan zurück. »Und je näher wir der Stadt kommen, desto schwieriger wird es.«

Er hatte recht. Zwei weitere Autofahrer mussten Laona umkurven, die Elefantin wich erschrocken aus und lief noch schneller. Trotzdem blieb sie auf der Straße, bog nicht in den Wald ab; warum, das wusste nur sie selbst. Wenigstens hielt der Fahrer, der ihnen all das eingebrockt hatte, jetzt respektvollen Abstand und fuhr langsam hinter ihr her. Doch Nuan schien nicht viel davon zu halten, er knurrte: »Er scheucht sie weiter, der Idiot«, und schrie dem Fahrer etwas in Thai zu. Jetzt endlich fuhr der Mann an den Straßenrand und ließ Devi vorbei.

Ricarda hatte keine Ahnung, welche Entfernung Laona schon zurückgelegt hatte. Einige Kilometer wahrscheinlich. Allmählich begann sich die Landschaft zu verändern, der Wald wurde lichter, Häuser tauchten dazwischen auf, eingezäunte Grundstücke, bunte Werbeschilder, sogar Straßenlaternen gab es jetzt. Staunend beobachteten ein paar Jugendliche, die ihre Mopeds am Straßenrand geparkt hatten, die vorbeidonnernden grauen Riesen.

Nuan wandte sich halb zu Ricarda um. »Sie läuft in die Stadt«, sagte er grimmig. »Nicht gut.«

Tatsächlich, ein Straßenschild verkündete, dass sie in Lampang angekommen waren. Und noch immer floh Laona. Sie rannte durch einen kleinen Park mit kurzem

Rasen und riesigen Bäumen mit stelzenartigen Wurzeln. Ungläubig blickten die Leute, die dort ein wenig gefeiert hatten, ihnen entgegen. Dann flohen sie nach allen Seiten und ließen ein paar Flaschen und Plastikbeutel zurück. Laona achtete nicht darauf. Eine Parkbank war ihr im Weg, sie scheute kurz, ihre massigen Vorderbeine trafen die Bank, dann kletterte die Elefantin ungeschickt darüber. Von der Bank blieb nicht viel übrig, nur ein paar einzelne Bretter und eine Menge Splitter.

Doch das Ganze hatte auch sein Gutes, durch die kurze Verzögerung war es Devi beinahe gelungen, Laona einzuholen. Ricarda konzentrierte sich darauf, sich festzuhalten, auch als einer ihrer Schuhe davonsegelte und verschwand, wahrscheinlich auf Nimmerwiedersehen. Egal! Hauptsache, Laona verletzte niemanden. Hoffentlich, hoffentlich ging alles gut aus! Täuschte sie sich oder wurde die Elefantin schon ein wenig langsamer? Musste sie nicht allmählich erschöpft sein?

Laona überquerte eine Straße, wich einem Mann aus, der sie mit wedelnden Armen von einer blumengeschmückten Statue fernzuhalten versuchte, und donnerte voll in eine der Garküchen, die selbst jetzt um Mitternacht noch geöffnet hatte. Der Kochwagen fiel um, gebratenes Gemüse kippte auf die Straße und Plastikflaschen rollten durch die Gegend. Eine kreischende Frau brachte sich gerade noch rechtzeitig vor dem Koloss, der ihre Küche ruiniert hatte, in Sicherheit. Panisch strampelte sich Laona aus den Resten der Garküche frei und schleuderte mit einem schrillen Trompeten einen – wahrscheinlich glühend heißen – Wok von sich. Er landete auf einem *Tuk-Tuk,* dessen Fahrer vor Schreck Schlangenlinien fuhr. Die Fahrt endete an einem Verkehrsschild.

Einige Schaulustige fanden sich im kühlen Licht der Straßenlaternen ein – dass hier ein Elefant außer Rand und Band war, hatte sich anscheinend schnell wie der Wind in Lampang herumgesprochen. Ricarda fragte sich, warum die Leute alle hierherkamen. Wieso flohen die Idioten nicht lieber? Wollten sie unbedingt niedergetrampelt werden? Verbissen manövrierte Nuan Devi zwischen den Menschengrüppchen hindurch, versuchte, näher an Laona heranzukommen.

Ricarda hielt die Luft an. Dort vorne hatte sie die weißbraunen Polizeiautos entdeckt, die sie schon bei der Durchsuchung des Refuge gesehen hatte. Uniformierte Beamte stiegen heraus und rannten auf Laona zu. Ricarda traute ihren Augen nicht, als sie sah, dass ein paar von ihnen Handfeuerwaffen gezückt hatten. Mit einem Megafon gab einer der Männer in Thai Anweisungen und die Menschen hielten wieder etwas mehr Abstand.

»Die Polizei!«, krächzte Ricarda. »Bewaffnet!«

»Ich hab sie gesehen. Verdammt, der eine hat sogar ein Gewehr.«

Mit ein paar Sekunden Verspätung begriff Ricarda, was er meinte. Wahrscheinlich konnte eine Handfeuerwaffe einen Elefanten nicht wirklich verletzen, aber ein Jagdgewehr war eine ganz andere Sache. Die Polizisten hatten vor, Laona zu erschießen, ehe sie noch mehr Unheil anrichten konnte. Nein, nein, das durfte nicht sein! Sie würde sich bestimmt bald wieder beruhigen! Sie war doch nur verängstigt, nicht bösartig!

Nuan brüllte den Beamten etwas zu und Ricarda konnte sich denken, was. Er beschwor sie, es nicht zu tun. Versicherte ihnen, dass er es schaffen würde, Laona einzufangen oder zurückzudrängen in Richtung des Refuge. Skeptische Blicke der Polizisten, doch sie senkten das Gewehr einen Moment lang. Hastig drehte Nuan sich zu ihr um. »Du musst absteigen. Jetzt geht es ganz nah an Laona ran. Könnte gefährlich werden. Bitte steig ab!«

Atemlos nickte Ricarda. Devi hielt kurz an und Ricarda löste die verkrampften Hände aus den Seilen auf ihrem Rücken, ließ sich die riesige Schulter der Elefantin hinuntergleiten und landete hart auf dem Boden. Schon setzte sich Devi wieder in Bewegung, stampfte wie ein lebender Berg an ihr vorbei und Ricarda blieb allein zurück, mit schmerzenden Fußknöcheln, inmitten der Schaulustigen, die sie neugierig betrachteten. Ihre Beine fühlten sich so zittrig an, dass sie sich am liebsten sofort hingesetzt hätte. Auch ihr Hintern tat weh von dem schnellen Ritt.

Von ihrer hohen Warte auf dem Elefantenrücken aus hatte sie alles überblicken können, doch jetzt war es schwerer, im Halbdunkel zu verfolgen, was geschah. Ricardas ganzer Körper war verkrampft vor Angst. Angst um Laona … aber auch um Nuan. Hoffentlich ging die wilde Jagd gut aus, ohne dass er verletzt wurde. Und hoffentlich merkten die Polizisten nicht, wen sie da vor sich hatten, sonst endete die Nacht für Nuan im Gefängnis.

Eine tiefe Furcht vor dem Schicksal packte sie. Warum nur hatte sie ihrer Legende ein so trauriges Ende gegeben? Wieso hatte sie das Schicksal herausgefordert? Sofia hatte sie gewarnt und sie hatte es trotzdem getan! Aber noch viel schlimmer war, dass sie aus Laonas Wanderungen ein Geheimnis gemacht hatte. Wie hatte sie nur so dumm sein können, Ruang zu verschweigen, was die Elefantin nachts tat? Sie hatte genau gewusst, dass ein frei in der Öffentlichkeit herumspazierender Elefant gefährlich werden konnte! Ruang hätte verhindern können, dass die Elefantin aus dem Refuge hinausgelangte. Was auch immer jetzt geschah, es war auch ihre Schuld.

Inzwischen befanden sich Devi und Laona auf gleicher Höhe und Laona war langsamer geworden. Geschickt drängte Nuan sie ab, sodass sie im Kreis laufen musste. Auf diese Art kam sie nicht noch weiter in die Stadt hinein. Und das war auch gut so, denn wenn sie zu den berühmten bunten Pferdekutschen Lampangs gelangte – falls die um diese Uhrzeit noch auf der Straße waren –, dann gingen auch die Kutschpferde todsicher durch und dann war das Chaos perfekt.

Aus der Entfernung hatte Ricarda den Eindruck, dass Laona etwas ruhiger wurde, dass es ihr guttat, eine andere Elefantin an ihrer Seite zu haben. Wahrscheinlich gab es ihr ein Gefühl der Sicherheit, nicht allein zu sein. Laona kannte Devi, sie kannte Nuan. Das war jetzt unschätzbar wertvoll. Vielleicht ließ sie sich dazu bewegen, sich der erfahrenen Elefantin anzuschließen, und folgte ihr freiwillig zurück ins Refuge. Wenn nicht ... zur Ausrüstung auf Devis Rücken gehörten auch ein paar starke Seile. Ricarda hatte, als Khanom durchgedreht war, selbst gesehen, wie geschickt Nuan darin war, einen sich sträubenden Elefanten einzufangen.

Doch dann drehte Laona ab und geriet auf den Bürgersteig, drängte ihren massigen Körper zwischen Laternenmasten, Pfosten und Werbeschildern durch. Ausgerechnet dort, wo einige der unzähligen T-Shirt-Läden ihre Ware anboten, wo man die Eingänge der Läden vor lauter baumelnden Tops und vollgepackten Kleiderständern kaum noch sah. Mit dem Kopf voller bunter Hemden, die sie verzweifelt abzuschütteln versuchte, kam Laona wieder zum Vorschein ... und klemmte sich beim Versuch, auf die Straße zurückzugelangen, auch noch zwischen zwei Pfosten ein. Prompt geriet sie wieder in Panik. Mit einem schrillen Trompeten und weit ausgebreiteten Ohren rannte sie zum zweiten Mal los, warf ein abgestelltes Motorrad um und trampelte darüber hinweg. Schreiend und mit den Armen fuchtelnd versuchte ein Mann, wahrscheinlich der Besitzer der Maschine, Laona wegzuscheuchen. Doch das war der Elefantin anscheinend zu viel.

Sie wandte sich den Schaulustigen zu, schwang ihren Kopf hin und her und stampfte mit dem Vorderfuß, als wolle sie den Boden aufscharren. Eine klare Drohung – für den, der sie verstand und klug genug war, sie zu beachten.

NIRWANA

Nuan sah Laonas Drohung, rief ihr einen scharfen Befehl zu und versuchte sofort, Devi zwischen die gereizte Elefantin und die Menschen zu manövrieren.

Inzwischen waren überall Polizisten. Und einer davon hob sein Gewehr, zielte auf Laona. Ein Schuss peitschte auf, unglaublich laut und scharf. Der Lärm der Menge wurde von einer Sekunde zur anderen zu erschrockenem Schweigen.

Ein eisiges Gefühl durchrieselte Ricarda. Sie suchte Laonas Körper mit den Augen ab, hielt Ausschau nach einer Wunde … und fand keine. Es war Devi, die zitternd zum Stillstand gekommen war, der Blut über die Brust lief.

»Devi«, flüsterte Ricarda und Tränen drängten in ihre Augen. »O nein …«

Sie rannte los, drängte sich durch die Menge, um näher an die Elefanten heranzukommen. Bemerkte aus dem Augenwinkel den Geländewagen des Elephant Refuge, Ruang und Kaeo, die heraussprangen. Hilfe war da, jetzt hätte alles gut sein können.

Nichts war gut.

Mit schwachen, zögernden Schritten, die Ohren eng an

den Kopf gelegt, bewegte Devi sich von Laona weg, auf den Park zu. Doch weit kam sie nicht. Sie hob noch einmal den Rüssel, tastete ziellos in der Luft herum, ein gewaltiges Zittern durchlief ihren Körper. Ihre Hinterbeine knickten ein, dann die Vorderbeine. Ihr riesiger Körper kippte auf die Seite.

Nuan war rechtzeitig von ihrem Rücken geglitten und kniete jetzt neben Devis Kopf. Erschüttert streichelte er ihre Stirn, ihre Ohren, ihren Rüssel, der sich mit letzter Kraft auf ihn zuschlängelte. Ricarda verstand seine leisen Worte nicht, vielleicht bat er Devi, wieder aufzustehen, drängte sie, bei ihm zu bleiben. Devi schnaufte heftig, sie lebte noch, doch ihre Augen wirkten schon glasig, so tiefdunkel wie ein See bei Nacht. Noch immer strömte Blut aus ihrer Wunde, das im Licht der Straßenlaternen fast schwarz wirkte.

Ich wollte ihr doch eine Kiste Obst ausgeben. Ich habe mich noch gar nicht richtig bedankt. Ein alberner Gedanke, aber er kreiste unaufhörlich in Ricardas Kopf. Sie versuchte, ihre Gedanken zu sammeln und zu entscheiden, was sie tun wollte. Schließlich kniete sie sich neben Devis Kopf auf den Boden, legte eine zitternde Hand auf den Hals der Elefantin und sprach einen lautlosen Dank. *Danke für alles. Danke, dass du Nuan zu mir gebracht hast. Möge dein Weg ins Nirwana führen.*

Ein letztes Zucken durchlief Devi, dann war es vorbei. Leblos lag das riesige Tier da.

Ricarda beugte den Kopf und ihre Tränen fielen auf Devis Ohr. Dunkle Sprenkel auf hellgrauer Haut.

Jemand kniete neben ihr nieder, berührte sie an der Schulter. Eine fremde Frau. »Nicht weinen«, sagte sie leise. »Weine nicht. Tränen bilden im Jenseits einen Strom, den der Tote nicht überqueren kann.«

Ricarda nickte und versuchte, die Tränen zu unterdrücken. Sie warf einen Blick auf Nuan, sah, dass seine Augen trocken waren. Starr blickte er auf seine alte Freundin herunter. Seine Hand lag immer noch auf ihrem Rüssel. Ricarda spürte, dass er sich tief in sich selbst zurückgezogen hatte. Vielleicht bemerkte Nuan nicht mal, dass Ruang und Kaeo inzwischen geschafft hatten, Laona zu beruhigen und einzufangen.

Niemand wagte, Nuan zu stören. Nicht Ricarda, nicht die Schaulustigen, die schweigend um Devi herumstanden, nicht die Polizisten, die damit beschäftigt waren, die Ordnung wiederherzustellen – anscheinend hatten sie wenig Interesse daran, herauszufinden, wen sie da getötet hatten.

Der Tod der Elefantin schien die Umstehenden zu berühren. Obwohl sich inzwischen rund hundert Menschen eingefunden hatten, war es sehr still. Einige murmelten etwas, was wie Gebete klang, und jemand hatte einen rituellen Gesang angestimmt, ein monotones, fremdartiges Geräusch. Ein Mann trat heran, legte eine Blumenkette auf Devis Körper, andere brachten Früchte und legten sie neben den Kopf der toten Elefantin wie eine letzte Wegzehrung für den Pfad ins Jenseits.

Dann war auf einmal Kaeo da und nahm respektvoll seine Sonnenbrille ab, während er Devi die letzte Ehre erwies. Er warf Nuan einen besorgten Blick zu und wandte sich dann Ricarda zu. »Was passiert? Die Polizei hat angerufen bei uns …«

Es war Zeit für die Wahrheit … oder zumindest einen Teil davon. »Ich habe mich mit Nuan und Devi getroffen, draußen am Tempel Wat Phrathat Lampang Luang«, berichtete Ricarda leise und ihre Zunge stolperte über den komplizierten Namen. »Irgendwann bemerkten wir, dass Laona da war. Sie muss aus dem Refuge entkommen sein. Ein Auto hat sie erschreckt und dann lief sie in die Stadt.«

»Zum Glück gehorcht sie wieder. Ruang leitet sie.« Kaeo zögerte. »Wir fahren zurück jetzt. Im Landrover ist noch Platz. Kommst du?«

Ricarda schüttelte schweigend den Kopf.

»Wir kommen morgen früh mit einigen Elefanten zurück, mit denen Devi Freund war. Abschied zu nehmen.«

Dann war Kaeo weg. Und auch die Schaulustigen machten sich wieder auf den Heimweg, einer nach dem anderen. Das zerdellte Motorrad wurde weggeschafft, die umgestürzte Garküche wieder aufgerichtet, die Reste der Parkbank beschlagnahmt. Schließlich fuhren die Polizeiautos ab, ohne dass die Beamten sich die Mühe gemacht hätten, Nuans Papiere zu kontrollieren. Vielleicht hatten sie Angst vor seinem Blick; vor dem, was er sagen würde, wenn sie ihm jetzt zu nahe kamen, vor einem Fluch, der ihnen die Geister zum Feind machte und ihre Zukunft verdorren ließ.

Nur Nuan und Ricarda waren übrig. Schweigend, immer noch. Gemeinsam hielten sie Totenwache. Es war das Einzige, das Ricarda jetzt für Nuan tun konnte. Einfach bei ihm zu sein. Seine Trauer, sein Schweigen zu respektieren und es zu teilen.

Lampang versank in Schlaf. Nur noch wenige Fußgänger schlenderten durch den Park, hin und wieder surrte ein einzelnes Moped durch die Straßen. Ab und zu bewegte eine Windböe die Zweige der Bäume, brachte sie zum Rauschen.

Devis riesiger Körper war grau und unbeweglich wie eine Steinskulptur. Das Blut trocknete langsam. Es sickerte in den Boden. Ein paar Fliegen umkreisten den Körper und setzten sich an den Rand der Blutlache. Ricarda ertrug es ohne eine Regung, wenn sie auf ihr landeten, als einen kleinen Teil ihrer Buße. Ihre Beine fühlten sich völlig taub an und schließlich musste sie sich anders hinsetzen, damit sie prickelnd wieder erwachten. Aus dem Boden, aus dem Gras stieg schon die Nachtfeuchte auf und Ricarda fröstelte. Ein paarmal wären ihre Augenlider fast gegen ihren Willen heruntergesackt, doch sie zwang sich, wach zu bleiben.

Es überraschte sie völlig, dass Nuan doch noch zu sprechen begann. »Sie war immer da. Als ich ein Kind war, hat sie manchmal auf mich aufgepasst. Nok, meine ältere Schwester, wusste, dass mir nichts passieren würde, solange Devi über mich wachte. Sogar Ameisen hat Devi von mir runtergepustet. Und einmal hat sie mich aus einem Teich gefischt, aus dem ich selbst nicht mehr rauskam, weil ich im Schlamm feststeckte.«

Er sprach, ohne sie anzublicken. Doch Ricarda wusste,

dass es wichtig war, ihm jetzt zuzuhören. Und so nickte sie einfach, ohne ihn zu unterbrechen.

»Als meine kleine Schwester Yui gestorben ist, da war Devi genauso traurig wie wir. Tagelang hat sie nichts gefressen, nicht mal Mangos, und die hat sie geliebt.«

Ricarda lauschte erschrocken. Sie hätte gerne etwas gesagt, gefragt, wie lange das her war und woran Yui gestorben war, aber Nuan sprach weiter.

»Devi war so schön und gutmütig, dass wir ständig Angebote bekamen, sie zu verkaufen. Obwohl sie zu Nagelentzündungen neigt ... neigte. Beim Round-up in Surin war sie immer dabei, meistens bei der Parade und beim Schaukampf. Als ich alt genug war, durfte ich sie beim Festival reiten – mein Kostüm war in Gelb-Rot-Gold, mit einem Stirnband. Ich habe es sogar mitgenommen auf die Flucht. Komisch, was?«

»Gar nicht so komisch«, flüsterte Ricarda.

»Dann die Zeit in den USA ... ich habe Devi so vermisst. Aber Johnny Callahan, das war der Chef der Tiertrainer, hat gesagt, vielleicht könnte ich sie für die Arbeit beim Film ausbilden. Sie hatte Spaß an solchen Sachen, sie hat hier in Thailand sogar mal in einem Werbespot mitgespielt, damit konnten wir ein halbes Jahr lang ihr Futter bezahlen. Das war mein Traum – wir hätten zusammenbleiben können und etwas verdient.«

»Callahan ... hat er dir die Bücher geschenkt? Das ›Dschungelbuch‹, ›Peter Pan‹ und die anderen?«

»Ja. Sie haben früher ihm gehört. Johnny hat mir eine Menge beigebracht und mich überallhin mitgenommen, er war immer sehr freundlich zu mir.« Einen Moment lang wirkte Nuans Gesicht nicht mehr ganz so versteinert, ein andächtiger Glanz trat in seine Augen. »Zum Abschied hat er gesagt, ich könne mich jederzeit bei ihm melden, wenn ich eine Frage oder ein Problem hätte. Nach meiner Flucht mit Devi habe ich versucht, ihn anzurufen … aber es war komisch, ich habe ihn nie erreicht.« Er zögerte. »Als ich ihn endlich am Telefon hatte, sagte er, er würde versuchen, mir zu helfen. Aber dann habe ich nichts mehr von ihm gehört. Das verstehe ich nicht.«

Ricarda sandte einen stillen Fluch in die Richtung von Johnny Callahan. »Er hat es wohl nicht ganz so gemeint, wie er es gesagt hat.«

»Nicht Johnny, nein, das glaube ich nicht. Er hatte sicher nur keine Zeit.«

Kommt aufs Gleiche raus, fand Ricarda. Wie beruhigend, dass nicht nur sie manchmal naiv war, sondern auch Nuan. Sie dachte mit einem warmen Gefühl im Inneren an Sofia. Die sich Zeit genommen hatte, als Ricarda sie wirklich gebraucht hatte. Die sich mitten in der Nacht für sie aufs Motorrad geschwungen hatte. Und die vielleicht noch gar nicht wusste, was geschehen war …

»Weißt du, ich wollte immer nur *Mahout* werden, etwas anderes kam gar nicht infrage. *Mahout,* so wie mein Vater. Aber was mein Vater gemacht hat, nein, ich hätte Devi nie im Stich gelassen, nie.« Nuan beugte sich wieder über die tote Elefantin, seine Hand lag auf ihrer Stirn. Ricarda sah, dass er den Tränen näher war als je zuvor.

»Du hast sie nicht im Stich gelassen«, sagte Ricarda leise. »Und sie hat gewusst, dass du es nicht tun würdest.«

Schweigend nickte er, schloss kurz die Augen. »Einmal sind wir – mein Vater, ich und Devi – nach Bangkok gegangen, um dort Geld zu verdienen. Aber es war schrecklich. Devi hasste den Lärm und den Abgasgestank und den heißen Asphalt. Mir ging es genauso. Ich habe meinen Vater überredet, das mit der Stadt sein zu lassen.« Er öffnete die Augen, lächelte kurz. »Manchmal, wenn es mal wieder nichts zu tun gab für sie, bin ich tagelang mit ihr durch den Dschungel gewandert. Ich bin ihr einfach gefolgt und habe ihr Gesellschaft geleistet. Es war herrlich.«

Ricarda fühlte sich ihm so nah wie noch nie. So, als bräuchte sie nur die Hand auszustrecken, um sein Herz zu berühren. Das er ihr anvertraute, einfach so.

Traurig und verwirrt sah er sie an. »Wie kann das sein?«, fragte er. »Wie kann so was passieren? Wie kann es jetzt denn weitergehen?«

»Ich weiß es nicht«, flüsterte Ricarda und dann beugte sie sich hinüber zu ihm und nahm ihn einfach in die Arme. Seltsam, wie sich sein sehniger Körper schmal und irgendwie ... zerbrechlich anfühlte.

Er war überrascht, das spürte sie und im ersten Moment war die Umarmung ungelenk. Aber keiner von ihnen ließ los, um sich zurückzuziehen. Und schließlich fühlte sich doch noch alles richtig an. Ihre Körper fanden eine gemeinsame Sprache. Ricarda wusste, dass sie sie nie wieder vergessen würde.

Kein einziges lautloses Wort.

Am nächsten Morgen, als das erste Sonnenlicht den Park in fahles Licht tauchte, war alles anders. Der eigenartige Zauber der Nacht war verflogen und Devis Körper war einfach nur ein Kadaver, um den sich immer mehr Fliegen sammelten und der bald anfangen würde zu stinken. Ihr Kopf, der lebendig so viel von ihrer Persönlichkeit ausgedrückt hatte, wirkte mit dem offenen, spitzen Maul, dem schlaffen Rüssel und den starrenden Augen wie die groteske Parodie eines Elefanten. Ricarda war froh, als kurz nach Sonnenaufgang ihre Freunde aus dem Elephant Refuge zwischen den Bäumen auftauchten; sie hatten Mae Sumali, ein ranghohes altes Weibchen, und Mae Na Rak, die begeisterte Fußballspielerin, dabei. Mit ihnen hatte sich Devi in ihrer Zeit im Refuge angefreundet.

Ricarda war unfassbar froh, als sie Sofia sah. Sofia eilte auf sie zu, umarmte sie fest und hielt sie lange. »Es war schlimm, oder?«

»Sehr schlimm«, sagte Ricarda und wischte sich die Tränen, die schon wieder fließen wollten, aus dem Gesicht. »Besonders für Nuan.«

Und sie rechnete es Sofia hoch an, dass sie zu Nuan hinüberging und ihm sagte, wie leid es ihr um Devi tat. »Wie geht es dir jetzt?«

»*Sabaidii* – es geht mir gut«, sagte Nuan mit ruhiger Würde. »Und auch Devi geht es jetzt gut. Ihr Geist wird wiedergeboren werden. Das Leben hier war nur eine Zwischenstation.«

Die *Mahouts* – Jack und Djorakhee – stiegen ab, ließen

den beiden Elefantinnen Zeit, ihrer toten Gefährtin Ehre zu erweisen. Sie beschnupperten und befühlten Devis Körper mit den Rüsselspitzen und wirkten dabei sehr bedrückt. Ihre ganze Haltung, der Ausdruck ihrer Augen, alles sprach davon, wie trostlos ihnen zumute war. Schließlich streuten sie je einen Rüssel voll Erde über Devi und begannen, Zweige von den Bäumen und Grasbüschel aus dem Boden zu reißen und die tote Elefantin damit zu bedecken. Das alles in völligem Schweigen, ohne das übliche Brummeln, Scharren und Schnaufen.

Fasziniert beobachteten die Menschen das Ritual. Am liebsten hätte Ricarda Nuans Hand genommen, doch sie wusste, dass das keine gute Idee war. Sie hatte noch nie ein Pärchen Thais gesehen, das sich öffentlich seine Zuneigung zeigte. Küssen und Händchenhalten vor anderen war hier nicht üblich.

Es war Zeit, Abschied zu nehmen – bevor Stadtverwaltung und Polizei zurückkamen, um sich um den toten Elefanten zu kümmern und womöglich doch noch Nuans Papiere zu prüfen.

Sofia ging Ricardas Schuhe suchen und fand sie schließlich sogar, einer auf dem Bürgersteig, der andere im Park. Sie waren völlig verdreckt und feucht vom Tau, aber Ricarda zog sie trotzdem an. Dann machten sie sich gemeinsam auf den Weg zurück zum Refuge. Jack bot Nuan einen Platz auf dem Rücken von Mae Na Rak an und nach kurzem Zögern nickte Nuan. Ricarda quetschte sich zu Sofia, Kaeo und Ruang in den roten Toyota. Die Stimmung war bedrückt, niemand sagte etwas. Bis Ricarda auf halbem Weg zum Refuge schließlich wagte, das Schweigen zu brechen. »Wie geht es Laona?«

»Erstaunlich gut«, sagte Ruang. »Sie hat sich beruhigt und frisst schon wieder. Seltsam, dass sie nachts aus dem Refuge entkommen konnte.«

»Äh, kann es sein, dass sie den Elektrozaun kurzgeschlossen hat?« Ricarda kam sich ungeheuer scheinheilig vor.

»Ja, kann sein.« Ruang nickte und seufzte. »Elefanten sind unglaublich schlau.«

»Wir haben ihnen mal Holzglocken gebunden um den Hals, damit wir sie im Wald leichter finden«, erzählte Kaeo. »Aber dann haben wir gemerkt, dass sie Matsch in die Glocken reingestopft haben, wenn sie nachts heimlich auf Nachbarsfelder gegangen sind zum Vollfressen. Damals unsere Zäune waren noch nicht gut.«

Kurzes Staunen, dann noch mehr Scheinheiligkeit. »Nuan glaubt, dass Laona deshalb zum Tempel gegangen ist, weil dort einmal ein Verwandter von ihr gestorben ist …«

»Hm, das kann sein. Ich werde versuchen, es herauszufinden.«

Das war genau, worauf Ricarda hinausgewollt hatte. Obwohl sie keine Ahnung hatte, ob es Nuan überhaupt noch interessierte. Schließlich war die ganze Sache mit Laona und dem Tempel schuld an Devis Tod.

Es kam Ricarda seltsam vor, dass das Leben im Refuge weiterging wie bisher. Doch das musste es natürlich, um der Elefanten willen. Gemeinsam mit den anderen ritt

Ricarda zum Baden. Daeng war übermütig und hatte es eilig, zum Fluss zu kommen – auf den ebenen Abschnitten des Pfades begann sie immer wieder zu rennen. Alarmiert klammerte sich Ricarda mit den Beinen fest, um nicht abgeworfen zu werden, und beruhigte Daeng mit »*Goy!* Langsam!«-Rufen, bis sie wieder in einen gemächlichen Schritt fiel.

Pflichtbewusst schrubbte Ricarda ihrem Elefanten die rosa gefleckten Ohren und sah zu, wie Sofia von Kopf bis Fuß nass wurde, als sich Mae Jai Di entschloss, auf Tauchstation gehen. Lachen konnte sie noch nicht darüber, es war zu früh; immer wieder schob sich das Bild der toten Devi vor ihr inneres Auge.

In der Mittagspause musste Ricarda Sofia dann ausführlich erzählen, was passiert war. Wie erwartet war Sofia entsetzt. Zum Glück hatte sie wenigstens keine Sprüche à la *Hättest du doch auf mich gehört* auf Lager, was das Märchen und seinen traurigen Schluss anging. Das hätte Ricarda nicht ertragen.

Immer wieder hielt sie an diesem Tag Ausschau. Nach Nuan. Er war nirgends in Sicht. Was tat er? Hatte er sich in den Wald zurückgezogen, um in Ruhe zu trauern? Als der übliche Wolkenbruch über den Bergen Chiang Mais niederging und sich sogar die Luft schwer und nass anfühlte, hoffte sie, dass er einen trockenen Platz gefunden hatte, um das Ende des Gewitters abzuwarten.

Ricarda war erleichtert, als Nuan beim Abendessen im Haupthaus wieder dabei war. Und ihr stockte der Atem, als er sich wort- und kommentarlos neben sie setzte statt wie sonst ein ganzes Stück entfernt zu Kaeo. Sie ahnte, dass das eine Art öffentliche Liebeserklärung war. Diese Nacht bei Devi hatte etwas zwischen ihnen verändert. Ob dieses Gefühl, sich sehr nahe zu sein, bleiben würde?

Sofia lächelte Ricarda verschwörerisch zu und setzte sich auf ihre andere Seite. »Na, glücklich?«, flüsterte sie.

»Ich glaube schon«, erwiderte Ricarda und strich sich nachdenklich eine Haarsträhne aus dem Gesicht. Konnte man glücklich sein, wenn etwas so Schreckliches geschehen war? Wenn der Mensch, den man liebte, gerade alles verloren hatte?

Ja, vielleicht. Wenn man ihm etwas Neues schenkte, ein Stück von sich. Nuan hatte ihr schon so vieles anvertraut. Jetzt war sie dran. Und instinktiv wusste sie, was sie ihm geben würde. Ihr letztes, ihr schlimmstes Geheimnis. Ob er sie danach immer noch mögen würde? Sie musste es einfach hoffen.

Den anderen gegenüber ließ sich Nuan seine Gefühle nicht mehr anmerken. Höflich, aber verschlossen überstand er das Abendessen und niemand sprach ihn auf Devi an. Doch dann fragte Ruang, was er jetzt vorhabe. Ricarda spitzte die Ohren.

»Ich werde nach Surin zurückkehren, in das Dorf meiner Familie«, sagte Nuan kurz.

Aus dem Klang seiner Stimme las Ricarda keine Freude über die Heimkehr, keine Erleichterung, dass die lange Flucht nun vorbei war. Viel hielt seine Zukunft ja auch nicht bereit: Es würde eine bittere Rückkehr werden, eine Rückkehr zu Vorwürfen und Schande. Unwahrscheinlich, dass er in seinem Dorf nach dem Diebstahl eines Elefanten als verlorener Sohn empfangen werden würde.

Wie selbstverständlich fragte Nuan sie nach dem Essen: »Wollen wir noch zum Fluss gehen?«, und Ricarda nickte mit pochendem Herzen. »In einer halben Stunde?«

Sofia blieb noch, um mit Chanida zu plaudern, und zwinkerte Ricarda zu, als sie ging. »Viel Spaß!«

In ihrer Hütte schmierte sich Ricarda dick mit Autan ein, um später – am Fluss – nicht bei lebendigem Leibe von Moskitos ausgesaugt zu werden. Größere Raubtiere gab es dort zum Glück nicht. Dann öffnete sie den Kleiderschrank, griff tief hinein und fand, was sie gesucht hatte.

Das Fernglas. Noch immer war ihr zuwider, es überhaupt anzufassen, doch sie tat es. Es war Zeit. Sie schlang sich den Trageriemen um das Handgelenk und klemmte sich ein großes Handtuch zum Draufsetzen unter den anderen Arm. Dann machte sie sich auf den Weg zum Fluss.

SCHULD UND BUßE

Ricarda nahm nicht den schlammigen, tief ausgetretenen Weg, den die Elefanten sonst gingen, sondern einen kleineren Fußpfad. Grünes Dämmerlicht begrüßte sie, dicht und prächtig wucherten die Pflanzen an den Seiten des Pfades, rankten sich die Stämme hoch und sprossen zartgrün am Wegesrand. Ricardas Sandalen machten kaum ein Geräusch auf dem sandigen Pfad. Wenn sie über eine Pfütze sprang, sickerte Matsch zwischen ihre Zehen und manchmal rollte ein Tropfen von einem Blatt herab, landete kühl auf ihrem Arm. Überall pfiffen und zwitscherten Vögel, doch Ricarda sah keinen einzigen von ihnen, sie blieben in den Baumkronen verborgen.

Ricarda wich einem Spinnennetz aus, das fast so groß war wie sie, und der Lederkasten des Fernglases prallte schmerzhaft gegen ihren Schenkel. Das blöde Ding machte Ärger bis zuletzt. Ricarda ignorierte den kleinen Schmerz und erhaschte durch die Zweige einen Blick auf schimmerndes Wasser. Da war schon der Fluss.

Auf einem schmalen sandigen Uferstreifen, fast vom Dickicht verborgen, saß Nuan. Ricardas Herz machte einen Sprung.

»*Pai nai?* Wohin gehst du?«, begrüßte sie ihn lächelnd.

»*Pai thiau.* Ich gehe spazieren«, erwiderte er, aber ein Lächeln brachte er nicht zustande. Ricarda fiel sofort auf, wie schlecht er aussah. Seine nachtschwarzen Haare waren wirr und glanzlos, seine Augen stumpf und gleichgültig. Aus der Art, wie er die Knie mit den Armen umschlang und auf den Fluss hinausblickte, sprach tiefe Erschöpfung. Ricarda wusste, dass sie nicht zu fragen brauchte, wie es ihm ging. Er war zu stolz, um die Wahrheit zu sagen.

Ricarda breitete das bunte Handtuch aus und ließ sich neben ihm nieder. Sie fühlte sich schrecklich hilflos. Gab es etwas, was sie jetzt für ihn tun konnte? Ihr fiel nichts ein. Außer vielleicht, ihn von seinem Kummer abzulenken. Mit dem, was sie ihm ohnehin hatte erzählen wollen.

Als Ricarda den Lederkasten vor sich abstellte, achtete er kaum darauf. Erst als sie beide Hände darauflegte, warf er ihr einen fragenden Blick zu. Ricarda räusperte sich und zwang sich zu sprechen. »Das ist ein Fernglas. Ich möchte es dir schenken, falls du es gebrauchen kannst. Du kannst es auch verkaufen, wenn dir das lieber ist.«

Vorsichtig öffnete Nuan den Lederkasten. Schwarz und schwer lag das Fernglas in seiner Hand, die Linsen glänzten wie frisch poliert. »Bist du sicher? Es ist fast neu.«

»Es gehört eine Geschichte dazu«, sagte Ricarda und raffte all ihre Entschlossenheit zusammen. »Du kannst entscheiden, ob du das Fernglas nimmst, nachdem du sie gehört hast, okay?«

Er nickte. Ja, es tat ihm gut, dass sie ihn von seinen Gedanken ablenkte. Ruhig und aufmerksam studierten seine dunklen Augen ihr Gesicht und seine ganze Haltung hatte sich verändert, strahlte nun einen großen Ernst aus. Auf einmal konnte Ricarda sich vorstellen, wie er aussah, wenn er meditierte oder betete. Sie holte noch einmal tief Luft und begann zu erzählen.

»Ich habe es von einem Onkel geschenkt bekommen, zu meinem vierzehnten Geburtstag. Also vor drei Jahren. Leider habe ich es nicht benutzt, um Vögel zu beobachten. Sondern, um zu spionieren. Ich war unheimlich neugierig und die Gewissensbisse … na ja, die waren schon da, aber zu schwach. Fast jeden Abend habe ich geschaut, was die Nachbarn so tun. Zum Beispiel die Frau aus dem zweiten Stock schräg gegenüber. Sie hat fast nie die Vorhänge zugezogen. Manchmal hat sie drei Tafeln Schokolade und einen Haufen Chips auf einmal gegessen, dann ist sie im Bad verschwunden und ziemlich blass wieder aufgetaucht. Oder den jungen Mann aus dem ersten Stock eines Fachwerkhauses. Er war gerade von der Bundeswehr zurückgekommen und zog immer noch gerne seine Tarnklamotten an. Manchmal spielte er Luftgitarre, das sah witzig aus. Ständig hingen seine Freunde bei ihm herum und tranken sein Bier.«

Ricarda wusste selbst, dass Nuan all das wahrscheinlich nicht sehr interessierte. Doch das ließ er sich nicht anmerken, geduldig wartete er darauf, was sie noch erzählen würde. »Einmal dachte ich, dass die alte Frau aus dem Haus gegenüber Verdacht geschöpft hat. Sie schaute mich immer so streng an, wenn wir uns auf der Straße über den Weg liefen. Vielleicht hat sie das Aufblitzen der Linsen hinter meinem Fenster bemerkt. Immerhin, meine Eltern und mein Bruder haben mich nie ertappt.«

Sie schluckte und sammelte ihren ganzen Mut, um zu erzählen, wie das alles geendet hatte. »An einem Abend habe ich beobachtet, wie ein Typ mit einer Halbglatze aus dem Haus gegenüber heimgekommen ist. Er war mal wieder völlig betrunken, er hatte immer einen Kasten Bier daheim und noch jede Menge Schnaps. Gespritzt hat er sich auch irgendwas. Das fand ich alles ziemlich widerlich, den Mann fand ich abstoßend. Kein Wunder, dass er allein lebt, dachte ich. Diesmal wirkte er besonders angeschlagen und nach einer Minute ist er plötzlich aus meinem Blickfeld verschwunden. Umgekippt.«

Nuan nickte, ohne etwas zu sagen.

»Ich wusste nicht, ob ich irgendjemandem Bescheid sagen soll. Ob ich die Polizei rufen soll. Aber dann dachte ich, er ist eben umgefallen, weil er so betrunken war, und jetzt schläft er auf dem Boden seinen Rausch aus. Das ist ja kein Verbrechen. Eigentlich wollte ich gar nicht über die ganze Sache nachdenken. Ich fand es eher lästig, weil an dem Abend ›Fluch der Karibik‹ im Fernsehen kam und ich das nicht verpassen wollte.«

Ricarda fühlte, wie ihre Augen zu brennen anfingen. Hörte, wie ihre Stimme brüchig wurde. Aber jetzt ging es nicht mehr anders, sie musste weitererzählen. »Ein paar Tage später hörte ich in der Bäckerei, dass der Mann gestorben war. Er war Diabetiker und musste sich Insulin spritzen. An diesem Abend hatte er wohl zu wenig gegessen, er war unterzuckert und ist deswegen bewusstlos geworden. Eine Stunde oder so hat er wohl noch gelebt. Wenn ich den Notarzt gerufen hätte, dann hätte der ihn retten können. Aber ich habe es nicht getan, *ich habe es nicht getan,* nur weil ich diesen verdammten Film sehen wollte, irgendeinen blöden Hollywoodschinken, der sowieso jedes Jahr im Fernsehen wiederholt wird, verstehst du? Ich habe Johnny Depp zugeschaut und gelacht und währenddessen ist dieser Mann langsam gestorben, weil ich ihm nicht geholfen habe.«

Jetzt war es raus. Ricarda blickte über den Fluss hinaus. Sie wartete darauf, dass Nuan etwas sagte.

Sie verdammte.

Sie einfach hier am Ufer sitzen ließ und ging.

Sie in den Arm nahm.

Nuan schwieg lange. Schließlich sagte er: »Eine schlimme Sache, ja. Dieses Mädchen damals war gedankenlos und auch ein bisschen feige. Es hat falsch gehandelt.«

»Ja«, sagte Ricarda und konnte ihm nicht in die Augen sehen. *Gedankenlos. Feige. Falsch.* Es war unendlich schwer, diese Worte zu ertragen. Aber Nuan sprach die Wahrheit und diese Wahrheit aus seinem Mund zu hören, war vielleicht die einzige Buße, die wirklich zählte.

»Aber dieses Mädchen kenne ich nicht«, fuhr Nuan fort. »Ich kenne ein Mädchen, das für mich gesprochen hat, als alle anderen geschwiegen haben. Das keinen Wimpernschlag lang gezögert hat, als ich Hilfe brauchte. Das einem Elefanten gefolgt ist in der Nacht, um darauf zu achten, dass er sicher nach Hause kommt.«

Seine Worte hallten durch Ricarda hindurch, kamen an einem verborgenen Ort tief in ihrem Herzen an und nahmen eine Last von ihr, die sie schon so lange trug. Und sie konnte Nuan noch immer nicht ansehen, weil er sonst gemerkt hätte, dass ihre Augen mal wieder feucht waren.

»Ich nehme dein Geschenk an.« Nuans Stimme war tief und klar. »Danke. Für deine Geschichte und für das Fernglas.«

»Wozu wirst du es benutzen? Um Elefanten zu beobachten?«

»Na klar.« Als Ricarda den Kopf hob, blickte sie direkt in Nuans Augen und diesmal sah sie es genau: Ein verschmitzter Funke tanzte darin. »Man kann sie bestimmt wunderbar ausspionieren. Dabei, wie sie miteinander flirten, Bauern heimlich die Felder leer fressen und in den Fluss pinkeln, aus dem andere noch trinken wollen.«

Das hätte so genauso gut von Sofia kommen können. Ricarda musste lachen und das verscheuchte ihre düstere Stimmung. »Das machen sie?«

»O ja. Elefanten sind keine Engel. Und ihre *Mahouts* auch nicht.« Nuan legte den Arm um sie und Ricarda schmiegte sich an ihn. Es war herrlich, die Wärme seines Körpers zu spüren. Und zu wissen, dass er sie mit allen ihren Fehlern und Schwächen mochte.

Ricarda fühlte seine Hand auf ihrer Wange und ihr Herz begann zu rasen, weil sie wusste, dass es jetzt keine Grenzen mehr zwischen ihnen gab, keine Scheu. Sie wandten ihre Gesichter einander zu – und ihre Lippen berührten sich, fanden sich. Sie hatten sich noch so viel zu erzählen in dieser neuen, gemeinsamen Sprache, die sie nach Devis Tod entdeckt hatten. Auf Ricardas Armen breitete sich eine Gänsehaut aus. Passierte das wirklich? Hier? Jetzt?

Es war nicht ihr erster Kuss, aber es kam ihr wie der erste vor, der wirklich zählte.

»Nuan«, flüsterte sie, als ihre Lippen sich wieder voneinander gelöst hatten. »Wie heißt du eigentlich wirklich?«

Er lachte leise und sagte ein paar Wörter, die sofort im Strom ihrer Erinnerungen untergingen.

»Oh. Ich glaube, das schreibst du mir besser mal auf.«

»Mach ich. Und du?«

Ricarda Katharina Marie Wittenberg. Sie sagte es langsam und ernst, doch sie wusste, dass auch er es sich nicht auf Anhieb merken würde. Es war ein Name, der dieser Welt fremd war. Auf einmal überfielen Ricarda Gedanken an die Abreise. Seine und ihre. Bald würde er verschwunden sein, ohne Adresse, ohne Telefonnummer, ohne Spur. Und es gab keinen Weg, es zu verhindern. Sie würde in ihr altes Leben zurückkehren und er sich verlieren in diesem weiten Reich, dessen Name *Land der Freien* bedeutete.

Einen Moment lang starrte Nuan in die Dunkelheit. »Warum muss ich dich wieder verlieren? Ich werde Chao Thi, dem Erdgeist, opfern und ihn bitten, dich zurückzubringen.«

»Um mich zurückzubringen, genügt ein Flugticket«, flüsterte Ricarda ihm ins Ohr. »Und du kannst darauf wetten, dass ich mir bald wieder eins besorge.«

Jetzt, kurz nach Sonnenuntergang, war der Fluss in tiefe Schatten getaucht. Immer lauter summten die Moskitos um ihre Ohren, irgendetwas platschte im Fluss und noch einmal überzog eine Gänsehaut Ricardas Arme – diesmal allein der Kälte wegen.

Die Magie des Augenblicks war verflogen. Ricarda spürte, dass die düsteren Gedanken Nuan bedrängten, ihn wieder hinabzogen. Das kurze Lachen vorhin, der Kuss, ihr Versprechen, all das konnte ihn nicht heilen. Devi war tot und nichts würde daran etwas ändern.

Besser, sie gingen zurück. Ricarda stand auf und Nuan half ihr, das Handtuch auszuschütteln. Wahrscheinlich war es matschig und mit jeder Menge Pflanzenresten dekoriert. Egal.

Im Licht von Sofias Taschenlampe, die mit neuen Batterien hell strahlte wie eh und je, machten sie sich auf den Weg.

IM NAMEN EINES GOTTES

Ricarda ahnte, dass Nuan das Alleinsein brauchte. Als er am nächsten Morgen nicht zum Frühstücken auftauchte, versuchte sie nicht, ihn zu finden. Auch wenn es ihr schwerfiel, weil sie sich Sorgen um ihn machte. Und weil sie sich so stark nach ihm sehnte, dass es fast wehtat.

Als Chanida zur Schule gefahren war, machten Ricarda und Sofia einen Abstecher zu Khanom und Laona. Doch an dem Baum, unter dem Khanom angekettet gewesen war, lagen nur ein paar Ketten im niedergetrampelten Gras. Der große Bulle war weg.

Ein unangenehmes Kribbeln überlief Ricarda. »Vielleicht hat er es wieder geschafft abzuhauen. Wahrscheinlich lauert er hinter dem nächsten Gebüsch.«

Sofia blickte sich um; sie sah aus, als wäre auch ihr nicht ganz wohl bei dem Gedanken an Khanom. »Besser, wir gehen gleich zum Haupthaus. Da können wir vom Balkon Ausschau halten.«

»Da«, krächzte Ricarda. Gemächlich bewegte sich der riesige Bulle hinter ein paar Bäumen entlang, der einzelne Stoßzahn war unverkennbar.

Sofia hielt die Hand über die Augen, um besser sehen

zu können. »He, Moment mal – jemand sitzt auf ihm. Kaeo reitet ihn wieder!«

Vorsichtig gingen sie weiter in Richtung Haupthaus. Und dann standen sie Khanom von Angesicht zu Angesicht gegenüber. Sein zerfurchter grauer Körper sah gewaltig aus, bei einem flüchtigen Blick hätte man ihn mit einem Dinosaurier verwechseln können. Kaeo, der hinter seinen Ohren hockte, rief einen fröhlichen Gruß. »*Musth* vorbei! Jetzt ist Khanom wieder nett wie Lämmchen.«

»Haha, ziemlich großes Lämmchen«, murmelte Sofia skeptisch, doch Ricarda spürte sofort, wie Khanom sich verändert hatte. Seine Augen hatten jetzt einen gelassenen Blick, seine Haltung war eher würdig als aggressiv und seine Bewegungen waren nicht mehr so abrupt, sondern weicher, harmonischer. Die dunklen Spuren an seinen Schläfen waren eingetrocknet und er strömte auch nicht mehr einen so scharfen Geruch aus.

Sie lief zum Haupthaus, um eine Banane für ihn zu holen. Als kleines Versöhnungsgeschenk. Um zu zeigen, dass sie ihm nichts nachtrug.

»Hey, du brauchst doch nicht wegzurennen!«, rief Sofia ihr hinterher, doch Ricarda winkte nur kurz – sie wollte jetzt nicht lange erklären – und begann, die Treppe hochzuklettern. Doch dann hielt sie inne. Im Schatten des Haupthauses hockte Nuan, die Arme um die Knie geschlungen. Ohne jede Bewegung saß er da und beobachtete, wie Kaeo den Bullen dazu brachte, den Rüssel zu einem Gruß hochzuwölben.

Er wirkte so teilnahmslos, dass es Ricarda Angst machte. Sie kletterte wieder herunter und näherte sich ihm vorsichtig, setzte sich neben ihn. Der Boden war noch morgenkühl und feucht vom Tau.

»Ich muss gehen – heute«, sagte Nuan, ohne sie anzublicken.

Eine Lanze aus Eis fuhr in Ricardas Herz. »Warum? Hat Ruang das gesagt?«

»Nein. Aber es ist so.«

Ricarda folgte seinem Blick, der weiterhin auf Khanom und Kaeo ruhte, und verstand. Es war schlimm genug, um Devi trauern zu müssen. Aber jeden Tag daran erinnert zu werden, dass er ohne eigenen Elefanten eigentlich kein *Mahout* mehr war – das noch länger zu ertragen schaffte er nicht. Nicht einmal um ihretwillen. Plötzlich bekam Ricarda Angst um ihn. Was war, wenn er sich aufgab? Was würde dann aus ihm werden? Sie stellte sich vor, wie er von einem Gelegenheitsjob zum nächsten driftete, und wusste, dass ihn das umbringen würde. So sicher wie ein Gift, nur langsamer.

Jetzt sah Nuan sie doch an. »Wann geht dein Flug?«

»Am Sonntag. Übermorgen.« Ricarda holte tief Luft. »Komm, wir besuchen Laona«, schlug sie vor und schließlich nickte Nuan und richtete sich auf. Ricarda war erleichtert. Denn auch sie wusste etwas – nämlich, dass sie bis zu ihrer Abreise jeden einzelnen Moment mit ihm verbringen wollte. Sein Abschiedsgeschenk hatte sie schon fast fertig: eine englische Übersetzung ihres Märchens, noch einmal schön abgeschrieben auf Pergament.

Laona ging es deutlich besser als Nuan. Ihr Gehege war leer; sie fanden die Elefantin schließlich bei Noi und deren Mutter, der halb blinden Mae Lom, im Schatten von Bäumen. Zufrieden fächelten sie mit den Ohren und naschten ein paar Stücke Baumrinde von einem Stamm, der bei einem der letzten Gewitter vom Blitz getroffen worden war. Laona liebkoste die kleine Noi mit dem Rüssel und steckte ihr einen mit zarten jungen Blättern besetzten Zweig ins Maul. Noi fraß ein paar Blättchen ab und verarbeitete den Zweig dann übermütig zu Kleinholz.

»Ich glaube, Laona hat ihren Frieden gefunden«, meinte Ricarda. »Schau mal, ihre Wunden sind auch verheilt. Am Anfang hatte sie eine Entzündung am Bein.«

Nuan nickte. Lange beobachteten sie die Elefantin, die so nervös und verängstigt im Refuge angekommen war. Ricarda musste wieder an die wilde nächtliche Flucht denken, an Devis Tod und sie ahnte, dass es Nuan genauso ging. Trug er es Laona nach, warf er ihr vor, dass Devi ihretwegen gestorben war?

Sie wusste es nicht. Nuan wirkte noch verschlossener als ganz zu Anfang seiner Zeit im Refuge. Selbst sie hatte heute nicht das Gefühl, an ihn heranzukommen.

Eine hübsche junge Frau im weißen Minirock, mit lässig hochgeschobener Sonnenbrille und hochhackigen Sandalen erschien aus der Richtung des Eingangs und stelzte quer über den Übungsplatz. Ein kleiner beigefarbener Hund trippelte an der Leine hinter ihr her. »Kaeo!«, flötete die Besucherin. Soso, das war bestimmt eine von Kaeos Freundinnen!

»He, wir haben einen Gast«, murmelte Ricarda und beobachtete die Szene aus den Augenwinkeln. Die Frau hatte Glück, dass Noi mit ihrer Mutter gerade irgendwo im Wald war, sonst wäre ihrer Handtasche eine strenge Durchsuchung nach Süßigkeiten sicher gewesen.

Khanom schlenderte zwischen den Bäumen hervor. Von seiner hohen Warte aus winkte Kaeo der jungen Frau verlegen zu und stieg ab. Neugierig beobachtete Ricarda die beiden. Nein, sie berührten sich nicht, von einem Kuss ganz zu schweigen. Dazu war sowieso keine Zeit, denn Khanom – der Hunde nicht ausstehen konnte – schlug mit dem Rüssel nach dem Fellbündel. Jaulend flüchtete es und wickelte dabei seine Leine um die wohlgeformten Beine seiner Besitzerin. Hastig schob Kaeo seinen Besuch in Richtung des Haupthauses und versuchte ein wenig leichtes Geplauder.

Khanom blickte ihnen einen Moment nach, verlor dann das Interesse an den Aktivitäten seines *Mahouts* und begann, mit dem Fuß Sand zusammenzuschieben. Er rollte den Rüssel darum und warf sich die ganze Ladung als Staubdusche über den Rücken.

Etwas davon traf eine zweite fremde Frau, die in einen bunten Wickelrock und eine grüne Bluse gekleidet war. Mit einem strafenden Blick auf den Bullen, den dieser unbeeindruckt erwiderte, klopfte sie sich den Dreck ab. Dann lehnte sie ihr Fahrrad an einen Baum und sah sich suchend auf dem Gelände des Refuge um. »Kaeo?«

»Oje«, japste Ricarda. »Ich glaube, das ist Kaeos zweite Freundin.«

Nuan erlaubte sich ein kurzes Grinsen. »Als er's mir erzählt hat, habe ich ihm gleich gesagt, das gibt irgendwann Ärger.«

Aha, er neigte also ein wenig zur Schadenfreude!

»Besser, wir halten sie auf und warnen Kaeo«, meinte Ricarda, der ihr Ausbilder leidtat.

Zu spät! Die beiden Frauen hatten sich schon gesehen und die neue marschierte resolut wie ein Soldat auf das Pärchen unter den Stelzen des Haupthauses zu. Kaeo blickte drein wie ein Kaninchen, das eine Schlange erspäht hat.

Doch dies war Thailand, das Land der Harmonie. Es gab keine Schlägerei mit Handtaschen. Wohl aber, wie aus der Entfernung zu ahnen war, mit süßem Lächeln vorgetragene giftige Bemerkungen. Kurz darauf dampfte die Frau mit dem weißen Minirock ab und zerrte ihren Schrumpfhund hinter sich her. Trotzig versuchte er, das Bein an dem Feigenbaum zu heben, was ihm einen kräftigen Ruck an der Leine und eine kurze Flugphase einbrachte. Kurz darauf knallte eine Autotür, die dem satten Sound nach zu einem teuren Auto gehörte.

Kaeo sah so aus, als würde er noch eine Weile mit Erklärungen beschäftigt sein.

Einen Moment lang beobachtete Nuan ihn, dann stieß er sich von den Holzstangen des Pferchs ab. »Ich muss meine Sachen packen«, sagte er. Seine Stimme war ausdruckslos.

Doch diesmal war Ricarda nicht bereit, ihn gehen zu lassen. Ihnen blieb nur noch so wenig Zeit miteinander! »Ich komme mit.«

»Okay.« Er wandte sich zu ihr um und sein Blick war so zärtlich wie eine Berührung. »Ich habe gar nicht gefragt, wie es dir geht.«

»Zu viel Abschied in meinen Gedanken«, sagte Ricarda und die Kehle wurde ihr eng dabei. »Ich wünschte, wir säßen noch unten am Fluss.«

Nuan nickte und trat einen Schritt auf sie zu. Einen Moment lang strich seine Hand über ihre Wange, ganz langsam und zärtlich. Als sie sich umarmten, war es Ricarda egal, ob die anderen *Mahouts* zuschauten, ob so etwas in Thailand üblich war oder nicht, ob sich jemand darüber aufregen würde. Sie genoss es einfach nur. Doch etwas war anders geworden, er roch jetzt nach frischem Holz und dem Rauch des abendlichen Feuers, nicht mehr nach Elefant.

»Lass uns gehen«, sagte Nuan leise und sie machten sich auf den Weg.

Weit kamen sie nicht. Auf halbem Weg zu der Hütte, in der Nuan mit drei anderen *Mahouts* wohnte, fingen Sofia und Ruang sie ab.

»Ach, hier seid ihr«, rief Sofia. »Wir haben euch schon gesucht. Ruang hat etwas über Laona herausgefunden!«

Ein kleiner Funken von Interesse bei Nuan. Er hob den Kopf und hörte zu.

»Sie hatte ein Kalb«, sprudelte Sofia mit den Neuigkeiten heraus. »Aber es riss aus und wurde überfahren. Vor dem Tempel.«

»Elefanten haben wirklich ein so gutes Gedächtnis, wie man sagt«, ergänzte Ruang. »Laona wird sich wahrscheinlich ihr Leben lang daran erinnern, dass dort ihr Kind den Tod gefunden hat.«

Also hatte Nuan recht gehabt. Der Tempel war für Laona ein Ort der Trauer.

»Kein Wunder, dass sie in Panik geraten ist«, nachdenklich betrachtete Ricarda die Elefantin, »als das Auto auf sie zuraste.«

Nuan nickte nur und schwieg. Schwieg, als ginge ihn das Leben nichts mehr an. Sofia und Ricarda tauschten einen besorgten Blick.

Ricarda überließ Nuan einen Moment lang seinen Gedanken und ging ein paar Schritte mit Ruang. »Was ist eigentlich aus Phra Chan geworden? Dem todkranken Elefanten?«

Ruang nickte. »Ah ja. Neuigkeiten gibt es hier auch. Anscheinend ist er auf dem Weg der Besserung. Aber es wird noch Monate dauern, bis er wieder arbeiten kann. Deshalb hat sein Besitzer letztendlich doch zugestimmt, ihn uns günstig zu verkaufen. Und Geld ist da. Seit gestern.«

»Gestern? Ist eine neue Spende reingekommen oder so was?« Sofia hatte sie eingeholt.

Ruang grinste und fuhr sich durch das dunkle Stoppelhaar. Es war ein breites, jungenhaftes Grinsen und Ricarda fragte sich, warum sie Ruang zu Anfang streng und einschüchternd gefunden hatte. Wahrscheinlich, weil sie selbst sich so mickrig gefühlt hatte. »Gestern war im Fernsehen die Ziehung der Lotterie«, erzählte ihr Chef. »Das Los von Tao hat gewonnen. Habt ihr nicht gehört, wie wir gestern gefeiert haben? Ich hoffe, die Musik war nicht zu laut!« Er blickte entschuldigend drein. »Ihr wart leider schon weg, sonst hättet ihr mitfeiern können, okay! Schließlich war das Los ein Geschenk von euch.«

»Unverzeihlich, so laute Musik«, behauptete Ricarda und dann sahen sie und Sofia sich an und lachten los, lachten vor Begeisterung, vor Erleichterung. Das waren ja tolle Neuigkeiten! Wer hätte gedacht, dass der Ausflug nach Chiang Mai solche Folgen haben würde.

»Aber hat Tao nicht vielleicht andere Pläne, was er mit dem Geld machen will?«, wandte Sofia ein. »Habt ihr schon mit ihm gesprochen?«

»Ja, wir haben mit ihm telefoniert und überlegt, ob wir das Geld dem Tempel spenden sollen, für noch mehr *tham bun,* gutes Karma. Aber Tao will, dass wir einen Elefanten kaufen, der Hilfe braucht.«

Plötzlich wusste Ricarda, was sie tun musste. Und sie ahnte, dass es Nuans einzige Chance war. »Phra Chan wird einen neuen *Mahout* brauchen, oder?«, platzte sie heraus. »Der alte Mann wird ihn nicht begleiten, oder?«

»So ist es.« Ruang verstand sofort, worauf sie hinauswollte. Betrachtete Nuan aus dem Augenwinkel. Und hatte auf einmal so einen nachdenklichen Blick.

So kam es, dass Nuan doch noch einen Tag länger blieb. Ricarda hatte ihm nicht viel verraten. Nur, dass er unbedingt einen Freund von ihr kennenlernen sollte. Sie wollte ihm keine zu großen Hoffnungen machen, sonst wäre die Enttäuschung, falls es nicht klappte – wenn er und Phra Chan sich nicht verstanden –, noch schwerer zu ertragen.

Es war ein sonniger Tag und von den meisten Bewohnern des Bergdorfes war kaum einer zu sehen. Ein paar Hühner pickten und scharrten im Sand herum. Die Sonne knallte auf sie herab, als sie aus dem Lastwagen stiegen, den Ruang sich für diesen Zweck geliehen hatte. Die Ladefläche war groß und stabil genug, um einen Elefanten darauf zu transportieren.

Sie waren zu dritt. Ruang, Nuan und Ricarda.

Nuan stieg aus dem Führerhaus, streckte sich, blickte sich verständnislos um. »Hier wohnt ein Freund von dir?«

»Ja«, sagte Ricarda und nahm ihn an der Hand. »Komm mit.«

»Ist er Thai oder *Farang*?«

Ricarda musste lächeln. »Ach, ich glaube, Thai. Aber vielleicht hat er das letzte Mal, als ich ihn besucht habe, ein paar Worte Deutsch gelernt.«

Phra Chan stand noch am selben Platz und jetzt konnte man schon erkennen, was er einmal gewesen war und mit etwas Glück wieder sein würde: ein kräftiger junger Bulle mit hochgewölbtem Kopf und langen Wimpern. Als er die Menschen sah, wandte er sich ihnen zu und blickte ihnen entgegen. Doch schnell ließ er den Kopf erschöpft wieder sinken, als ziehe das Gewicht seiner gekappten Stoßzähne ihn hinab.

Ricarda schickte ihm einen lautlosen Gruß. Ich habe versprochen, dass ich wiederkomme. Hier bin ich. Und ich habe jemanden mitgebracht.

Nuan blieb stehen. Einen Moment lang stand er ganz

still, den Blick auf Phra Chan geheftet. Dann ging er langsam auf den jungen Elefanten zu.

Ricarda blieb zurück und hielt sich im Hintergrund. Sie wollte die beiden nicht stören. Auch Ruang stand abseits, beobachtete nur.

Nuan streckte die Hand aus und eine Rüsselspitze hob sich ihm entgegen, tastend und schnüffelnd. Geduldig ließ Nuan sich erkunden, kam noch einen Schritt näher heran und ließ seine Hand über Phra Chans runzelige Stirn gleiten. Ganz sanft und behutsam. Der Elefant schlang den Rüssel um Nuans Arm und stieß ein Schnauben aus, das fast wie ein Seufzer klang. Einen Moment lang standen sie ganz nah nebeneinander, ohne sich zu bewegen. Nuan sprach leise in Thai und Phra Chan antwortete mit einem tiefen, rumpelnden Geräusch.

So, als sei es ganz selbstverständlich, kniete Nuan nieder und löste die Kette um Phra Chans Fuß. Dann wandte er sich zu ihnen um und straffte die Schultern. In seinen dunklen Augen stand wieder so etwas wie Stolz, wie Zuversicht. »Wir sind bereit. Um nach Hause zu fahren.«

»Na, dann nichts wie los, okay?«, sagte Ruang lächelnd und gemeinsam machten sie sich auf den Weg zum Lastwagen.

EPILOG

▶ *Ricarda:*
Hi Nuan,
jetzt bin ich zurück in Deutschland. Und mein Leben kommt mir vor wie ein Kleidungsstück, aus dem ich herausgewachsen bin. Mein Vater versteht nicht, was mit mir geschehen ist, und wirkt irgendwie beleidigt. Dafür ist mein Bruder Severin auf einmal total nett, ich musste ihm die halbe Nacht lang erzählen, was ich alles erlebt habe.
Du bist so oft in meinen Gedanken, dass ich nur die Augen zu schließen brauche, um dich vor mir zu sehen. Aber du bist so weit weg. Bitte schreib mir bald, wie es dir geht! Ist Phra Chan wieder ganz gesund? Hast du das Gefühl, dass die anderen Mahouts und Elefanten euch akzeptieren?

▶ *Nuan:*
Sawatdii Ricarda,
heute habe ich zum ersten Mal mit Phra Chan am Fluss gespielt. Es geht ihm immer besser und er findet sein neues Leben sabai sabai. Nur wurde er von Mae Sucha-

da zurechtgewiesen, weil er ihr Zuckerrohr weggefressen hat. Sie findet ihn schlecht erzogen und zeigt ihm, wo es langgeht.

Oft bin ich nachts am Wat Phrathat, dort sind die Erinnerungen an dich so stark. Deine Nachricht war ein Geschenk, ich danke dir dafür und hoffe, dass noch viele folgen. Weißt du schon, wann du zurückkehren kannst? Heute habe ich im Tempel dafür geopfert, dass wir uns bald wiedersehen können.

Es ist schrecklich, dass jetzt in der Hütte, die mal deine war, ein junges Paar aus Australien wohnt. Vier Wochen lang helfen sie im Refuge bei uns mit. Ich mache einen Bogen um sie.

▶ *Ricarda:*
Sawatdii Nuan,
sei nicht gemein – bestimmt sind die Australier nett und sie können nichts dafür, dass sie jetzt in meiner Hütte wohnen …

Heute habe ich von dir erzählt, also meinen Eltern. Und meinen Freunden. Die meisten meiner Freunde hatten es sowieso schon von Sofia gehört. Aber meine Eltern waren, äh, ziemlich überrascht. Irgendwann konnte ich sie überreden, dass ich in den Herbstferien wieder nach Thailand fliegen darf. Leider will diesmal meine Mutter mitkommen. Um zu schauen, wer du bist, schätze ich.

Nuan:
Hey Ricarda,

das ist ja schön!!!! Dann können wir schon bald wieder gemeinsam am Fluss oder am Tempel sitzen. Tief in der Nacht, wenn deine Mutter längst schläft.

Ricarda:
Danke, dass du auf mich wartest. Diesmal werde ich mich nicht verspäten …

Nuan:
Pai nai?

Ricarda:
Pai thiau

Nuan:
Ich liebe dich. Habe ich dir das eigentlich schon gesagt?

Ricarda:
Jetzt hast du es. Und das ist wunderbar. Kannst du es noch mal sagen?

Nuan:
Ich werde es dir immer wieder sagen. Jeden Tag. Jeden einzelnen Tag.

DANKSAGUNG

Es gibt in Thailand eine ganze Reihe von Projekten, die sich ähnlich wie die fiktive Organisation im Buch um den Schutz der Elefanten kümmern ... und man kann dort tatsächlich ein paar Wochen lang als Helfer(in) mitarbeiten! Ein besonderes Dankeschön geht an Anna-Lena Funke und den Elephant Nature Park für den Erfahrungsbericht über einen solchen Aufenthalt. Bei meinen Recherchen über Elefanten halfen mir Tierpfleger Navin Adami vom Tierpark Hellabrunn (... und seine riesigen Schützlinge Tina und Steffi ...) sowie Michael Schmidt vom Tierpark Hagenbeck in Hamburg, der seit zwanzig Jahren mit Dickhäutern auf Du und Du ist.

Für wichtige Informationen zum Thema meines Romans danke ich Ludger und Wiebke Schneider-Störmann, Panrit »Gor« Daoruang und Nattawud Daoruang, The Golden Triangle Asian Elephant Foundation, Lara Stillman Wagner, Sebastian Mann vom Thailändischen Fremdenverkehrsamt. Julien Layole erwies sich als rettender Engel und half mit seinen Kontakten und Vor-Ort-Infos aus. Allerdings habe ich mir eine kleine künstlerische Freiheit herausgenommen und den Tempel in Lampang, den Laona nachts besucht, um ein paar Kilometer versetzt, das ging leider nicht anders :-)

Fürs Gegenlesen und die wertvollen Hinweise, was ich am Manuskript noch überarbeiten sollte, danke ich Isabel Abedi, Beatrix Mannel, Nina Kunze, Isabella Bönisch und Christin Zingelmann, außerdem meiner Schwester Sonja und meinem Mann Christian. Sehr nett fand ich von Lea Wittenberg, dass sie mir erlaubt hat, ihren Nachnamen für Ricarda »auszuleihen«.

Vielen Dank auch an Gerd, Martina, Sophie und Franziska von der Agentur Gerd F. Rumler für die tolle Betreuung. Und nicht zuletzt ein großes Dankeschön an Nikoletta Enzmann von Arena dafür, dass dieser Roman noch einmal das Licht der Buchwelt erblicken durfte, und an Helena Heck für das einfühlsame Neulektorat!

Katja Brandis
Khyona

Im Bann des Silberfalken

Der Islandurlaub mit ihrer Patchworkfamilie ist genauso anstrengend wie Kari sich das vorgestellt hat. Doch als ihr ein silberner Falke begegnet und sie ins Reich Isslar gebracht wird, verändert sich alles. Ehe Kari sich versieht, steckt sie mitten in einer magischen Welt voller Trolle, Eisdrachen und Elfen, in der Geysire über das Schicksal entscheiden und ein geheimnisvoller junger Mann über die Vulkane der Insel herrscht.

Die Macht der Eisdrachen

Ein Jahr ist vergangen, seitdem Kari das magische Isslar mit seinen Eisdrachen, Elfen und Vulkanen zurückgelassen hat. Doch die Sehnsucht nach dem charismatischen Andrik und die Ungewissheit darüber, wer sie ist, lassen Kari nicht los und treiben sie zurück nach Island. Kaum ist sie durch das Grüne Tor nach Isslar getreten, gerät sie in einen Strudel aus Machtspielen und Intrigen.

Band 1
480 Seiten • Taschenbuch
ISBN 978-3-401-51192-4
www.arena-verlag.de

Band 2
480 Seiten • Taschenbuch
ISBN 978-3-401-51211-2

Katja Brandis

Der Fuchs von Aramir

In der Hafenstadt Aramir sind die mächtigen Familien mit Greifen, Phönixen, Einhörnern, Meeresdrachen und anderen Fabelwesen verbündet. Das charmante Schlitzohr Devan gehört zu keiner dieser Familien. Er ist in Armut aufgewachsen, kann sich aber auf seinen scharfen Verstand verlassen und löst als sogenannter Fuchs für die Reichen und Mächtigen von Aramir jedes Problem. Unterstützung bei seinen Aufträgen erhält er von seiner rebellischen besten Freundin Rouka. Doch dann erpresst der Fürst von Aramir Devan und verlangt, dass er ihm einen unmöglichen Wunsch erfüllt. Während Devan ins Reich der Elfen reist, um eine der unberechenbaren Singelfe zu finden, erschüttert eine Intrige die Grundfesten Aramirs. Plötzlich steht nicht nur Devans und Roukas Zukunft auf dem Spiel, sondern die der gesamten Stadt und ihrer Fabelwesen.

456 Seiten • Gebunden • Als Hörbuch bei audible • ISBN 978-3-401-60586-9 • www.arena-verlag.de

Antje Babendererde

Triff mich im tiefen Blau

Wild wogen die Wellen um die kleine Hebrideninsel Orasay, wo Leonie bei ihrer Mutter Zuflucht sucht. In Leonie dagegen ist alles verstummt, denn sie trägt ein Geheimnis mit sich herum, das sie fast erdrückt. Erst die Begegnung mit einem Jungen, der mit einem wilden Delfin schwimmt, weckt ihre Neugierde. Schritt für Schritt locken Tam, der Delfin und die Magie der Insel Leonie zurück ins Leben, und sie öffnet sich dem faszinierenden Jungen, hinter dessen sturmgrauen Augen ein stiller Schmerz lauert. Können die beiden gemeinsam die Vergangenheit überwinden und aus ihren so verschiedenen Welten zueinanderfinden?

384 Seiten • Klappenbroschur • ISBN 978-3-401-60743-6 • www.arena-verlag.de